资本杠杆研究
转型新时期的现代企业资本运营

魏成龙◎等著

企业管理出版社
ENTERPRISE MANAGEMENT PUBLISHING HOUSE

图书在版编目（CIP）数据

资本杠杆研究：转型新时期的现代企业资本运营/魏成龙等著．—北京：企业管理出版社，2021.9

ISBN 978-7-5164-2426-1

Ⅰ.①资… Ⅱ.①魏… Ⅲ.①企业管理—资本经营—研究 Ⅳ.①F275.6

中国版本图书馆 CIP 数据核字（2021）第 128509 号

书　　名：	资本杠杆研究
	——转型新时期的现代企业资本运营
书　　号：	ISBN 978-7-5164-2426-1
作　　者：	魏成龙　等
策　　划：	刘一玲
责任编辑：	赵喜勤
出版发行：	企业管理出版社
经　　销：	新华书店
地　　址：	北京市海淀区紫竹院南路 17 号　邮　　编：100048
网　　址：	http://www.emph.cn　电子信箱：26814134@qq.com
电　　话：	编辑部（010）68701661　发行部（010）68701816
印　　刷：	北京七彩京通数码快印有限公司
版　　次：	2021 年 12 月第 1 版
印　　次：	2022 年 4 月第 2 次印刷
开　　本：	710 毫米×1000 毫米　1/16 开本
印　　张：	19 印张
字　　数：	260 千字
定　　价：	78.00 元

版权所有　翻印必究·印装有误　负责调换

本书撰稿人：

魏成龙　魏荣桓
吴　辰　于姝婷　郭琲楠

前 言

《中华人民共和国国民经济和社会发展第十四个五年规划和2035年远景目标纲要》把科技强国放在了很重要的位置，而科技企业发展也是资本市场未来最大的动力。

从深化金融供给侧结构性改革看，应着力健全具有高度适应性、竞争力、普惠性的现代金融体系，构建金融有效支持实体经济的体制机制。完善资本市场基础制度，健全多层次资本市场体系，大力发展机构投资者，提高直接融资特别是股权融资比重。全面实行股票发行注册制，建立常态化退市机制，提高上市公司质量。深化新三板改革。完善市场化债券发行机制，稳步扩大债券市场规模，丰富债券品种，发行长期国债和基础设施长期债券。完善投资者保护制度和存款保险制度。完善现代金融监管体系，补齐监管制度短板，在审慎监管前提下有序推进金融创新，健全风险全覆盖监管框架，提高金融监管透明度和法治化水平。稳妥发展金融科技，加快金融机构数字化转型。强化监管科技运用和金融创新风险评估，探索建立创新产品纠偏和暂停机制。

从强化国家战略科技力量看，在事关国家安全和发展全局的基础核心领域，制定实施战略性科学计划和科学工程。支持北京、上海及粤港澳大湾区形成国际科技创新中心，建设北京怀柔、上海张江、粤港澳大湾区及安徽合肥综合性国家科学中心，支持有条件的地方建设区域科技创新中心，实施更大力度的研发费用加计扣除、高新技术企业税收优惠等普惠性政策。

从深入实施制造强国战略看，应实施产业基础再造工程，加快补齐基础零部件及元器件、基础软件、基础材料、基础工艺和产业技术基础等瓶颈和短板；聚焦新一代信息技术、生物技术、新能源、新材料、高端装备、新能源汽车、绿色环保，以及航空航天、海洋装备等战略性新兴产业，加快关键核心技术创新应用，增强要素保障能力，培育壮大产业发展新动能。在类脑智能、量子信息、基因技术、未来网络、深海空天开发、氢能与储能等前沿科技和产业变革领域，组织实施未来产业孵化与加速计划，谋划布局一批未来产业。

从建设现代化基础设施体系看，加快5G网络规模化部署，用户普及率提高到56%，推广升级千兆光纤网络；推进能源革命，建设清洁低碳、安全高效的能源体系，提高能源供给保障能力。

从加快数字化发展及建设数字中国看，聚焦高端芯片、操作系统、人工智能关键算法、传感器等关键领域，加快推进基础理论、基础算法、装备材料等研发突破与迭代应用；培育壮大人工智能、大数据、区块链、云计算、网络安全等新兴数字产业，提升通信设备、核心电子元器件、关键软件等产业水平；构建基于5G的应用场景和产业生态，在智能交通、智慧物流、智慧能源、智慧医疗等重点领域开展试点示范。

本书聚焦于金融科技下资本杠杆管理，主要研究了基于资本杠杆的商业银行业务风险控制、基于市场竞争的国有企业杠杆率管理、基于金融科技的杠杆约束及基于资本杠杆的管理层收购等四个方面的内容。

一、基于资本杠杆的商业银行业务风险控制

1. 资本杠杆率是衡量宏观经济主体和债务可持续性的重要指标，在"控风险"的同时要兼顾"稳增长"

从国际上看，中国宏观总杠杆率水平在全球范围内处于中等偏

上水准，中国非金融企业杠杆率水平较高，政府和居民杠杆率处于较低水平，中国偿债比率在各国之中排名中等靠前；非金融企业杠杆率在中国宏观总杠杆率中所占比重最大；整体经济持续下行和企业重复产能建设导致杠杆持续扩张，金融体系不完善，财政支出扩张和货币金融宽松等，是推高企业杠杆率的主要因素。因此，资本杠杆率的管理应该在"控风险"的同时兼顾"稳增长"。应该压减政府支出规模，严控地方政府的过度投资行为，为企业特别是民营企业营造宽松的融资环境，硬化国有企业预算约束，平等对待各类所有制企业，并结合企业生命周期所处阶段及杠杆率期限结构特征而采取差异化策略。

2. 资金是企业财务的源头动力，是企业在竞争日益激烈的市场中发展的关键，企业的融资能力往往是决定企业发展壮大的主要影响因素

从企业属性来看，国有企业杠杆率一般为先升后降，民营企业则与国有企业变化趋势相反。企业的财务杠杆或杠杆率水平的变化，都能够影响到企业的偿债能力及融资能力。企业在提升自身实力的基础上，可以合理利用负债筹资。因此，企业在管理决策时，需要根据宏观经济发展周期和企业自身的发展状况设置合理的财务杠杆水平，在严格控制风险的同时，发挥财务杠杆撬动更多资金的作用，让其有益于企业本身产品的革新和经营规模的扩大。

3. 股票质押业务本质是指个人或企业将持有的证券（主要为股票）作为质押品，向券商、银行、信托等融资的行为

中国股票质押业务发展可以分为"爆发""震荡""恢复""萎缩"四个阶段，当前股票质押业务发展整体呈现质押规模相比 2019 年年底有所回升，质押率总体呈下降趋势；大股东质押比例 80% 以上；质押公司数量从 2015 年以来首度下降；小市值的企业质押比例较高；主板企业质押率增长迅速；公司估值与质押比例之间呈 U 型关系。从质押股份市值来看，信息技术、工业、材料、可选消费和医疗保健等质押绝对规模较大。股票质押业务的风险主要来自个股价值的波动和资本市场的变动，设置合理的质押率、预警线和平仓线，是预防业务风险的主要手段。因此，股票质押业务通过行业筛选和上市公司质押比例等可以选择相对合适的业务对象；根据政策要求和市场管控能力，选择合适的金融机构；在选定业务对象之后，应根据市场情况、同业情况拟订相应的质押率，并适时调整，同时设定合理的警戒线和平仓线，以进一步防范市场风险；还应注意到个股风险与整体风险的差异性。

二、基于市场竞争的国有企业杠杆率管理

为推动国有企业精准化改革，2015 年，中共中央、国务院印发《关于深化国有企业改革的指导意见》，提出将国有企业分为商业类和公益类，商业类又进一步分为竞争性国有企业和功能性国有企业，并针对不同类别的国有企业采取不同的改革措施。2019 年中央经济工作会议指出，要坚决打好三大攻坚战，保持宏观杠杆率基本稳定。我国杠杆率最高的部门是企业部门，国有企业聚集了 2/3 以上的企业债务，杠杆率水平较高。因此，结构性去杠杆主要是国有企业去杠杆，要确保宏观杠杆率基本稳定，就要确保国有企业杠杆率稳定。为应对新冠肺炎疫情对企业造成的冲击，我国采取了积极的财政政策和宽松的货币政策，促使企业提高复工率，加快恢复生产活动，也不可避免地带来宏观杠杆率上升。要避免新冠肺炎疫情冲击去杠杆成果，就需要进一步讨论国有企业杠杆率的影响因素。

1. 探讨国有企业杠杆率的影响因素

本章致力于探讨国有企业杠杆率的影响因素，结合分类改革背景，讨论针对商业类和公益类国有企业杠杆率的影响趋势，并从市场竞争层面探究稳定国有企业杠杆率，促进经济高质量发展的方法和路径。聚焦于市场竞争对国有企业杠杆率的影响，结合分类改革

背景，以现代资本结构的权衡理论为理论基础，运用 Christiano 的理论框架为模型，以 2001—2016 年中国工业经济数据库中的年度数据为数据来源，通过比对 2002 年和 2011 年修正版《产业结构调整指导目录》（以下简称《指导目录》），分析不同产业类别，允许外商投资变化情况，衡量特定行业市场竞争水平，并进行模型构建。

2. 构建双重差分模型探讨市场竞争对国有企业杠杆率的影响，对国有企业杠杆率进行了平行趋势检验，对结果进行了稳健型检验和安慰剂检验

基于 2002 年和 2011 年修正版《指导目录》比对调整的政策变动构建模型，将市场竞争程度、国有企业杠杆率、随机干扰项等纳入模型中，根据模型讨论市场竞争程度对国有企业杠杆率是否存在显著影响，并分析影响方向。将国有企业所处类别变量加入模型，讨论市场竞争程度对不同类别国有企业杠杆率的影响方向和程度。

通过对国有企业数据库进行样本划分，将市场竞争程度增大行业的国有企业视为处理组，市场竞争程度不变行业的国有企业视为对照组，构建双重差分模型，对处理组和对照组两组样本的国有企业杠杆率做平行趋势检验，检验在市场竞争环境变化之前，两组国有企业杠杆率是否存在差异。

通过采用更多层面的样本和不同方法处理变量，综合考虑其他影响因素等方法进行稳健性检验。在 2001—2016 年间随机抽取年份作为固定年份，依据 2011 年修正版《指导目录》，随机选取某一行业作为固定行业，抽取相应的国有企业作为处理组，运用双重差分模型进行回归，进行安慰剂检验，分析随机政策对于模型估计系数的冲击效应。

3. 市场竞争加剧对国有企业杠杆率有显著的正向影响

市场竞争加剧推高了国有企业杠杆率，使得国有企业杠杆率平均提高1.72%。对于不同区域的国有企业，市场竞争程度加大对国有企业杠杆率影响不同，除西北地区影响不显著外，其他几大区域市场竞争加大均会推高当地国有企业杠杆率水平，其中对华北地区影响最大。本章从国有企业视角探讨企业高杠杆问题，对深化国有企业改革及推动经济去杠杆具有较大的参考价值。本章通过构建较为科学合理的理论与计量模型，探讨国有企业高杠杆的成因，而现有文献对于国有企业高杠杆的成因主要还停留在主观的定性分析上；并且通过系统分析高杠杆的影响因素，为结构性去杠杆提供更准确、更具针对性的政策启示。

4. 对于不同种类的国有企业，市场竞争对国有企业杠杆率的影响程度存在显著差异

市场竞争程度上升对商业类国有企业杠杆率的影响比公益类国有企业低3.28%。随着市场竞争程度加大，商业类国有企业杠杆率平均上升0.19%，公益类国有企业杠杆率平均上升7.14%。即市场竞争程度加大会显著影响国有企业杠杆率，且对商业类国有企业的影响明显小于公益类国有企业。基于国有企业分类改革思想，把国有企业划分为公益类和商业类，并探究了不同类别国有企业杠杆率的差异。考虑到不同类别国有企业改革方向不同，承担的社会责任与社会分工也不同，不同类别国有企业去杠杆路径也存在差异。随着市场竞争程度的加大，商业类国有企业会由于生产力增大、生产效益变好、生产利润增加，市场竞争优势增强，杠杆率也趋于稳定，要稳定商业类国有企业杠杆率需要保持良好的营商环境，确保市场竞争有序；公益类国有企业则由于政策性负担等导致杠杆率仍处于较高水平，要稳定杠杆率需要探索更合理的资金监管机制。

三、基于金融科技的杠杆约束

科技创新与金融创新在交互作用下不断融合成一个新研究领

域，即金融科技。金融科技在全球经济浪潮中持续升温，是因为其可以助推传统金融业降低风险、提高金融效率、推动实体经济保持健康可持续的发展态势。目前我国经济处于高质量发展阶段，必须坚持以供给侧结构改革为主线，因此实体企业投资效率的提高对于我国经济转型具有重要的战略意义。然而，目前我国企业在进行投融资活动时面临着严重的融资约束和投资不足问题，金融科技的出现是否会缓解企业融资约束和投资不足问题亟待研究。基于此，本章围绕金融科技、融资约束与企业投资不足进行研究。

1. 融资约束会影响企业的投资行为

本章通过梳理投资理论，说明由于信息不对称等问题和代理问题的存在，企业会偏离最优投资水平。通过梳理金融相关理论，说明金融科技与金融中介理论、金融功能理论、金融创新理论都高度适应，可以作用于企业的融资约束问题。因此，本章研究思路是通过提高金融科技水平来缓解企业发展所面临的融资约束，进而抑制企业的投资不足。

2. 构建金融科技指数，探讨金融科技对企业融资约束和投资不足的影响作用

研究结果表明，金融科技发展水平越高，能够有效缓解企业面临的融资约束，对企业投资不足的抑制作用越大。通过构建中介效应检验模型，发现了融资约束在金融科技影响企业投资不足中的路径作用。为了反映研究期间金融科技发展的具体情况，同时考虑到数据的可得性，金融科技指标下设三个一级指标，分别为金融科技投融资指数、金融科技社会认知指数与金融科技社会产出指数。

3. 采用现金—现金流敏感性检验模型，实证分析了我国企业普遍存在融资约束现象

金融科技的发展对企业融资约束具有一定程度的缓解作用。而且对异质性企业进行对比分析发现，与国有企业相比，这种缓解作用在民营企业中更为显著。

4. 考察金融科技对企业投资不足的影响

利用理查森投资效率模型负的残差的绝对值来衡量投资不足，并实证分析金融科技对企业投资不足的抑制作用。对异质性企业进行对比发现，与国有企业相比，这种抑制作用在民营企业中更为显著。

四、基于资本杠杆的管理层收购

1. 管理层收购推进了并购高潮，对资本市场的发展产生了深远影响

20世纪80年代，资本市场上出现了一种新的并购形式——杠杆收购。这种并购方式对企业界和金融界影响巨大，它不仅带动、推进了并购高潮，而且在企业机制、资本结构、金融活动等多方面产生了影响。投资银行利用这种并购方式使"小鱼吃大鱼"成为现实，并引发了20世纪80年代中后期的第四次并购浪潮。在资本市场相对成熟的西方发达国家，管理层收购（Management Buy-Out，MBO）是杠杆收购（Leveraged Buy-Out，LBO）的一种。杠杆收购是一种利用高负债融资，购买目标公司的股份，以达到控制、重组该目标公司目的，并从中获得超过正常收益回报的有效金融工具。中国的美的集团和宇通客车等国有企业运用管理层收购成功改制，成为它们后来高质量发展的转折点。

2. 双汇集团巧用资本杠杆的乘数效应，成为世界最大的中国肉类品牌

通过分析双汇集团的案例发现，万隆的专业、专注并集中优势资源做好要事，建立内外一致的诚信体系和不断完善的规章制度等管理创新，为双汇集团利用外资、改制上市与世界顶级综合金融集团合作及巧用资本杠杆的乘数效应打下了坚实基础。从双汇集团借助外资完成MBO和境内机构投资者与双汇集团管理层的博弈等过程看，双汇集团成功实施MBO的关键因素是与外资各取所需的合作、地方政府的配合及管理层对境内机构投资者权益诉求的妥协。这种MBO选择是一种资本运营创新，巧用资本杠杆，助力双汇集团成为世界最大的中国肉类品牌。同时也对国有股权交易中的监管制度提出了新的挑战。完善相关法规制度为MBO创造了有利的环境，必须强化对地方政府在国有股权转让、国企改制中的行为监管，建立严格、透明的程序，强制导入公开竞标、挂牌交易；提高境外财务投资者参与国企股权的政策门槛，合理定价和严格禁售条件；多方着手，公司内外结合，加大境内机构投资者参与上市企业的公司治理的力度；不断改进上市公司的信息披露，防范内部人控制，严查关联交易，提高资产定价的公正性，引导符合全体股东长期价值的财务行为；规范资本市场，完善资本市场体系，尤其是投资银行业务创新和发展债券市场是为MBO创造良好环境的关键。

3. 盲目运用资本杠杆，加快了德隆资本神话破灭

通过对德隆资本神话破灭的案例进行分析发现，德隆团队运用中国资本市场发展初期积累的资本，通过战略投资做行业，"以资本运作为杠杆，采用四两拨千斤的原理，通过层层并购，迅速取得产业整合的控制权和操作权"的策略，利用资本杠杆收购了新疆屯河、湘火炬和合金投资。

通过注入优质资产调整产品结构，使上市公司的主业发生变化；通过并购、托管、委托加工等形式，对上市公司所处产业进行整合，优化产业结构；通过对销售网络和销售渠道的整合，扩大上市公司产品在国内和国际市场的占有率，形成规模化、垄断性经营，使三家公司实现了脱胎换骨的变化，成为当时的资本神话。1996—2000年，湘火炬的股票价格上涨了3000%以上，合金股份的股票涨幅达1500%，新疆屯河的股票累计涨幅为1100%。由于德隆集团资本杠杆管理失控，导致德隆集团轰然倒塌。德隆集团当初是旗下拥有177家子孙公司和19家金融机构的巨型企业，危机爆发后，德隆集团在整个证券市场亏空高达160亿元之巨。2004年4月13日危机爆发前，"德隆系"在资本市场运作成本约为145亿元，2001年前至少有50亿元账面利润。德隆团队的核心人物锒铛入狱，高速发展缺乏业绩支撑，德隆集团没有依托主业，也没有培育主业的核心竞争优势，盲目运用资本杠杆进行扩张是失败的主要原因。

  在本书写作过程中，魏荣桓、吴辰、于姝婷和郭琲楠分别撰写了初稿，最后由魏成龙定稿。书中参考了众多相关文献资料，在此表示感谢。

作者

2021年6月

目 录

第一章　基于资本杠杆的商业银行业务风险控制 /1

第一节　绪论 …………………………………………………… (1)
 一、杠杆是中国股市震荡的重要影响因素 ……………… (1)
 二、控制杠杆率的价值 …………………………………… (3)
 三、基于杠杆周期律的应对策略 ………………………… (3)
 四、资本杠杆控制面临的核心问题 ……………………… (4)
 五、资本杠杆控制研究的方法与核心内容 ……………… (4)

第二节　资本杠杆相关研究成果借鉴 ………………………… (5)
 一、杠杆率变化的经济效应 ……………………………… (6)
 二、中国宏观杠杆率分析 ………………………………… (9)
 三、企业股权质押行为 …………………………………… (17)

第三节　中国企业杠杆率 ……………………………………… (19)
 一、中国宏观杠杆率的演进 ……………………………… (19)
 二、中国非金融企业杠杆率分析 ………………………… (26)
 三、非金融企业杠杆率变化对企业自身的影响 ………… (31)
 四、非金融企业杠杆率管理建议 ………………………… (33)

第四节　企业杠杆率与股票价格波动 ………………………… (34)
 一、中国非金融企业杠杆率 ……………………………… (34)
 二、不同属性上市企业及行业杠杆率 …………………… (40)
 三、企业资本结构对资产价格的影响 …………………… (49)
 四、非金融企业杠杆率管理建议 ………………………… (53)

第五节　银行股票质押业务 …………………………………… (53)
 一、股票质押业务 ………………………………………… (53)

二、股票质押的发展与现状 ………………………………… (58)

三、股票质押市场风险剖析 ………………………………… (66)

第六节　研究结论 ………………………………………………… (72)

一、杠杆率是衡量宏观经济安全性的重要指标，需要在
"控风险"的同时兼顾"稳增长" ……………………… (72)

二、资金既是企业财务的源头动力和企业发展的关键，
也是决定企业发展壮大的主要影响因素 ………………… (74)

三、开展股票质押业务时要时刻警惕其带来的风险 ………… (75)

第二章　基于市场竞争的国有企业杠杆率管理 /76

第一节　绪论 ……………………………………………………… (76)

一、结构性去杠杆问题 ……………………………………… (76)

二、国有企业杠杆率影响因素的研究价值 ………………… (81)

三、构建双重差分模型，分析市场竞争对
国有企业杠杆率的影响 …………………………………… (82)

四、基于市场竞争的国有企业杠杆率管理 ………………… (82)

第二节　相关研究成果借鉴 ……………………………………… (83)

一、国有企业分类改革 ……………………………………… (83)

二、杠杆率相关理论研究 …………………………………… (85)

三、市场竞争测量研究 ……………………………………… (87)

四、国有企业去杠杆 ………………………………………… (88)

第三节　理论分析与研究假设 …………………………………… (90)

一、杠杆率相关理论 ………………………………………… (90)

二、权衡理论与杠杆率水平 ………………………………… (91)

三、国有企业杠杆率的影响机制 …………………………… (94)

四、市场竞争与外资进入关系分析 ………………………… (96)

五、市场竞争与国有企业杠杆率的关系 …………………… (97)

六、市场竞争与不同类别国有企业杠杆率的关系 ………… (98)

第四节　研究设计与实证分析 ………………………………… (99)
　　一、国有企业杠杆率特征分析 ………………………………… (99)
　　二、研究设计 ………………………………………………… (108)
　　三、实证分析 ………………………………………………… (113)
　　四、结果讨论 ………………………………………………… (117)
第五节　研究结论与展望 ……………………………………… (119)
　　一、基于区域分类讨论 ……………………………………… (119)
　　二、国有企业稳杠杆机制 …………………………………… (121)
　　三、局限性与展望 …………………………………………… (122)

第三章　基于金融科技的杠杆约束 /124

第一节　绪论 …………………………………………………… (124)
　　一、科技创新与金融创新系统要素的有效匹配与
　　　　互动耦合 ………………………………………………… (124)
　　二、基于金融科技的融资与投资研究的价值 ……………… (125)
　　三、国内外相关文献成果借鉴 ……………………………… (126)
　　四、研究内容、方法与创新 ………………………………… (132)
第二节　理论基础与研究假设 ………………………………… (135)
　　一、理论基础 ………………………………………………… (135)
　　二、研究假设 ………………………………………………… (140)
第三节　金融科技指数测算 …………………………………… (145)
　　一、构建金融科技指数的思路 ……………………………… (145)
　　二、金融科技指数的合成 …………………………………… (146)
　　三、金融科技指数的构建 …………………………………… (146)
第四节　实证研究设计 ………………………………………… (148)
　　一、金融科技影响融资约束的实证研究 …………………… (148)
　　二、金融科技影响投资不足的实证研究 …………………… (150)
　　三、融资约束中介作用的实证研究 ………………………… (152)

第五节　实证结果分析 ………………………………… (153)
　　一、金融科技对融资约束的影响检验 ………………… (153)
　　二、金融科技对投资不足的影响检验 ………………… (160)
　　三、融资约束的中介效应检验 ………………………… (168)

第六节　研究结论与政策建议 …………………………… (174)
　　一、主要结论 …………………………………………… (174)
　　二、政策建议 …………………………………………… (175)

第四章　基于杠杆的管理层收购 /178

第一节　杠杆收购的性质 ………………………………… (179)
　　一、杠杆收购的特点与优势 …………………………… (179)
　　二、杠杆收购的类型 …………………………………… (181)

第二节　杠杆收购的发展 ………………………………… (184)
　　一、杠杆收购的兴起 …………………………………… (184)
　　二、杠杆收购的兴盛 …………………………………… (186)
　　三、杠杆收购的受阻 …………………………………… (188)

第三节　杠杆收购的运作 ………………………………… (189)
　　一、成功的杠杆收购交易的基本条件 ………………… (189)
　　二、杠杆收购的基本流程 ……………………………… (189)

第四节　杠杆收购的融资体系 …………………………… (191)
　　一、杠杆收购融资体系的特征 ………………………… (191)
　　二、杠杆收购融资体系形成的环境 …………………… (192)
　　三、杠杆收购融资体系的内容及安排 ………………… (193)

第五节　管理层收购（MBO） …………………………… (200)
　　一、管理层收购的性质 ………………………………… (200)
　　二、管理层收购的运作 ………………………………… (203)
　　三、MBO 后的整合 …………………………………… (207)
　　四、我国早期上市公司管理层收购 …………………… (209)

五、实施管理层收购的模式 …………………………………（215）
第六节　案例一：巧用杠杆　双汇集团成为世界最大的
　　　　　中国肉类品牌 ……………………………………（220）
一、双汇集团的"曲线"MBO ……………………………（220）
二、双汇集团MBO的理论与实践启示 …………………（248）
第七节　案例二：杠杆失控致使德隆神话破灭 ……………（253）
一、德隆集团资本杠杆事件背景 …………………………（253）
二、德隆集团高杠杆带来的危机 …………………………（255）
三、德隆神话破灭的原因 …………………………………（261）
四、德隆集团高杠杆失控事件的启示 ……………………（262）

参考文献 /267

第一章　基于资本杠杆的商业银行业务风险控制

杠杆率是衡量宏观经济主体和债务可持续性的重要指标，中国宏观总杠杆率水平在全球范围内处于中等偏上水平，中国非金融企业杠杆率水平较高，政府和居民杠杆率处于较低水平，中国偿债比率在各国之中排名中等靠前，非金融企业杠杆率在中国宏观总杠杆率中所占比重最大，企业杠杆率的管理要在"控风险"的同时兼顾"稳增长"。

企业的财务杠杆或杠杆率水平的变化，都能够影响到企业的偿债能力和融资能力。企业在提升自身实力的基础上，要合理利用负债筹资。股票质押业务的风险主要来自个股价值的波动和资本市场的变动，设置合理的质押率、预警线和平仓线，是预防业务风险的主要手段。

第一节　绪论

一、杠杆是中国股市震荡的重要影响因素

中国 A 股市场走势较为动荡，尤其是 2018 年中国 A 股市场走势一路向下。2018 年 1 月 29 日，A 股达到年内最高的 3587 点，此后就如同刹车失灵的汽车连续行驶 9 个月。尤其是进入 2018 年 10 月，A 股先是跌破熔断底 2638 点，而后触及 2449 点，从 3587 到 2449，最大跌幅达 31.7%（见图 1-1）。

A 股市场的大幅波动导致爆仓情况频发。近年来，上市公司股权质押融资规模激增，几乎达到了无股不押的地步。截至 2020 年 2 月，A

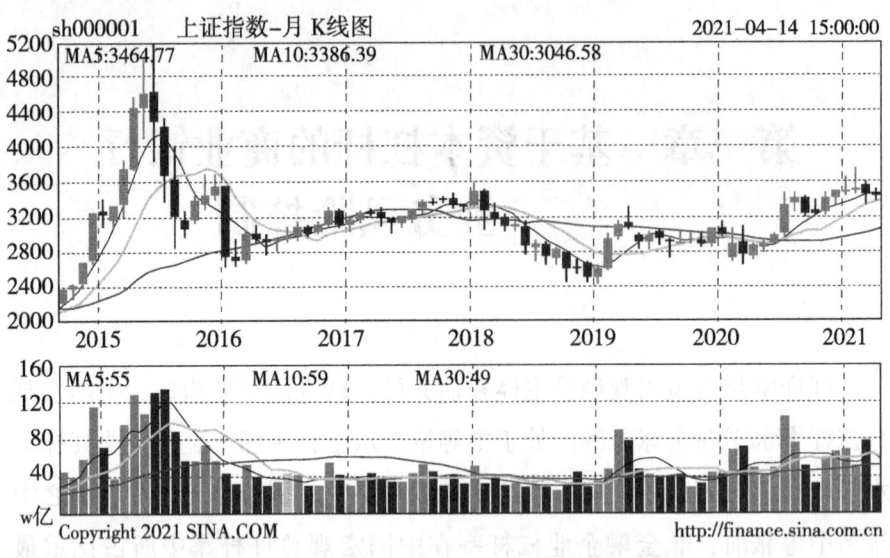

图 1-1　2015—2021 年中国股市走势图

资料来源：新浪财经。

股中使用过股权质押融资模式的上市公司数量高达 3037 家，质押笔数达 4.07 万，质押总市值高达 4.67 万亿元。2018 年的 A 股大跌中，有 982 个公司的股价跌破预警线，584 只跌破平仓线。2018 年年初至 2020 年 2 月，共计 84 家上市公司发布了大股东平仓预警公告，其中非国有控股的比例为 95%（80 家），大股东股票质押比例超过 60%，且存在杠杆的比例为 70.24%（59 家）。截至 2018 年 8 月，已消除平仓风险的上市公司有 36 家；14 家上市公司的股权因违约被处置，全部为非国有企业。

股市震荡背后的重要影响因素是中国宏观杠杆率，尤其是非金融企业杠杆率的快速增长。国际清算银行（BIS）统计数据显示，2008 年以来，中国实体经济宏观杠杆率迅速攀升，其中，非金融企业部门杠杆率占比和上涨幅度最为显著，2016 年以后上升势头才有所缓和；居民部门和政府部门杠杆率较低且变动相对温和，但整体呈现持续增长态势。中国宏观总杠杆率为 252.7%，在 BIS 公布的 44 个国家和地区中排第 20 位，在全球范围内处于中等偏上水平。中国非金融企业杠杆率为 152.9%，政府杠杆率为 52.1%，居民杠杆率为 51.5%。中国偿债比率为 19.3%，在

32个国家和地区中排第11位。截至2020年，中国实体经济宏观杠杆率已经超过发展中国家和地区的均值，并接近发达国家和地区水平，中国实体经济、居民部门、政府部门、非金融企业部门和私人非金融部门宏观杠杆率均存在显著的泡沫特征。实体经济、非金融企业部门和私人非金融部门宏观杠杆率已经走出泡沫区间，且长期来看存在收敛性；居民部门和政府部门宏观杠杆率仍处于泡沫之中，且表现为发散。2015年年底，中国政府将去杠杆作为经济供给侧改革的主要任务之一，并在过程中提出了结构性去杠杆的策略，尤其将企业去杠杆作为重中之重。

二、控制杠杆率的价值

本章研究的主要目的包括：①对当前中国宏观经济杠杆率的整体水平做出评估和分析，并讨论研究相关的解决方案；②分析企业杠杆率对企业发展的影响，尤其是对上市企业市值波动的影响；③基于企业杠杆率对股票市场波动的影响，对银行股权质押业务进行分析和讨论。

应用价值：本章在中国A股市场出现大幅度波动的背景下，结合宏观经济发展周期，以杠杆率视角对资本市场及相关经济主体的风险状况进行评估，将对商业银行风险的预警和业务的开展产生重要和直接的指导作用。

学术价值：本章综合经济学、货币银行学和国际金融学等学科的最新进展，融合政策分析与管理实践，使用案例分析、定量研究和文献分析等方法，将主流经济学与中国现有国情有机结合起来，深入探讨杠杆率与资本市场变动规律，为我国新常态下金融创新与管理、商业银行在新的杠杆率变动周期下的业务开展和风险管理提供理论支撑，具有较大的学术价值。

三、基于杠杆周期律的应对策略

本章基于对杠杆率与资本市场波动规律的研究，从商业银行业务策略视角，分析杠杆率与资本市场波动的周期性变化、杠杆率与资本市场波动的内生决定机理，分析企业杠杆率变化对自身运营的影响，尤其是对上市企业市值变化的影响，以此为商业银行开展股权质押业务提供理论支撑和建议，在杠杆率周期变化时为商业银行提供合理的应对策略。

（1）基于宏观经济周期和行业及企业周期等分析构件，用资产杠杆率的均衡分析框架来分析杠杆率，并根据杠杆率周期理论建立资产市场杠杆率演变的完整机制。

（2）阐明基于杠杆率视角的系统风险管理框架的含义及构成要素，基于风险管理框架对资本市场和相关经济体进行风险评估。

（3）根据对股票市场和相关经济体的杠杆水平及风险的评估，对银行业务提供合理的建议和策略。

四、资本杠杆控制面临的核心问题

本章研究的领域主要包括宏观经济、企业资本管理与股票市场等，研究的主要问题有以下三点：

第一，中国当前的宏观杠杆率处于怎样的水平，有何种特征？

第二，非金融上市企业杠杆率变动对企业主要经营指标和股票价格有怎样的影响？

第三，企业杠杆率对银行开展股票质押业务有何参考和启示？

五、资本杠杆控制研究的方法与核心内容

本章的研究方法以理论定性分析为主，结合政策分析和理论机制分析，辅以一定的定量分析与案例分析。本章研究采用的基本理论主要包括：杠杆率周期变化、金融深化理论、企业资本管理及杠杆作用假说。具体采用的研究方法有以下三种。

（1）文献调研整合：对涉及杠杆率变化的经济效应、股票价格影响因素与股票质押对企业的影响的文献进行系统梳理和分析。

（2）案例分析法：对于已经发生的事件进行分析讨论，分析其中的来龙去脉，给出相应的解析与对策。本章通过分析大股东股票质押爆仓企业的特征及招商银行股权质押业务相关要求，对该行股票质押业务的管理得失进行讨论分析。

（3）实证分析法：本研究在数理研究的基础上，采用 WIND 数据库的相关数据，分析企业杠杆率对于企业经营及上市企业市值变化的影响。

在对研究背景进行解析及对涉及杠杆率变化对经济发展的影响、杠杆率对上市公司和股票价格的影响，以及标杆率对企业股权质押行为的影响等文献进行梳理分析的前提下，实证分析中国当前宏观杠杆率水平、非金融上市企业杠杆率变动对企业经营性指标与股票价格的影响，并在此基础上研究企业杠杆率的内生决定机制，最后对企业杠杆率管理和商业银行股权质押业务的风险防范提供建议。研究框架如图 1-2 所示。

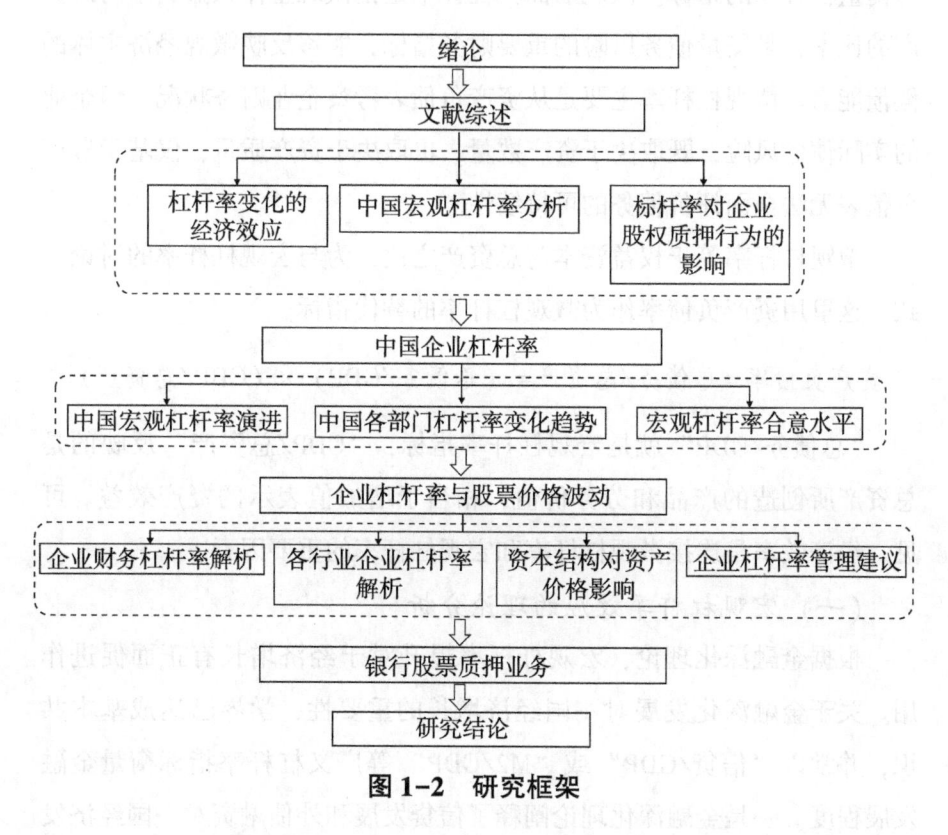

图 1-2　研究框架

第二节　资本杠杆相关研究成果借鉴

所谓杠杆，就是企业以自有资本（所有者权益）撬动的全部资本水平，或总资本相对于自有资本的倍数。杠杆率和企业的负债融资结构，对货币政策传导机制和经济效率有着重要影响，与金融系统性风险密切相关。

一、杠杆率变化的经济效应

杠杆率是讨论中国金融风险问题的重要切入点。宏观层面：杠杆率主要是指债务收入比，用于衡量债务可持续性。由于理论上 GDP 与国内总收入相等，因而往往用宏观经济某一部门的总债务与 GDP 之比作为衡量杠杆率的指标。微观层面：杠杆率是指微观主体权益资本与总资产的比率，是衡量债务风险的重要财务指标，能够反映微观经济主体的偿债能力。微观杠杆率主要是从资产负债表考察企业财务状况，但企业的实际债务风险，既取决于资产数量，也取决于资产质量，仅基于资产负债表无法全面评价债务的可持续性。

微观杠杆率等于权益资本与总资产之比，为与宏观杠杆率的讨论一致，这里用资产负债率作为微观杠杆率的替代指标。

资产负债率＝总债务/总资产＝（总债务/GDP）×（GDP/总资产）

"总债务/GDP"就是宏观杠杆率指标，"GDP/总资产"反映的是总资产所创造的产品和劳务价值，相当于增加值表示的资产效益。可见，经济效率是连接微观杠杆率和宏观杠杆率的重要因素。

（一）宏观杠杆率效应的理论分析

根据金融深化理论，宏观杠杆率提升对于经济增长有正面促进作用。关于金融深化发展对一国经济增长的重要性，学界已达成基本共识，并常以"信贷/GDP"或"M2/GDP"等广义杠杆率指标衡量金融发展程度。一是金融深化理论阐释了信贷发展和外债融资对一国经济发展的促进作用：McKinnon（1973）提出政府对金融活动的过多干预压制了金融体系发展，而金融体系的欠发展又阻碍了经济的发展，从而造成金融压制与经济落后的恶性循环；反之，发展中国家货币金融和经济可形成金融改革与经济发展的良性循环。信贷增长可以通过收入效应和投资效应，发挥对经济发展的积极效应。二是在外债方面，Fisher 和 Frenkel（1927）提出了债务周期理论，刻画了一国通过举债促进生产发展、产品竞争力提升和贸易地位改变的过程。

根据 McKinnon、Fisher 和 Frenkel 的研究，宏观杠杆率对于经济发展影响的深入探讨主要包括三个方面：一是金融信贷发展能够有效促进经济增长，Levine 和 Ang（2008）提出，金融信贷发展通过促进资金配置、改善公司治理、控制风险、便利交易等渠道影响经济增长。二是从周期性的角度出发，Mendoza 和 Terrones（2008）发现，企业杠杆率上升经常与经济繁荣或衰退的周期相关：经济繁荣时信贷规模增加，企业杠杆率上升较快，银行脆弱性增加；经济衰退时信贷规模缩减，企业杠杆率趋于下降，银行脆弱性减少。三是金融深化是否存在过度的问题，Rousseau 和 Wachtel（2011）认为，如果金融深化没有过度，则能够促进经济增长，反之，如果信贷过度扩张，可能导致金融深化的有效性降低，进而造成银行部门弱化和经济增长效应减弱。

基于债务—通缩理论，一些学者认为宏观杠杆率提升对于经济发展存在负面影响。债务—通缩理论和金融不稳定理论则聚焦于债务积累可能引发金融危机和经济衰退。该理论认为，杠杆率上升会阻碍经济增长，特别是当债务积累到一定程度，可能导致经济体陷入"债务—通缩"恶性循环，引发经济衰退。Fisher（1988）对债务紧缩过程的刻画有 5 点：①债务积累过多；②债务约束条件收紧；③企业不得不减少生产和投资支出、廉价出售资产以偿还债务；④资产净值损失及其价格下跌；⑤真实债务水平上升，形成高债务和通缩的恶性循环。债务—通缩机制还会进一步抑制总需求，加剧经济衰退。

Minsky（1994）在债务—通缩理论的基础上进一步提出金融不稳定假说。他认为经济系统在一些融资机制下是稳定的，经过一个长时间的繁荣期，市场主体的风险偏好上升，投机性融资和庞氏融资比重提高，经济逐渐从有助于稳定经济系统的融资关系，转向不利于稳定经济系统的融资关系，引致不确定性上升，风险偏好逆转和资产价格暴跌，触发债务—通缩机制。Bernanke等（1999）在信息不对称视角下，将债务—通缩理论发展成为金融加速器模型：信息不对称情况下，一旦触发债务—通缩机制，随着企业经营状况的恶化和不确定性的上升，信贷中介对贷款人的识别与监督成本上升。中介放贷意愿下降和风险溢价提高，会进一步加剧企业经营困难和资产负债表恶化，从而难以摆脱债务—通缩困境，陷入经济衰退。

（二）宏观杠杆率效应的实证研究

基于金融深化理论与债务—通缩理论，宏观杠杆率变化对于经济增长的影响进入实证研究阶段。Reinhart和Rogoff基于对全球44个国家的长期历史数据的分析发现，当政府债务占GDP的比重达到90%以上时，经济增速的中位数将下降1个百分点：①发达国家的经济增速均值下降4个百分点；②当新兴经济体外债占GDP的比重达到60%以上时，经济平均增速将下降2个百分点。

目前学术界研究得出的较为一致的结论是：杠杆率与经济增长之间存在一种非线性关系，即杠杆率与经济增长动态平衡关系约束的非线性关系。具体来讲：一方面，不同的杠杆率上升，带来不同的经济增长效果和债务风险。微观层面杠杆率的上升，既可能反映了企业信息和交易成本下降导致的融资成本下降，也可能是因为国企预算软约束强化导致的道德风险和逆向选择；宏观层面杠杆率的上升，既可能源于高储蓄支撑的投资增长，也可能来自居民过度消费和高福利政策下的债务膨胀。基于MM定理的微观分析表明，信息和交易成本、税收负担和预算软约束激励机制与杠杆率结构密切相关。杠杆本身不是问题，杠杆效率是关键。

综合理论和实证研究结果，杠杆率水平变动对于经济发展的影响主要是：①杠杆率升高总体上降低了经济增长率，且该影响效应随着经济增长率的提高而减弱，随着经济增长率的下降而增强；②杠杆率升高总体上提高了发生经济衰退的概率，并且该影响效应随着经济增长率的提高而减弱，随着经济增长率的下降而增强；③外债杠杆率降低了经济增速，提高了发生经济衰退的概率，公共杠杆率（公共债务）则没有显著的影响效应;④高储蓄率和全要素生产率增长,显著降低了杠杆率对经济增长和波动的不利影响。在总量上"稳杠杆",在结构上"去杠杆",在效率上"优杠杆"。通过提高杠杆利用效率,保障杠杆形成有效的资本积累和研发创新,实现经济在较长一段时期维持中高速增长,可能是中国目前的较优选择。

二、中国宏观杠杆率分析

基于上述研究,债务不仅影响货币政策传导效率和金融稳定,更是发展经济金融的重要手段。融资并形成债务及作为其镜像的投资,是工业化社会正常运行的条件之一。中国较高的杠杆率和负债水平,与当前的高储蓄和特定的增长模式密切相关。

目前,从量上看中国的杠杆率主要集中在企业部门。整体杠杆率、财政杠杆率、家庭部门杠杆率都低于世界平均水平,而企业部门杠杆率高于平均水平;从深层次看,中国杠杆率问题体现为结构性问题。首先,由于隐性担保等因素,银行将大部分的资金贷放给大型国有企业,导致债务过度集中和杠杆率的分化;融资约束轻的企业获得资金后,将冗余的资金贷放给融资约束严格的企业,从事影子银行业务。其次,由于实体经济的下滑和房地产行业的发展,企业将资金过度投放到房地产行业,促进了企业金融化和实体经济的进一步衰退。最后,房地产行业繁荣的同时促使家庭部门进行房地产投资,提高了低收入家庭的购房成本,压低了社会的整体消费水平。

企业杠杆率水平的考察有宏观和微观两个维度。宏观杠杆率从宏观层面考察企业债务水平,可用于与全社会及其他部门杠杆率的共同分析,通常以企业负债总额与 GDP 的比值作为测算指标;微观杠杆率主要用于企业和行业层面的分析比较,通常以资产负债率为测算指标。

宏观和微观杠杆率变动出现了一定程度的背离,实际反映了中国企业整体运营效率下降。宏观杠杆率上升而微观杠杆率下降,说明企业资产创造价值的能力有所衰减,拉动单位 GDP 所需的投入增多。资产回报和效率下降源于宏观经济下行,导致企业整体经营效益和资产周转能力出现恶化。

(一)企业高杠杆原因解析

微观杠杆率是指微观经济主体的杠杆率,即家庭、非金融企业、金融机构、政府等微观主体通过负债的方式以较小资本金来管理较大规模的资产;宏观杠杆率就是各微观主体杠杆率的加总。

1. 企业杠杆率高企的原因

企业杠杆率高企既有周期性因素的影响,也有结构性因素的影响。

周期因素:企业负债水平与经济周期具有一定的相关性。在经济复苏期,前期的收缩导致市场供给小于需求,企业经营状况得到改善,进而提高其投资预期回报率。经济进入繁荣期,企业大幅增加投资,负债相应增长,开始加杠杆。经历扩张阶段后,市场供给大于需求,企业经营状况恶化,并影响投资预期回报率,经济进入衰退期。在充斥着悲观预期的市场环境下,企业逐渐减少投资、偿还债务,部分经营不善的企业甚至出现破产,致使经济萧条期企业新增负债减少,引发去杠杆。此后,当收缩达到一定程度后,经济再次步入复苏期,并开始新一轮的周期循环(见图1-3)。

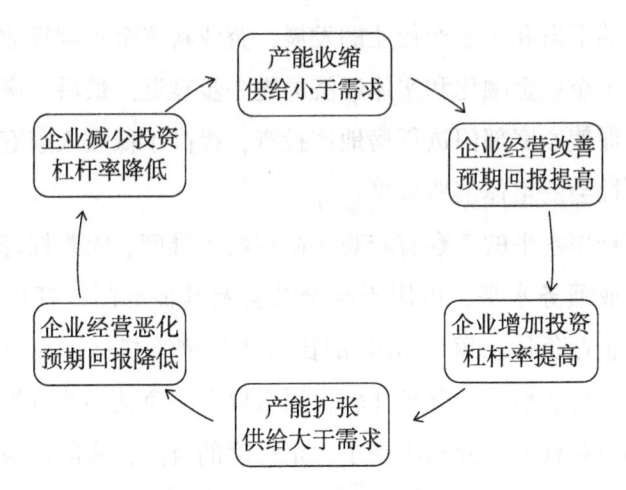

图1-3 经济周期与杠杆率变化

资料来源:作者整理。

上述情况表明，周期性因素可以部分解释中国企业在经济上行阶段的债务扩张，但却无法解释近年经济下行中企业部门杠杆率的攀升。这方面还需要从结构性角度加以探究。

结构性因素：企业部门的高杠杆率并不是普遍存在的。债务不断向国有企业和部分行业集中，成为此轮杠杆率上行的突出特点。从所有制结构看，中国非金融企业负债以国有企业负债为主。从行业结构看，中国企业部门整体杠杆率的上升主要是部分周期性行业负债快速增长的结果。经济刺激政策主要推动了基础设施建设投资，进而带动部分周期性行业的产能快速扩张。强刺激政策还推动了房地产市场的繁荣，不仅促使房地产企业的杠杆率进一步上升，也推动了产业链上游相关行业的投资和负债增长。

2. 国有企业高负债的原因

（1）国有企业承担政府性职能与债务，往往深度参与政府主导的逆周期调控，具体包括以下两方面。

1）重点投向基建领域的"一揽子"政策性投资，除了政府直接投入外，很大比重是由国有企业承担的。2008—2010年，在城市市政公用设施建设固定资产投资中，中央财政拨款仅占12.6%，而作为财政刺激的重要载体，国有企业则成为加杠杆的主体之一，结果是中央政府债务并未显著上升，而国有企业债务快速膨胀。

2）部分国有企业依然承担着"三供一业"（供水、供电、供气及物业）和离退休人员管理、教育、医疗、消防、市政等公共服务职能。据国务院发展研究中心课题组的估算，中央企业每年需为此额外支付的费用达800多亿元（王继承和袁东明，2015）。考虑到上述政策性因素，特别是国有企业的准财政功能，如果将非金融企业与政府部门的债务合并，或许可以更为客观地评估我国企业部门的债务水平。

（2）政府隐性担保与预算软约束。从资金供给方来看，由于国有企业享有政府的隐性担保，银行愿意为其提供更多融资便利，这也与经济转型有关。由于财政支出有限，政府通过担保方式替代计划经济下的财政补贴,并逐渐演化为一种不言自明的机制。作为国有企业的所有者,政府有意愿降低国有企业的破产和违约风险,并寄希望于借助国有企业发挥一定的社会职能。从历史经验看,即便国有企业陷入债务困境,政府通常也会采取措施,帮助其解决相关的债务问题。

从资金需求方来看,国有企业自身存在预算软约束问题。激励约束机制不健全、政企权责不清晰等,导致国有企业具有较为强烈的扩张偏好,对资金价格和借贷成本的敏感性也较低,容易引发债务过度膨胀。

3. 企业经营效率

企业部门杠杆率高的原因主要有企业经营效率不高、地方政府对经济活动的干预及企业融资渠道单一等。林毅夫和李永军(2001)对中小企业融资问题进行了研究,发现中国银行以政府担保和银行的政策负担为依据对国有企业进行贷款,而不完全以利润原则为贷款依据。郑志来(2017)对债转股问题进行研究,发现中国企业主要集中在低端产业,经营效率不高,产能、库存过剩,而其产能过剩过程以依赖债务融资为主,进一步提高了企业的经营成本和杠杆率水平。步丹璐等(2017)研究表明,产能过剩能够促进杠杆率上升,杠杆率上升会引起产能进一步无效率投放,使得产能过剩与杠杆率之间形成相互促进的负反馈螺旋。中国人民银行营业管理部课题组(2017)研究发现,非金融企业部门的高杠杆率在很大程度上与预算软约束有关(金融机构未能坚持商业约定,使得企业资金运用超过其当期收益),并且其扭曲程度与政府担保存在紧密联系。

4. 企业统计口径的变化

用总资产取代总资本,不仅意味着将企业从投资者那里(含股权投资者和债权投资者)获得的投资包括在内,而且将企业营业活动形成的应付账款、应付票据、预收账款、应付职工薪酬、未交税费等营业性负债计算到了总资本之中,等于把供应商、客户、员工、政府等都纳入投资者的行列,泛化了投资者和资本的概念(王竹泉,2015)。

应付账款、应付票据、预收账款等营业性负债不需要承担任何成本，也不需要提供任何抵押物，预算约束相对较"软"，主要受企业在供应链上的地位和供应链关系等因素的影响；基于债务投资关系形成的金融性负债，属于典型的硬约束，反映了企业的真实财务风险。如果以"资产"替代"资本"来计算企业的杠杆水平，就会夸大杠杆的数值。

（二）企业高杠杆率带来的影响

1. 资产替代与债务高悬

代理问题："资产替代"效应（Jensen and Meckling，1976）指在债务契约签订之后，股东会以牺牲债权人的利益为代价投资于高风险的项目（使这些项目的 NPV 为负），从而表现出固定资产投资过度的倾向（Jeon and Nishihara，2015；Habib and Hasan，2017）。而另一类问题是所谓"债务高悬"效应（Myers，1977），即高杠杆率会提高公司陷入财务困境的概率（Titman and Tsyplakov，2007）。当存在高杠杆率引发的财务困境预期时，股东为了避免债权人获得投资项目的大部分收益，有动机放弃长期有价值的项目，这不仅会加重固定资产投资不足的倾向（Parrino and Weisbach，1999），还会削弱公司的研发动力（Lewis and Tan，2016），如图 1-4 所示。

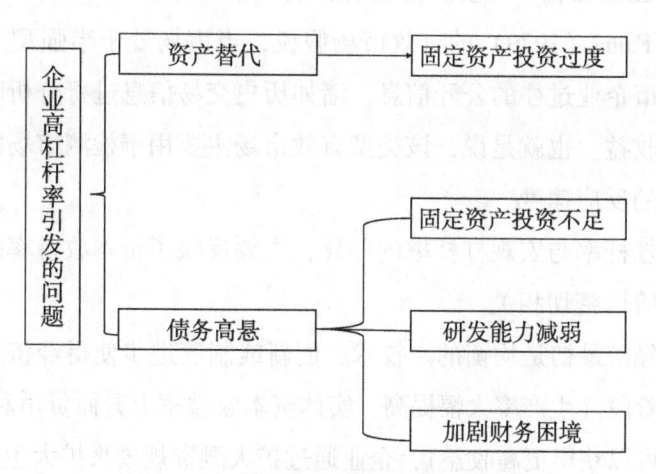

图 1-4 企业高杠杆率引发的问题

资料来源：*作者整理。*

2. 企业财务杠杆的影响因素

财务杠杆的重要性。Titman 和 Wessel（1988）研究财务杠杆变化的重要因素，例如盈利能力、成长性、企业规模、行业种类等，得出结论：财务杠杆与盈利能力负相关，财务杠杆随着利润额的增加而降低。Rajan 和 Zingales（1996）研究发现财务杠杆的差异存在于不同国家之间，并且研究了导致这一现象的因素，发现盈利能力与负债比率反方向变动，验证了 Titman 和 Wessel 的观点。John 等（2012）以 Kidder 模型为基础，探讨房地产市场价格发生变化的原因，通过计算实验金融的方法，得出高杠杆率会引起系统性风险的结论。

财务杠杆的影响因素。Booth 等（2001）以发展中国家的公司为研究对象，探讨财务杠杆的影响因素，最后得出结论：引起发展中国家公司财务杠杆变动的原因与发达国家相似，而且盈利性这个因素在很大程度上会引起财务杠杆的波动。Deesomsak 和 Paudyal 等（2004）研究发现财务杠杆会受一国环境的影响，因为文化、法律、经济等不同，引起财务杠杆变动的原因也不全一样。因此，他们认为公司的成长性与它的负债比率没有关系。

3. 企业高杠杆率对资产价格的影响

根据 Fama（1970）的有效市场假说，当市场处于半强型有效情况时，对上市企业过往的公开信息，诸如历史交易信息进行分析时，无法获得超额收益。也就是说，该类型有效市场主要用于检测市场的交易价格对信息的反应速度。

微观杠杆率与宏观杠杆率的差异，主要反映了资本收益率的变化与经济周期阶段密切相关。

假设经济最初是均衡的。技术、创新或制度进步使得经济开始进入复苏扩张阶段（生产率大幅提高，实体资本收益率上升而货币利率较低，企业生产可以获得更高收益），企业通过扩大融资规模来扩大生产，微观杠杆率上升。技术变革初期，由于产出增长率高于债务扩张速度和宏观杠杆率下降速度，于是经济开始进入繁荣高涨阶段（在盈利改善的乐观预期下，企业继续扩大负债规模，以扩大生产获取更大收益），实体经济改善，非理性的乐观预期滋生，受企业盈利增加影响，股票及房地产等资产价格开始迅速上涨，导致企业进一步过度负债。企业负债速度大于产出增长速度，使得微观杠杆率和宏观杠杆率同步上升，技术进步或制度变迁停滞（创新的技术贡献下降，价格上涨引发的生产成本增加，足以抵消技术进步、生产率提高所带来的超额利润，同时银行也逐步提高贷款利率，导致融资成本上升）。企业开始收缩信贷规模，微观杠杆率下降；非理性企业和市场投资者负债下降过程过于缓慢，甚至可能在非理性乐观预期下进一步扩大负债，从而滋生资产价格泡沫，产出增速的下降速度要远远快于负债增速的下降速度，这样宏观杠杆率仍然上升。停滞衰退之后，繁荣高涨阶段存在的问题完全显现，经济开始步入萧条崩溃阶段（微观实体收益率进一步恶化，企业持续收缩进行微观去杠杆过程。资产价格上涨停滞并直至资产泡沫崩溃，过度负债难以维继，大量不良贷款最终不得不暴露出来），宏观杠杆率与微观杠杆率出现同步下降。

经济"复苏扩张——繁荣高涨——停滞衰退——萧条崩溃"的不同阶段，微观杠杆率与宏观杠杆率既可能是完全一致的（如繁荣高涨、萧条崩溃阶段），也可能是背离的（如复苏扩张、停滞衰退阶段）。

货币供应冲击会导致投资者在货币与股票之间进行替代，从而影响股票价格。Thorbecke 发现，货币政策冲击会对股票回报产生影响，在货币紧缩时期，股票回报下降；而在货币宽松时期，股票回报上升。Chang 等利用东京证券交易所的数据，研究了流动性与股票收益挂钩的关系及季节效应，发现流动性水平与股票回报存在显著的负相关关系。

（三）资本杠杆对股票价格的影响

杠杆作用假说（Leverage Hypotheses）主要涵盖了资产负债假说中的财富再分配假说和税收优惠假说。Modigliani 和 Miller（1963）关于税收优惠假说的研究认为，公司的杠杆率可以反映其财务水平，杠杆率的升降与股票价格的涨幅存在正相关关系，在具体下降空间的衡量上主要取决于新增股票的发行数量，特别是当发行股票的数量远远高于市场中流通的债券类金融产品时,两者的负相关关系会更加明显。

从微观层面来看,杠杆率反映了企业权益资本与负债的比例,而揭示企业融资结构与企业市值相关性的著名的MM定理,则是分析微观杠杆率问题的理论基准。

(1) MM定理。MM定理认为企业融资结构(微观杠杆率)与其市场价值无关,如果放松假设条件,则MM定理自然反向成立,即如果存在信息不对称和交易成本、税收和破产成本等因素,则企业杠杆率的差异将影响其市场价值。这也解释了为何现实世界中不同类型企业的杠杆率存在差异。

(2) 考虑信息和交易成本情形的MM定理修正——融资溢价、融资结构与杠杆率的关系。金融加速器理论表明,企业的交易成本越高,融资溢价越高,杠杆率越低,反之亦然。一般来说,由于财务制度更健全,企业管理更规范,大企业信息不对称程度较低,交易成本相对较小,中小企业融资溢价要高于大企业,大企业融资成本更低,银行出于节省监督和交易成本的考虑,更倾向于向大企业贷款,因此大企业的杠杆率更高。

(3) 考虑破产情形的MM定理修正——预算软约束越严重,杠杆率越高。公司进行融资决策时,就会在债务减税收益与财务困境成本间进行权衡。显然,企业财务约束越严格,负债动机越弱。相反,预算软约束则降低了企业财务约束和破产可能,增强了企业主动负债的动机。

Schwartz和Brennan(1978)研究发现,随着公司价值的提高,公司财务杠杆的账面比率也有所提高;Kim和IL-Woon(1985)发现财务杠杆与公司普通股股价同向变动;Shah(1994)探讨了公司股价变动与财务杠杆变动的关系,研究显示,股价随着企业负债的增加而上涨,随着企业债务筹资的减少而下跌。因此认为,财务杠杆与企业价值呈正相关关系。

刘东辉和黄晨通(2004)研究认为,资产负债率增加时净资产收益率并没有出现稳定的变化趋势,而是存在一个范围,在这个范围内,净资产收益率与财务杠杆同向变动；在该范围以外，净资产收益率与财务杠杆反向变动。李蕾（2009）进行了实证分析，实证结果表明，每股收益与财务杠杆呈曲线关系，在没有达到最佳资本结构点之前，每股收益随着财务杠杆的增大而逐渐增加，反之减少。

董小君（2017）指出，观察一个经济体是否会爆发金融危机，杠杆率是一个领先指标。在经济下行周期背景下，高杠杆率可能会引发系统性风险。马红和王元月（2017）研究了去杠杆对提高我国企业投资效率的有效性，研究结果表明，从整体看，债务杠杆与我国企业的投资效率之间呈现倒 U 型关系。

三、企业股权质押行为

以股权质押的方式进行融资，控股股东可以规避禁售期限制，盘活其账面禁售股，利用财务杠杆效应，将"经济存量"转换为"经济增量"。然而，上市公司股权质押"暴雷"事件接连发生，表明股权质押融资并非百利而无一害。

（一）股票质押对企业的积极影响

王斌等（2013）实证研究发现，控股股东股权质押率与公司业绩显著正相关，即大股东的股权质押行为对改善公司业绩具有正向促进作用，原因在于股权质押行为可能对控股股东的实际控制权造成负面影响，控股股东囿于控制权转移的压力，更倾向于对公司管理层施压，以期改善公司业绩。谢德仁、郑登津和崔宸瑜（2016）研究发现，控股股东股权质押公司的股价崩盘风险更低；在非国有控股上市公司中，控股股东股权质押与股价崩盘风险负相关的关系更显著。进一步研究发现，控股股东并不是通过努力提高经营业绩来降低股权质押期间股价崩盘的风险程度；控股股东的股权质押解除后，公司的股价崩盘的风险随即提高。控股股东股权质押后，主要利益相关方确实采取了行动去排除股权质押的"地雷"险情，降低了股价崩盘风险，但这只是其股权质押期间的权宜之计。

林艳等（2018）同样认为公司业绩与股权质押比例之间显著正相关。考虑到信息不对称问题，质权人通常会要求企业为其提供更深层次的财务数据，并对企业绩效更为敏感，这就迫使企业的实际控制人采取积极的公司治理策略，进而改善企业绩效。

郝芳静等（2020）认为，股权质押下民营企业的股价崩盘风险低，主要是因为民营企业为了获得股权质押资格及高的杠杆率，会加强内部治理和盈余管理，公司市值管理提升、业绩上升，使得投资者认可度提高，进而大量购买股票。同时由于股权质押的股票在市场上暂时处于冻结状态，所以市场上可流通股本相应减少，股价上升。进一步研究发现，适度宽松的货币政策有助于进一步降低股权质押引发的股价崩盘风险，因为市场低利率水平会减少控股股东融资成本，平仓线相应降低，爆仓风险也随之降低，投资者抛售股票的羊群效应减弱，进而减小股价崩盘风险。相对于非股权质押组，股权质押组的货币政策降低股价崩盘风险的效应更明显。

（二）股票质押对企业的消极影响

郝项超和梁琪（2009）认为，股权质押率与企业价值之间呈显著的负相关关系，即大股东的股权质押行为会侵蚀企业价值，具体表现为弱化激励效应与强化侵占效应。艾大力和王斌（2012）指出，大股东进行股权质押融资，可能会引起控制权转移与杠杆化风险，控制权转移造成的公司不稳定会使公司价值受损，杠杆化风险会强化对公司中小股东的利益侵占。

滕晓梅等（2016）分析了房地产企业的股权质押融资行为，发现房地产企业的内在价值随大股东股权质押比例的提高而降低。黄宏斌等（2018）从投资者情绪视角出发，考虑到多数上市公司股权质押通常不公布质押资金的具体数额及用途，从而影响中小投资者对股权质押结果的判断，如果投资者正处于情绪失落期，会倾向于放大股权质押所释放的消极信息，进而加剧股价下行态势。

王雪等（2020）认为，北京市上市公司的杠杆水平和公司的运营增长之间存在负向关联效应。企业杠杆水平的上升对企业全方位增长能力的提高有阻碍效果，且该效果将持续性地存在于企业生命周期的各阶段并带来影响，但实际影响的程度不同。对于生命周期处于起步发展及衰退发展阶段的企业，杠杆率对企业运营增长只会带来微小的影响，但对生命周期处于稳步发展及成熟发展阶段的企业会带来更大的影响。

蔡祖顺等（2020）认为，上市企业股权质押显著加大了股价崩盘的风险。通过对产权差异和企业不同杠杆率的进一步分析，他们还发现，相对于非民营企业，民营企业实施股权质押显著加大了股价崩盘的风险。而且，随着杠杆率的提高，其对加大股价崩盘风险的效应更显著。

第三节 中国企业杠杆率

一、中国宏观杠杆率的演进

在宏观研究领域，杠杆率是衡量宏观经济主体和债务可持续性的重要指标，定义为债务与收入之比，收入在核算方法上等同于国内总收入（GDP），故实际计算杠杆率时通常采用各宏观部门债务总额与GDP之比。杠杆率快速攀升带来的沉重债务负担不仅过早挖掘了未来经济的潜力，还严重损害了企业的经营效益和整体经济效率，形成巨大的潜在金融风险，威胁金融稳定，对经济的顺利转型带来了严峻挑战。在经济潜在增长率下滑的背景下，债务快速增长意味着流向非生产性或低效部门的债务越来越多。

（一）中国宏观杠杆率国际比较

中国金融政策报告（2017）指出，中国杠杆率虽整体可控，但结构上却出现与其他国家迥异的分布，居民杠杆率和政府杠杆率水平相对合理，非金融企业的杠杆率却很高。为准确定位中国宏观杠杆率的水平，该报告以国际清算银行（BIS）公布的杠杆率和偿债比率为基础，对中国宏观杠杆率水平做了国际对比。

中国宏观总杠杆率水平在全球范围内位于中等偏上水平。根据 BIS 公布的数据，2019 年第 4 季度中国宏观总杠杆率为 258.7%，低于法国和英国，高于美国和德国，在 BIS 公布的 44 个国家和地区中排第 17 位，处于中等偏上的位置（见图 1-5）。

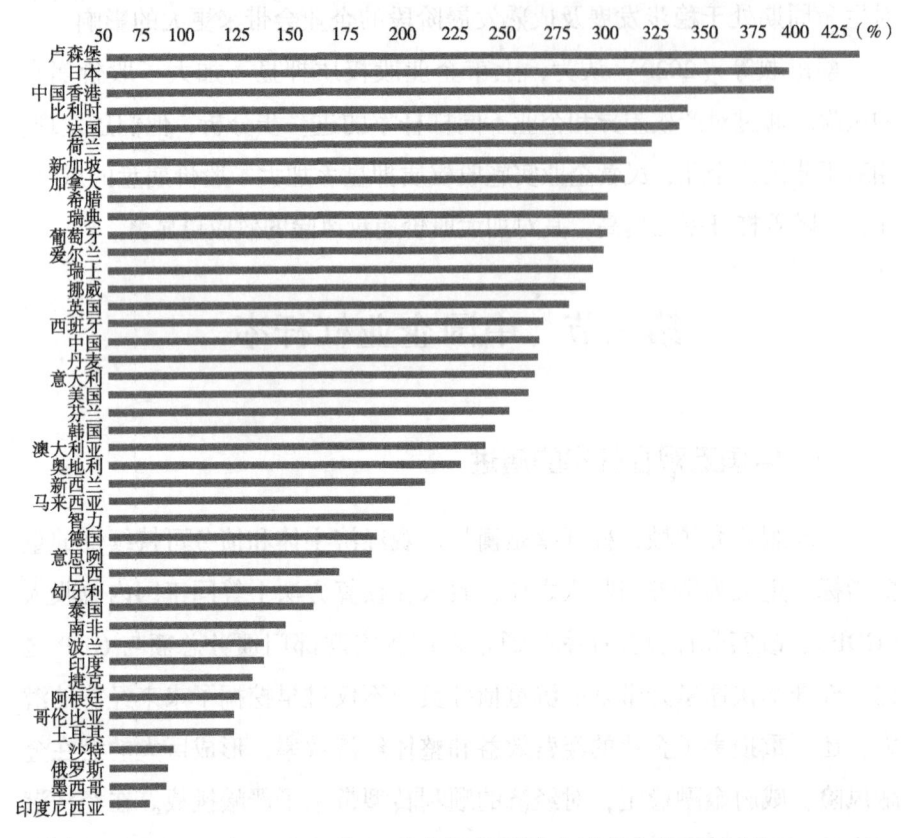

图 1-5　2019 年第 4 季度部分国家宏观总杠杆率水平

数据来源：BIS.

中国非金融企业杠杆率水平较高，政府杠杆率和居民杠杆率处于较低水平。BIS 公布的数据显示，2019 年第 4 季度中国非金融企业杠杆率为 149.3%，在全球 GDP 排名相近的 6 个国家中仅次于法国，中国政府杠杆率水平最低，中国居民杠杆率水平略高于德国。中国非金融企业杠杆率在总杠杆率中的比重最大（见图 1-6）。

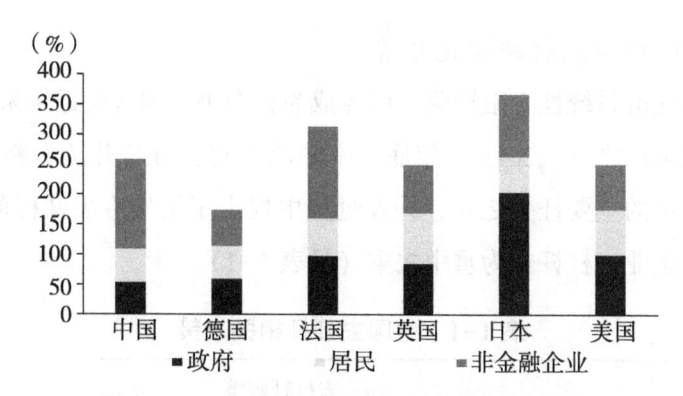

图 1-6　2019 年第 4 季度六国杠杆率结构

数据来源：BIS.

中国偿债比率排名中等靠前。偿债比率是指用多少比例的收入来偿还利息与到期债务，衡量的是一个国家偿还其债务的能力。BIS 公布的数据显示，2019 年第 4 季度中国偿债比率为 19.3%，在公布的 32 个国家和地区中排第 11 位，高于英国、美国、日本和德国等发达国家（见图 1-7）。

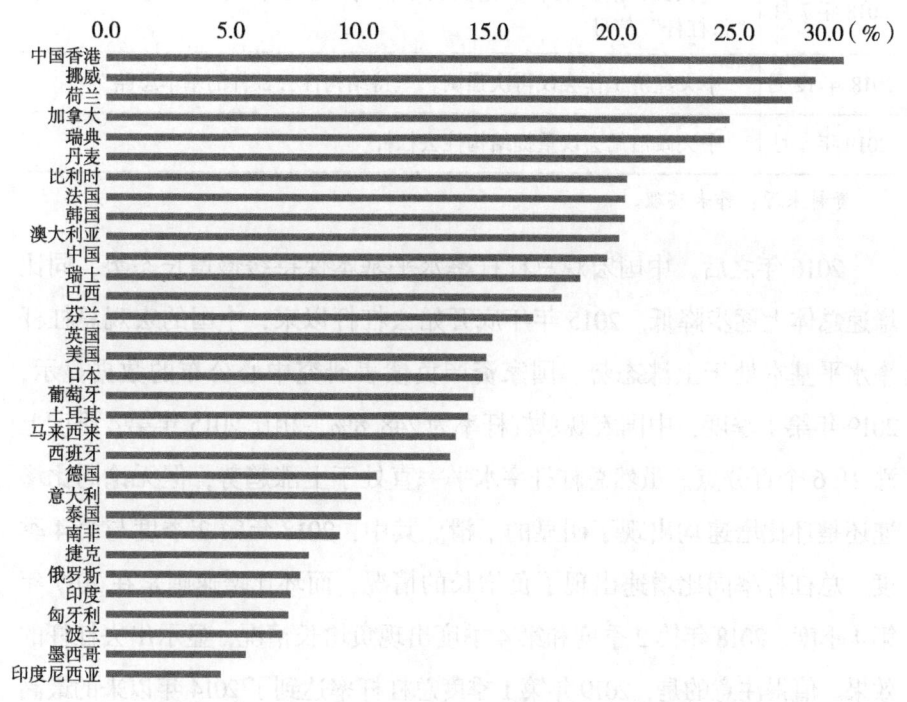

图 1-7　2019 年第 4 季度部分国家偿债比率水平

数据来源：BIS.

（二）中国杠杆率变化趋势

防范化解系统性金融风险，已经成为党中央、国务院近年来格外关注的政策重点之一。2015年年底，中国政府将去杠杆作为经济供给侧结构性改革的主要任务之一，并在过程中提出了结构性去杠杆的策略，尤其是将企业去杠杆作为重中之重（见表1-1）。

表1-1　中国去杠杆相关政策

时　　间	去杠杆政策
2015年年底	中央经济会议首次定调供给侧结构性改革的五大任务，去杠杆是其中重要一项
2016年12月	中央经济工作会议明确要求，在控制总杠杆率的前提下，把降低企业杠杆率作为重中之重
2018年4月	中央财经委员会第一次会议以"三大攻坚战"为主题，提出"结构性去杠杆"的要求
2018年7月	《人民日报》刊发评论员文章认为"去杠杆初见成效"，释放出"稳杠杆"信号
2018年12月	中央经济工作会议再次强调"坚持结构性去杠杆的基本思路"
2019年4月	中央政治局会议重提结构性去杠杆

资料来源：作者整理。

2016年之后，中国宏观总杠杆率水平基本保持缓慢增长态势，同比增速总体上逐步降低。2015年年底开始去杠杆以来，中国的宏观总杠杆率水平基本处于上涨态势。国家资产负债表研究中心公布的数据显示，2019年第1季度，中国宏观总杠杆率为248.8%，相比2015年第4季度上涨21.6个百分点。虽然总杠杆率水平一直处于上涨趋势，但无论同比增速还是环比增速均出现了明显的下滑。其中，2018年第2季度与第4季度，总杠杆率同比增速出现了负增长的情况，而环比增速则是在2017年第4季度、2018年第2季度和第4季度出现负增长情况，显示出去杠杆的效果。值得注意的是，2019年第1季度总杠杆率达到了2014年以来的最高水平，同比增速和环比增速也均反弹至一个较高的水准（见图1-8）。

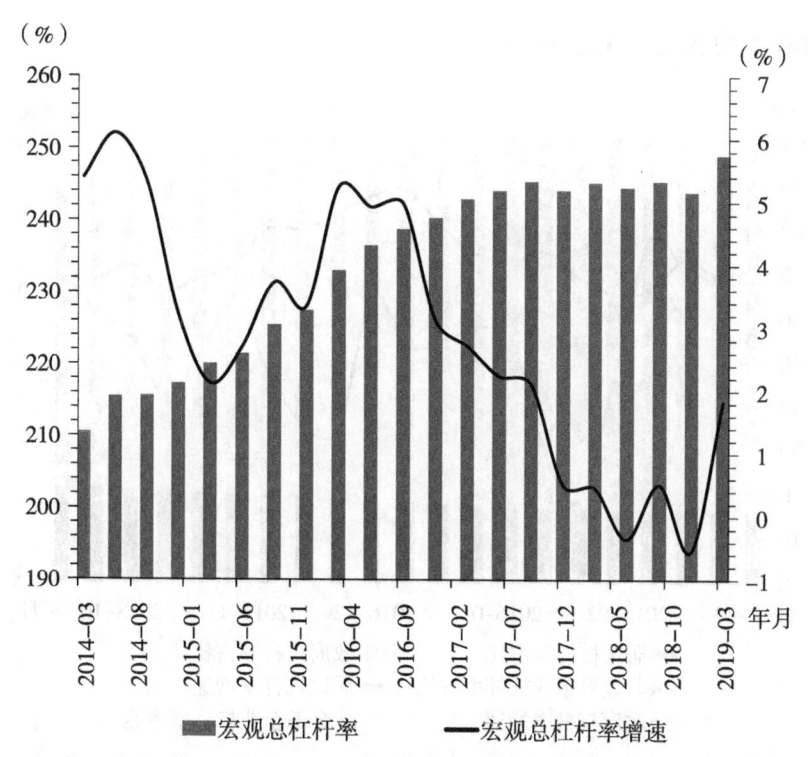

图 1-8　2014 年以来中国宏观总杠杆率水平及同比增速变化
数据来源：WIND.

2014 年以来，非金融企业杠杆率占比逐步降低，居民杠杆率占比上涨明显，同时居民杠杆率同比增速明显高于政府与非金融企业。2016 年第 1 季度以来，非金融企业杠杆率在总杠杆率中所占比重逐步降低，从超过 67% 下降至 2018 年 10 月的 63% 左右；政府杠杆率自 2014 年以来，所占比重稳中有降，从最高时接近 18% 的水平下降至 15% 左右，目前稳定在这一水平；相比之下，2014 年以来居民杠杆率所占比重有较为明显的增加，从最低时的 16.3% 上涨至 2018 年 10 月的 21.8%，涨幅超过 5 个百分点。同比增速方面，2014 年以来，居民杠杆率同比增速的平均值为 7.2%，明显高于政府和非金融企业的同比增速（2.1% 和 1.1%）。去杠杆虽然在非金融企业取得了较为明显的成效，但后果是居民杠杆率比重和同比增速上涨，因此结构化去杠杆时，需要特别关注居民杠杆率的变化（见图 1-9）。

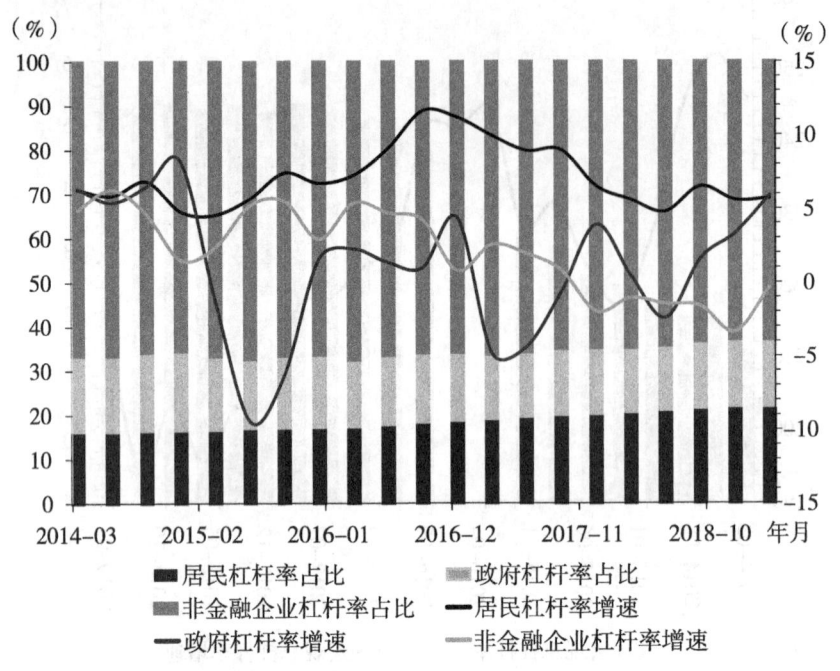

图 1-9 2014 年以来各部门杠杆率所占比重及同比增速变化
数据来源：WIND.

（三）宏观杠杆率合意水平

1. 高杠杆率不利于经济高质量发展

从宏观层面看，过高的杠杆率可能引发流动性风险，从而隐含着爆发金融危机的可能性。居民高杠杆率会强化工资刚性，使得市场愈加难以出清，从而降低市场效率并增加经济调控难度。

马勇和陈雨露的实证研究认为，金融杠杆与经济增长之间存在显著的倒 U 型关系，且金融杠杆波动会显著地负向影响长期经济增长。

2. 宏观杠杆率合意水平的判断标准

习近平总书记在中共中央政治局第四十次集体学习时指出："金融活，经济活；金融稳，经济稳。经济兴，金融兴；经济强，金融强。"从理论层面看，可以证实杠杆率合意水平的存在性；从经验研究看，可以发现杠杆率的合意水平受多种因素影响。

（1）杠杆率合意水平的存在性。宏观经济是否存在合意杠杆率的问题，折射出的恰是经济与金融的互动关系这一经久不衰的话题。对经济增长和金融发展关系的研究，形成了如下三类代表性观点。

第一类：金融发展对经济增长起到推动作用。1997年，美国经济学家Levine概括了金融体系在经济增长中的五大功能：促成风险管理方式改进、获取投资与资源配置的相关信息、对公司管理人员实施监督、动员社会储蓄、促进交易及专业化生产。作为连接实体经济和虚拟经济的"纽带"，金融在实现国家富裕的进程中充分发挥了引导资金流向、实现资源跨期配置的作用，这些结论为金融发展能够促进经济增长提供了有力证据。

第二类：金融发展对经济增长具有抑制作用。Bernanke等学者1996年提出金融加速器理论，将宏观经济与微观主体联系起来，强调由于信息不对称及金融摩擦因素的存在，当基于资产负债表健康状况而获得外部融资的企业遭受外部冲击时，该冲击会被放大至宏观经济中，如此循环，最终招致衰退。

第三类：金融发展是经济增长的"双刃剑"。随着计量工具的不断创新，金融发展与经济增长存在显著倒U型关系，合意的金融深化程度能够优化资金配置，推动经济增长；经济过度虚拟化则会推高资产价格泡沫，放大错配风险。

（2）宏观杠杆率合意水平的影响因素。宏观杠杆率反映的是国民经济部门总体杠杆率的变化水平，宏观杠杆率合意水平则是稳定经济增长与防范金融风险之间的平衡，其影响因素主要包括宏观经济因素与金融体系因素。

宏观经济因素。经济发展水平与合意杠杆率息息相关。经济发展水平越高的国家及地区，其合意杠杆率水平相应越高。在合意杠杆率的确定过程中，经济发展水平既是"前因"，也是"后果"。对于发展水平较高的经济体而言，其本身流动性过剩，过低的杠杆率将会导致大量闲置资源的浪费，造成社会低效或无效；反之，对于发展水平较低的经济体来说，过高的杠杆率又易使经济陷入"债务—通缩"困境。因此，经济发展水平是确定合意杠杆率的必要因素。

金融体系是影响杠杆率的重要因素。经济体的金融结构主要分为市场导向型金融结构和银行导向型金融结构。在市场导向型金融结构中，金融工具创新速度更快，金融体系复杂化程度不断加深，资金形成层层嵌套，借贷链条不断拉长，杠杆水平被持续推高。相比之下，在银行导向型金融结构中，非金融企业债务主要来源于银行系统，直接融资比例较低，微观实体企业杠杆率往往较高。因此，对于合意杠杆率的讨论，需要考虑经济体的金融结构。

二、中国非金融企业杠杆率分析

考虑到数据的可得性及有效性，本研究选取 2015 年以来，中国 3000 多家上市非金融企业作为研究样本。通过资产负债率和现金利息保障倍数两个指标，对中国非金融企业杠杆率情况展开分析。

非金融企业资产负债率有所下降，但 2018 年第 3 季度之后反弹幅度明显。2015 年以来，中国非金融企业杠杆率经历了下降与反弹两个阶段。2015 年第 4 季度，中国上市非金融企业资产负债率中位数为 41.5%，此后企业资产负债率步入下滑区间，在 2017 年第 3 季度达到 38.8% 的最低水平。此后，企业资产负债率开始反弹，并在 2018 年第 4 季度达到下滑前的最高水平 41.5%，2019 第 1 季度又有所下滑，降幅为 0.7 个百分点。

利息保障倍数明显减小。2018 年，上市非金融企业利息保障倍数的中位数为 4.71，而 2015 年为 6.07，说明企业的偿债能力有所下降。2016 年非金融企业利息保障倍数中位数达到 6.84 的最大值，之后便出现较大幅度的下滑，2017 年企业利息保障倍数下滑至 4.72，偿债能力相比之前下降明显。2018 年，企业偿债能力没有进一步恶化，利息保障倍数相比前一年略有下滑（见图 1-10）。

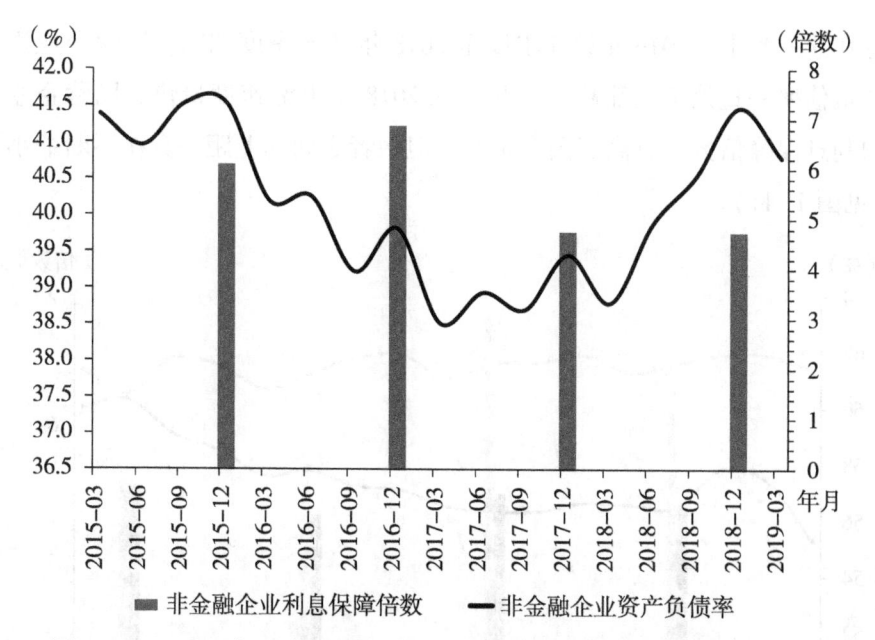

图 1-10 2015 年以来非金融企业资产负债率与利息保障倍数水平

数据来源：WIND.

（一）国有企业杠杆率与民营企业杠杆率

国有企业资产负债率变动幅度不大，所选区间内均高于民营企业，偿债能力保持稳定。2015 至 2019 年第 1 季度，国有企业资产负债率比较平稳，2018 年第 3 季度至 2018 年第 4 季度，国有企业资产负债率开始降低至所选区间内的最低值 60.5%，紧接着在 2019 年第 1 季度反弹至 61.3%。国有企业的资产负债率在所选区间内均高于民营企业，2016 年第 2 季度至第 4 季度，国有企业资产负债率高于民营企业的幅度最大，达到 5.3%，之后两者的差距逐步缩小，2018 年第 4 季度达到最小的 0.2%。国有企业偿债能力较为稳定，2017 年降至最低值 3.9，2018 年则反弹至最高值 4.6。

反观民营企业，2016 年以来企业资产负债率一直保持上涨，偿债能力自 2016 年后一直下降，但整体高于国有企业。民营企业资产负债率在 2015 年第 1 季度至第 3 季度期间快速上涨，直至达到 57.9%，之后在第 4 季度下降至 56.6%，此后一直到 2016 年第 4 季度期间，都稳定在这一水平，2016年第4季度至2018年第4季度期间，民营企业资产负债率一直处于上涨趋势，并且在2018年上涨速度最快。民营企业的利息保障倍数一直高于国有企业，但两者之间的差距一直在不断缩小（见图1-11）。

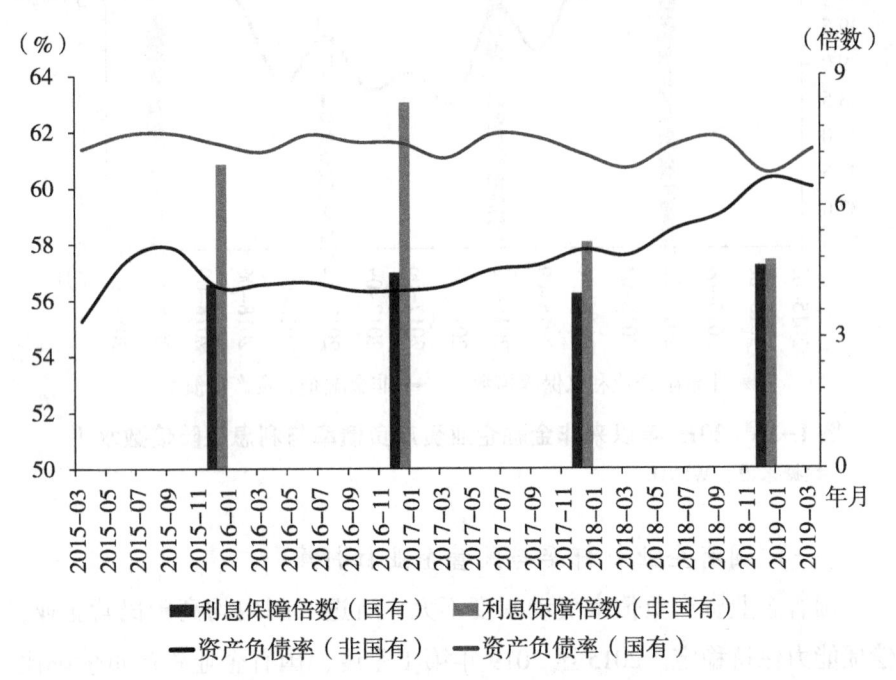

图1-11 2015年以来国有企业与民营企业资产负债率和利息保障倍数水平

数据来源：WIND.

（二）中国主要行业杠杆率变化

日常消费与可选消费面临的压力较大。如果某一行业同时出现资产负债率上升、利息保障倍数下降，则该行业的杠杆压力相对较大。据统计，2015年以来，资产负债率上升的行业包括可选消费、能源与日常消费。利息保障倍数下降的行业包括工业、公用事业、可选消费与日常消费。综合来看，当前日常消费行业与可选消费行业所面临的杠杆压力较大，材料与电信服务行业面临的杠杆压力较小（见表1-2）。

表1-2 中国主要行业杠杆率变化

行业	资产负债率（%）			利息保障倍数（倍）		
	2015年	2019年第1季度	变动值	2015年	2018年	变动值
工 业	66.4	65.1	-1.3	4.0	3.0	-1.01
公用事业	64.9	64.0	-0.9	3.9	3.3	-0.60
材 料	59.7	54.5	-5.1	4.4	5.6	1.28
电信服务	62.0	44.6	-17.4	30.2	45.7	15.52
可选消费	53.7	54.8	1.1	9.1	5.7	-3.37
能 源	48.0	48.6	0.6	1.5	4.9	3.43
日常消费	40.7	42.5	1.8	7.6	7.0	-0.57

数据来源：WIND，作者整理。

（三）企业部门结构性高杠杆的成因

Jensen 和 Mecklin 早期对 MM 定理进行修正，认为企业在预算软约束条件下会有过度负债的冲动，这从经济理论上阐释了国有企业部门高杠杆的内在动因。

整体经济持续下行和企业重复建设导致杠杆持续扩张。经济下行的大背景下，企业收入普遍降低，利润普遍缩减。企业重复建设，主营业务收入和利润出现了一次性的上升。随着人民币不断升值导致出口下降，非金融企业在政策消化期就出现了主营业务收入和利润双降，亏损额和亏损家数呈现持续上升态势。企业的财务费用大幅上升，平均增速快于企业收入增速。收入降低导致企业对负债的依赖性更强，而债务负担加重则导致企业新增负债主要用于旧债的还本付息，影响了企业正常的生产经营。在经济下行压力下，债务负担和企业收入缩减相互作用、逐层放大，推动企业杠杆率持续上升。

金融体系不完善导致高杠杆率。中国金融体系具有典型的银行主导型的特征，具体表现在"融资结构偏向间接融资、类型结构偏向商业银行、银行结构偏向大银行、所有制结构偏向国有、贷款类型结构偏向生产经营、贷款对象结构偏向大型企业、金融服务区域偏向城市"等方面。同时，金融机构经营的同质化突出，直接融资的比重偏低，金融风险集中于银行系统。从金融服务体系来看，金融机构的经营因金融工具较少而业务过于单调、专业化水平不高。例如商业银行组织结构不合理，其提供的传统存贷款金融服务倚重国有大型企业，忽略了长尾客户，盈利收益过于依赖利息收益，其他业务收入比重相对偏低，从而导致商业银行的不良资产增加。

财政支出扩张和货币金融环境宽松是推高企业部门杠杆率的重要原因。财政调控影响微观企业有息负债率的机制主要有如下两类：一是政府支出扩张发挥"信号效应"，改变企业对经济前景的预期，刺激企业扩大生产规模，并在此过程中主动增加自身杠杆率。二是政府投资主要集中于基础设施建设、安居保障住房、铁路工程建设和地震灾区重建等项目，这些项目投入大、工期长，需要承建单位及其上游供应商先行垫付资金，待完工后才能获得政府的拨款偿付。这种垫资建设的业务模式促使承建企业（主要是大型国有企业）被动提升自身的有息负债率。在金融方面，伍中信等（2013）研究表明宽松的信贷政策会显著推升企业的有息负债率。其机制可能在于，在金融环境宽松条件下，企业融资成本下降，这使得原本收益率较低的投资项目也变得有利可图，从而刺激企业增加借债以开工建设新项目。

（四）企业加杠杆的路径分析

财政加杠杆的负面影响高于金融加杠杆。从杠杆"量"的视角来看，财政加杠杆和金融加杠杆过程均导致企业宏观杠杆率上升，但总体而言，财政调控对企业宏观杠杆率的影响更为显著。从杠杆"质"的视角来看，财政扩张将杠杆更多地加到了低效企业，并且不会显著降低企业债务成本率；相比之下，金融加杠杆则将杠杆更多地加到高效企业，并有助于降低企业融资成本。

财政扩张对国有企业更加友好，而货币金融环境宽松对民营企业更加友好。从所有制来看，财政扩张将更多资源分配给国有企业，导致国有企业有息负债率相比民营企业大幅度上升，同时经营绩效相比民营企业大幅度下降。财政加杠杆引致的对国有企业的资源错配将可能制约中国长期的经济发展潜力与动力。政府投资建设性支出和保障性支出对企业杠杆率的影响存在异质性，投资建设性支出扩张会更大程度地推升企业部门，特别是国有企业杠杆率。货币金融环境宽松虽然对国有企业和民营企业的影响同样存在异质性，但与财政扩张相比，其对民营企业的负向影响较轻。

三、非金融企业杠杆率变化对企业自身的影响

（一）高杠杆的危机解析

高杠杆背后巨大的潜在风险主要是由社会融资规模及货币流通量增速与实体经济、宏观经济增速的不对称性造成的。全球经济增速放缓的背景下，经济体将会呈现致力于偿还债务、修复资产负债表和去杠杆的状态，并且将面临债务率不断上升和杠杆率高涨的威胁。在经济新常态下，可供选择的去杠杆空间依然很大。高杠杆的存在使非金融企业在长期的发展过程中容易陷入债务危机的陷阱。目前非金融企业杠杆率畸高，已成为阻碍经济平稳较快发展的重要因素。

（二）企业杠杆率与全要素生产率之间存在倒 U 型关系

债务杠杆率的提升在一定程度上有利于企业全要素生产率的增长。债务杠杆的运用有利于企业在面临净现值为正的投资项目时弥补无法通过股权合约获得的资金缺口，加快生产性资本的投入和企业规模的扩大，产生由企业规模变动带来的成本优势和市场优势，推动企业全要素生产率的提升。根据净收益理论，企业负债融资可以适当避免缴纳所得税，更高的债务比例可以使企业加权平均资本成本下降，有利于企业配置效率的提升。同时，企业契约理论显示，债务契约对交易双方实施的限制可以对劣质资产替代行为进行有效的约束，从而减少低效率的企业投资，促进企业生产效率提高。

但是债务杠杆率的持续增长最终对企业的全要素生产率会产生负

面影响。企业出于维持偿债所需现金流的考虑，会缩短最优化行为的时间，表现为更偏爱短期投资机会，结果会导致投资质量下降。同时，企业杠杆率越高，其出现债务违约的可能性就越大，由此引发债权人对企业的违约概率和违约损失率的更高估计，使得企业外部融资风险贴水提高，企业的融资环境恶化，进而抑制企业的有效投资和产出。

目前研究普遍认为，杠杆率与企业全要素生产率之前呈现非线性关系。基于杠杆率的成本收益分析和基于跨国面板数据的实证研究发现，企业的杠杆率与全要素生产率之间呈现明显的驼峰型曲线关系。而利用中国工业企业数据的研究发现，中国企业债务比率与全要素生产率之间存在非线性关系。

（三）杠杆率与企业风险之间存在 U 型关系

从微观层面看，适当的杠杆率有助于企业的扩张发展，但过度使用则会降低企业经营绩效，减少企业投资并引发流动性风险。企业杠杆率的攀升会带来债务利息负担，侵蚀运营收入，产生不利的财务风险，不仅是落后的企业，一些优质企业的生产经营活动也可能因此受到破坏性影响。Acharya 认为，更强的债务清偿责任通常会激励企业倾向于采用更为保守的风险投资策略。

杠杆率与企业风险之间存在非线性关系。早期 Baxter 研究了杠杆率对企业风险的非线性影响，认为当企业杠杆率水平处于合适区间时，杠杆的运用可以缓解企业的融资约束，平滑企业跨时期的流动性波动，而一旦杠杆率超过企业可接受的水平，债务的利息成本就开始增加，这会削弱企业杠杆的平滑作用，导致企业净收益发生波动。参照障碍期权理论，可以有效识别杠杆率与企业风险之间的关系，当投资收益的偏度和峰度不符合标准正态分布时，即使投资者完全了解项目收益的分布结构，杠杆率与企业收益波动之间的关系也并不是单调的线性关系。

四、非金融企业杠杆率管理建议

《2019中国金融政策报告》指出，加杠杆则引致未来风险进一步膨胀，而严监管、去杠杆则可能使当下风险显性化。实现经济高质量发展、推动中国经济行稳致远，需要兼顾"控风险"与"稳增长"，在妥善调节以国有企业为重点的结构性高杠杆问题的同时，为民营企业营造宽松适宜的融资环境。

（一）宏观层面企业去杠杆的主要途径

宏观层面，企业去杠杆主要有财政去杠杆和金融去杠杆两条路径。财政去杠杆是指由财政部门责令和督促地方政府减少支出、借贷和隐性担保，并通过地方政府和企业之间的互动机制促进企业，特别是国有企业加快修复资产负债表，宏观来看主要表现为政府支出规模的紧缩。金融去杠杆是指由金融部门减少放贷，从而迫使企业修复资产负债表，宏观来看主要表现为信贷规模的压减。

财政去杠杆的效果一般比金融去杠杆更加明显。针对企业部门的结构性杠杆调控过程中，宜优先选择财政去杠杆，即强化地方政府预算约束，严控政府支出规模，压减政府部门赤字率。同时适度保持货币金融环境宽松，为企业特别是民营企业营造宽松的融资环境，以两类去杠杆路径的有效协同实现对企业部门结构性高杠杆问题的渐进调整。较之于金融去杠杆，选择财政去杠杆，即从财政方面着手压减政府支出、控制政府债务规模，可以更有效地降低企业宏观杠杆率，实现金融资源的更高效配置，并有助于定向调减国有企业部门的结构性高杠杆问题。更深入的研究表明，政府投资建设性支出和保障性支出对于企业杠杆率的影响存在异质性，投资建设性支出扩张会更大程度地推升非金融企业，特别是国有企业的杠杆率，因而财政去杠杆应以减少政府投资建设性支出为主要手段。

甄选最优的去杠杆路径，需要在"控风险"的同时兼顾"稳增长"。企业是去杠杆的重中之重，也是承托经济增长的动力引擎，因而对去杠杆路径的斟酌选取，需首先考察其对企业的影响，这是甄选最优去杠杆路径的基本要求。首先，要考察两种去杠杆路径对不同所有制企业影响的异质性。由于企业部门的结构性高杠杆问题主要集中于国有企业，因此能够更有效降低国有企业杠杆率的路径相对更优。其次，要考察两种去杠杆路径对资源配置效率的影响。将信贷更多地配置到高效生产企业，可以实现经济资源的优化重组，从而提升全社会的经济增长潜力与动力，因此对杠杆率的调整需要关注其对资源配置效率的影响。最后，要考察两种去杠杆路径对企业融资约束的影响。融资困境已成为制约中国民营企业发展的重要因素，近期中央密集发声，要求确保民营企业合理融资需求得到满足。

（二）宏观层面管理企业杠杆率的主要建议

政策建议：①在管控和调节企业部门杠杆率时应重点关注财政去杠杆途径，压减政府支出规模，控制政府债务增速。同时严控地方政府的过度投资行为，压减政府投资建设性支出，避免过度投资降低资金利用效率、推升非金融企业部门杠杆。②在调节金融杠杆率时应平缓稳健，避免规制过严、紧缩过急、转向过度，为企业特别是民营企业营造宽松的融资环境。③以顶层设计硬化国有企业预算约束，革除政府对国有企业的政策与资源倾斜，在市场化理念下平等对待各类所有制企业，为调整企业结构性杠杆提供制度保障。④中长期杠杆率较短期杠杆率可以在更大区间兼顾"提效率"与"降风险"目标。⑤企业向成长期——成熟期——衰退期迈进的过程中，倒U型和U型拐点来临更快，降杠杆的迫切性越来越高。企业去杠杆需充分考虑杠杆率的效率与风险效应，并结合企业所处的生命周期阶段及杠杆率期限结构特征而采取差异化策略。

第四节 企业杠杆率与股票价格波动

一、中国非金融企业杠杆率

资金是企业财务的源头动力，是企业在日益激烈的市场竞争中发展的关键，企业的融资能力往往是决定企业发展壮大的主要影响因素。负债融资是企业最常用的融资手段之一，企业选取债务融资则会直接影响自身的杠杆率水平。所谓杠杆，就是企业以自有资本（所有者权益）撬动的全部资本水平，或总资本是自有资本的倍数。企业运营中，股权所有者可以凭借自有资金，撬动全部资本为企业的运营服务。

因此，深入了解企业杠杆水平是衡量企业价值的重要途径。本节首先从财务杠杆和企业杠杆率两个维度解析我国非金融上市企业当前的杠杆水平及变化趋势。

(一) 企业财务杠杆

财务杠杆又叫筹资杠杆或融资杠杆，是企业会计信息的重要参考指标，也是公共管理者制定企业经营决策的重要参考信息。参照主要的研究文献，本研究选取资产负债表中总负债与总资产之间的比率，即资产负债率作为企业财务杠杆的衡量指标。考虑到数据的可得性及有效性，本研究选取2007年以来，中国3000多家上市非金融企业作为研究样本。通过资产负债率指标，分析中国非金融企业财务杠杆情况。计算指标时，将上市非金融企业作为一个整体，将总负债和总资产先分别加总再相除。

2007—2013年，中国非金融企业财务杠杆经历了较快的上涨，从最初的55%上涨至61%，增加了6个百分点。2013年之后，企业财务杠杆水平保持稳定，在60%左右的水平上下变动。

企业财务杠杆水平的变动，对企业资产报酬率（ROA）与资本投资回报率（ROIC）有明显的影响。企业财务杠杆与ROA之间存在较为明显负向关系，在选取的时间区间中，除2009—2011年企业ROA与财务杠杆水平同向变动之外，其他时间两者均为反向变动。企业ROIC与财务杠杆之间关系较为复杂，2008—2012年，随着财务杠杆水平的攀升，企业ROIC总体也呈现增长的态势，但是2014—2018年，在财务杠杆水平保持稳定的背景下，企业ROIC却逐年下滑。主要原因可能是由于企业财务杠杆是总负债与总资产的比率，其与投资资本回报率之间的联系不像企业资产报酬率那样紧密（见图1-12）。

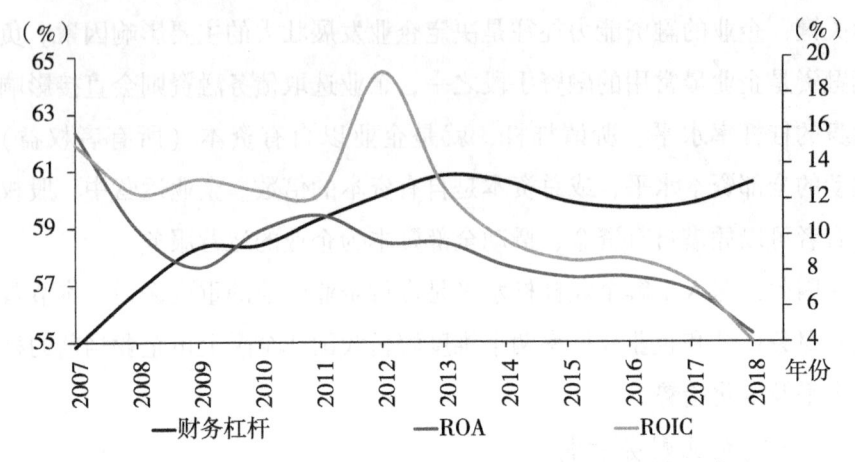

图 1-12　2007—2018 年中国非金融上市企业财务杠杆与
ROA、ROIC 的变化

数据来源：WIND.

(二) 企业名义杠杆率

企业杠杆率一般是指企业资产负债表中，总资产与权益资本之间的比率，反映的是企业的资本结构信息。杠杆率通过影响企业的负债融资能力进而影响企业的市场价值。文献研究中，将基于总资产计算的杠杆称为"名义杠杆"，它是将每年样本公司的总资产和所有者权益分别加总，然后相除。

企业名义杠杆率比财务杠杆上涨的幅度大。2007—2013 年，中国非金融企业名以杠杆率一直保持上涨态势，从最初的 226% 上涨至 255%，增长了 29 个百分点。2013 年之后，企业名义杠杆率总体上呈下降趋势，最低时达到 248%，但 2018 年企业名义杠杆率又反弹至 254%。

企业名义杠杆率的变动，对企业资产报酬率（ROA）与资本投资回报率（ROIC）有明显的影响。同企业财务杠杆类似，企业名义杠杆率与 ROA 之间存在较为明显的负向关系，两者之间的负向关系比财务杠杆更加显著。企业 ROIC 与名义杠杆率之间关系较为复杂，2008—2012 年，随着名义杠杆率的攀升，企业 ROIC 总体也呈现增长的态势，当企业名义杠杆率水平处于 250% 左右的水平时，企业名义杠杆率与 ROIC 之间的变动关系主要是负向的，证明企业所有者权益对投资资本回报率的影响效果更为明显（见图 1-13）。

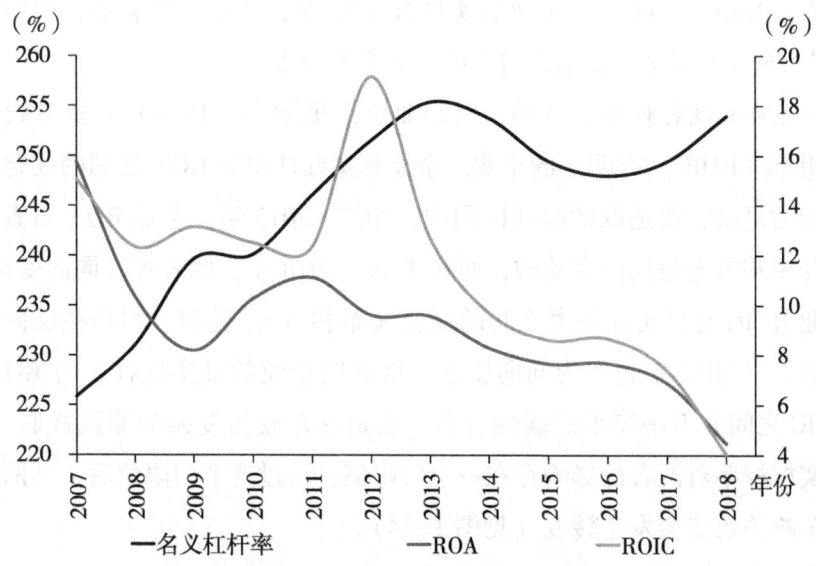

图 1-13　2007—2018 年以来中国非金融上市企业名义杠杆率与 ROA、ROIC 的变化

数据来源：WIND。

（三）企业真实杠杆率

当前财务分析体系中存在混淆资产、资本概念的情况，总资本往往被总资产所取代。这不仅意味着将企业从投资者（含股权投资者和债权投资者）那里获得的投资包括在内，而且将企业营业活动形成的应付账款、应付票据、预收账款、应付职工薪酬、未交税费等营业性负债计算到了总资本中，等于把供应商、客户、员工、政府等都纳入了投资者的行列，泛化了投资者和资本的概念。因此，我们将基于总资本计算的杠杆率称为"真实杠杆率"，计算方式是非金融上市公司的总资本和所有者权益分别加总，然后相除。

企业融资负债中，金融性负债是基于债务投资关系形成的，属于典型的硬约束，反映了企业的真实财务风险。

同财务杠杆与名义杠杆率类似，2007—2013 年，中国非金融企业真实杠杆率经历了较快的上涨,从155%攀升至175%,增加了20个百分点。2013—2018年,企业真实杠杆率保持了平稳下降态势,当前稳定在167%的水平,比最高时下降了8个百分点。

企业真实杠杆率的变动,对企业资产报酬率(ROA)与资本投资回报率(ROIC)有明显的影响。企业真实杠杆率与ROA之间的变化关系较为复杂,在选取的时间区间中,2007—2013年,企业ROA与真实杠杆率基本上是反向变动的,而在2014—2018年,两者却又同向变动。企业ROIC与真实杠杆率之间的变化关系和ROA类似,均是在反向变动后,自2014年起变为同向变动。这表明企业的真实杠杆率与ROA、ROIC之间并不是简单的线性关系,而是存在较为复杂的非线性联系,真实杠杆率对两者的影响存在一个门限值,超过这个门限值后,其两者的影响关系将会发生转变(见图1-14)。

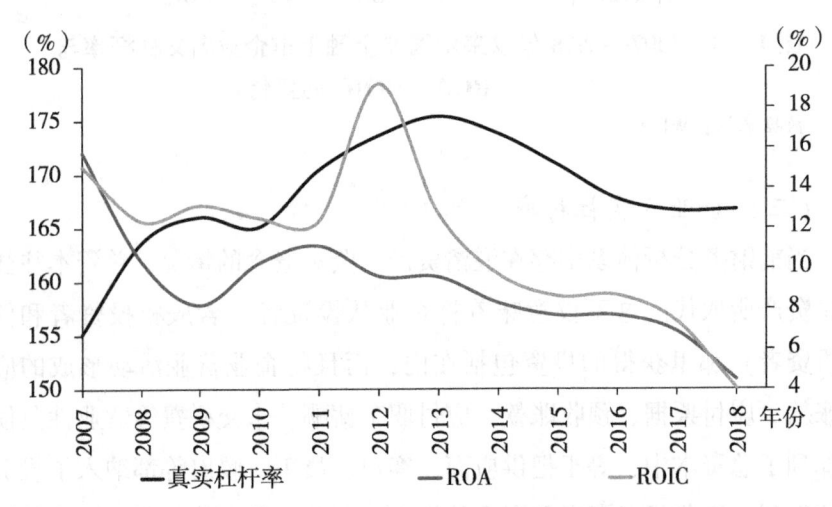

图1-14 2007—2018年中国非金融上市企业真实杠杆率与ROA、ROIC的变化

数据来源：WIND.

(四)企业杠杆错配

企业面临流动性短缺时,债务融资的手段主要有营业性负债与短期金融性负债。企业的营业性负债主要包括应付账款、应付票据、预收账

款等，不需要承担任何成本，也不需要提供任何抵押物，预算约束相对较"软"，主要受企业在供应链的地位和供应链关系等因素的影响。而短期金融性负债基于债务投资关系形成，属于典型的硬约束，反映了企业的真实财务风险。

从成本来看，作为供应商等利益相关者争取客户的有效手段，以商业信用为代表的营业性负债的融资成本远远低于短期金融性负债。在计算企业杠杆率时，如果以"资产"替代"资本"，就会夸大杠杆的数值，因此基于总资产计算的名义杠杆率系统地高于基于总资本计算的真实杠杆率。而企业名义杠杆率与真实杠杆率之间的错配，对于企业的经营会产生一系列影响，本研究将企业名义杠杆率和真实杠杆率的比值，作为衡量企业杠杆错配的指标，数值越大，说明企业杠杆错配的程度越高。

2007—2012年，中国非金融企业杠杆错配水平较为稳定，除2008年为1.41外，其他时间基本都在1.45上下变动。2012年之后，杠杆错配程度逐渐升高，2018年攀升至1.52。

企业杠杆错配程度的变动，对企业资产报酬率（ROA）与资本投

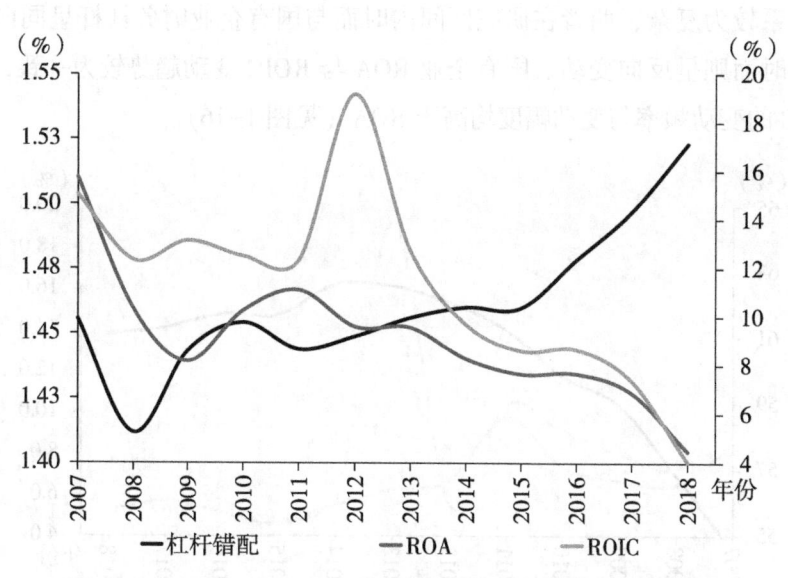

图1-15　2007—2018年中国非金融上市企业杠杆错配与ROA、ROIC的变化

数据来源：WIND.

资回报率（ROIC）有明显的影响。企业杠杆错配程度与ROA之间存在较为明显的负向关系，在选取的时间区间中，2011—2018年，企业ROA随着杠杆错配水平的升高而逐年下降。企业ROIC与财务杠杆之间的关系较为复杂，随着企业杠杆错配程度上升，ROIC有一个小幅的提升后，也呈现逐年下滑的趋势。企业杠杆错配对企业资产回报率有较为明显的负面影响，但对资本回报率的影响则呈现出典型的非线性趋势（见图1-15）。

二、不同属性上市企业及行业杠杆率

（一）财务杠杆率

从企业属性上来看，在研究区间内，国有企业财务杠杆率的变化主要分三个阶段：2007—2012年，国有企业财务杠杆水平处于上涨态势，从最初的54%上升至62%；2012—2016年，财务杠杆率水平保持在62%这一稳定的水平；2017—2018年，国有企业财务杠杆水平有所下降，到达61%的水平。国有企业ROA、ROIC与财务杠杆水平变化之间的关系较为复杂，两者在研究区间内时而与国有企业财务杠杆呈同向变动，时而则呈反向变动。国有企业ROA与ROIC变动趋势较为一致，但ROIC的变动频率与变动幅度均高于ROA（见图1-16）。

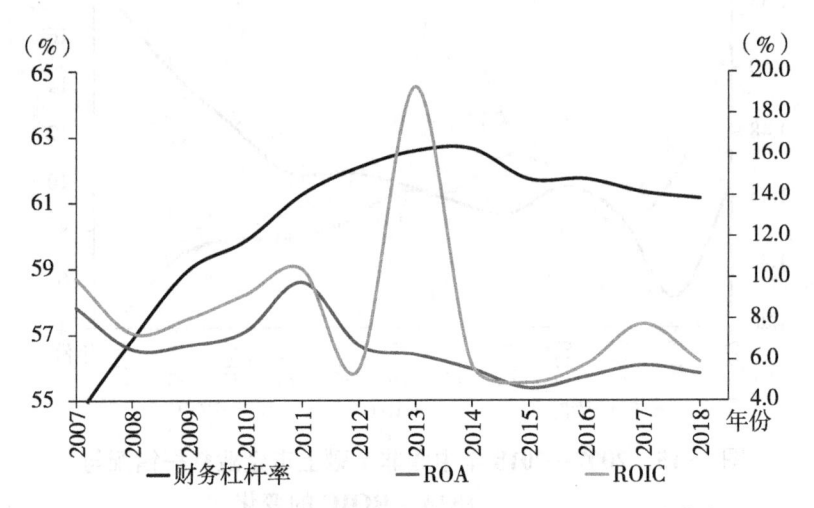

图1-16 国有企业财务杠杆率与ROA、ROIC的变化

数据来源：WIND.

反观民营企业,在研究区间内,其财务杠杆率的变化趋势与国有企业的情况正好相反。2007—2011年,民营企业财务杠杆水平处于下降区间,从最高时的58%下降至54%;2011—2018年,民营企业财务杠杆率水平处于上升区间,从54%上升至60%。除2009—2010年民营企业的ROA在研究区间中基本处于下滑趋势外,在财务杠杆率水平上涨的区间内,民营企业的ROA下滑的趋势更加明显。民营企业ROIC的变化趋势和ROA类似,除了在2011—2012年有短时间的反弹之外,其他时间里基本处于下滑趋势(见图1-17)。

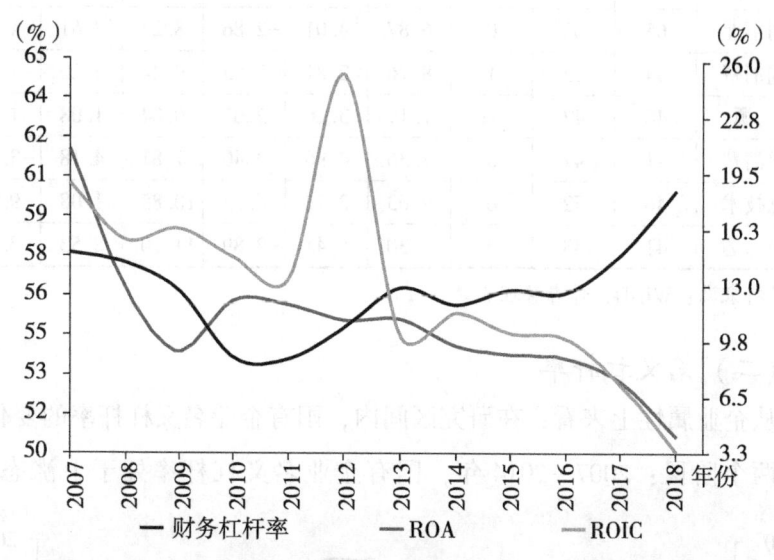

图1-17 非国有企业财务杠杆率与ROA、ROIC的变化

数据来源:WIND.

从行业来看,自从国家2015年年底宣布去杠杆后,主要行业里材料、电信服务、工业和能源的财务杠杆率水平有所降低;房地产、可选消费、日常消费、信息技术和医疗保健这些行业的财务杠杆率水平则有所增加;公用事业的财务杠杆率水平保持不变。

在财务杠杆率水平下降的行业中,材料和能源行业企业的ROA和ROIC均有所上升,电信服务与工业行业企业的两项指标均有所下降。在财务杠杆率水平上升的企业中,除了房地产行业企业的ROA略有增加外，其他行业企业的 ROA 和 ROIC 数值均有所下降，其中可选消费与信息技术行业的降幅更为明显（见表 1-3）。

表 1-3　主要行业财务杠杆与 ROA、ROIC 的变化

行　业	财务杠杆率			ROA			ROIC		
	2015 年	2018 年	变化值	2015 年	2018 年	变化值	2015 年	2018 年	变化值
材　料	60	54	-5	6.04	7.22	1.18	6.22	7.60	1.38
电信服务	62	43	-19	8.19	2.86	-5.33	10.53	3.56	-6.97
房地产	76	80	3	2.95	3.63	0.68	4.05	4.03	-0.03
工　业	66	65	-2	7.24	3.96	-3.29	8.03	3.20	-4.82
公用事业	65	65	0	6.87	4.01	-2.86	8.24	3.61	-4.63
可选消费	54	55	1	8.76	2.81	-5.95	10.44	3.20	-7.24
能　源	48	47	-1	1.19	3.26	2.07	-0.04	1.08	1.11
日常消费	41	44	3	7.36	4.96	-2.40	7.81	4.18	-3.62
信息技术	46	52	6	9.03	2.72	-6.32	10.85	1.08	-9.78
医疗保健	41	43	2	11.30	8.41	-2.89	11.70	8.53	-3.17

资料来源：WIND，作者整理。

（二）名义杠杆率

从企业属性上来看，在研究区间内，国有企业名义杠杆率的变化主要分两个阶段：2007—2014 年，国有企业名义杠杆率处于上涨态势，

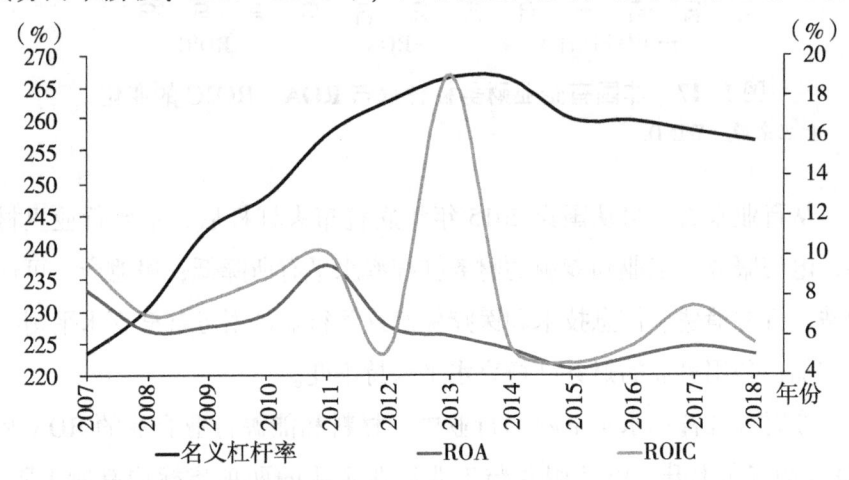

图 1-18　国有企业名义杠杆率与 ROA、ROIC 的变化

数据来源：WIND、招商银行研究院。

从最初的223%上升至266%；2015—2018年，国有企业名义杠杆率有所下降，达到257%的水平。国有企业ROA、ROIC与名义杠杆率之间的变化关系较为复杂，两者在研究区间内时而与国有企业名义杠杆率呈同向变动，时而呈反向变动。国有企业ROA与ROIC的变动趋势较为一致，但ROIC的变动频率与变动幅度均高于ROA（见图1-18）。

反观民营企业，在研究区间内，其名义杠杆率的变化趋势与国有企业的情况正好相反。2007—2011年，民营企业名杠杆率处于下降空间，从最高时的238%下降至214%；2011—2018年，民营企业名义杠杆率处于上升区间，从214%上涨至250%。相比国有企业，民营企业名义杠杆率在2017—2018年上涨的速度更快。除了2009—2010年，民营企业的ROA在研究区间基本处于下滑趋势，在名义杠杆率上涨的区间内，民营企业ROA下滑的趋势更加明显。民营企业ROIC的变化趋势和ROA类似，除了在2011—2012年有短时间的反弹之外，其他时间里基本处于下滑趋势（见图1-19）。

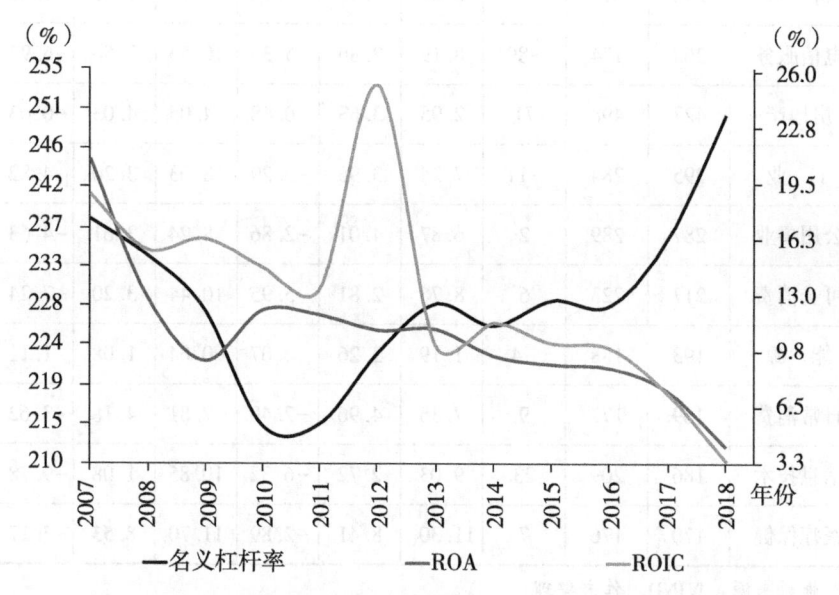

图1-19　非国有企业名义杠杆率与ROA、ROIC的变化

数据来源：WIND.

从行业来看，自从国家 2015 年年底宣布去杠杆后，主要行业里材料、电信服务、工业和能源行业企业的名义杠杆率有所降低；房地产、公用事业、可选消费、日常消费、信息技术和医疗保健行业中上市企业的名义杠杆率则有所上升，其中房地产行业中上市企业名义杠杆率上升的幅度最为明显。

在名义杠杆率下降的行业中，材料和能源行业企业的 ROA 和 ROIC 均有所增加，电信服务与工业行业企业的两项指标均有所下降。在名义杠杆率上升的企业中，除了房地产行业企业的 ROA 略有增加之外，其他行业企业的 ROA 和 ROIC 的数值均有所下降，其中可选消费与信息技术行业企业的降幅更为明显（见表 1-4）。

表 1-4　主要行业名义杠杆率与 ROA、ROIC 的变化

行业	名义杠杆率（%）2015年	2018年	变化值	ROA（%）2015年	2018年	变化值	ROIC（%）2015年	2018年	变化值
材料	248	219	-29	6.04	7.22	1.18	6.22	7.60	1.38
电信服务	263	174	-89	8.19	2.86	-5.33	10.53	3.56	-6.97
房地产	427	498	71	2.95	3.63	0.68	4.05	4.03	-0.03
工业	295	284	-11	7.24	3.96	-3.29	8.03	3.20	-4.82
公用事业	287	289	2	6.87	4.01	-2.86	8.24	3.61	-4.63
可选消费	217	223	6	8.76	2.81	-5.95	10.44	3.20	-7.24
能源	193	188	-4	1.19	3.26	2.07	-0.04	1.08	1.11
日常消费	169	177	9	7.36	4.96	-2.40	7.81	4.18	-3.62
信息技术	186	209	23	9.03	2.72	-6.32	10.85	1.08	-9.78
医疗保健	170	176	7	11.30	8.41	-2.89	11.70	8.53	-3.17

资料来源：WIND，作者整理。

（三）真实杠杆率

从企业属性来看，在研究区间内，国有企业真实杠杆率的变化趋势主要分两个阶段：2007—2013年，国有企业真实杠杆率处于上涨态势，从最初的154%上涨至183%；2013—2018年，国有企业真实杠杆率有明显的下降，从最高时的183%下滑至170%的水平。国有企业的ROA和ROIC与真实杠杆率之间的变化关系较为复杂，两者在研究区间内时而与国有企业真实杠杆率呈同向变动，时而则呈反向变动。国有企业的ROA与ROIC变动趋势较为一致，但ROIC的变动频率与变动幅度均高于ROA（见图1-20）。

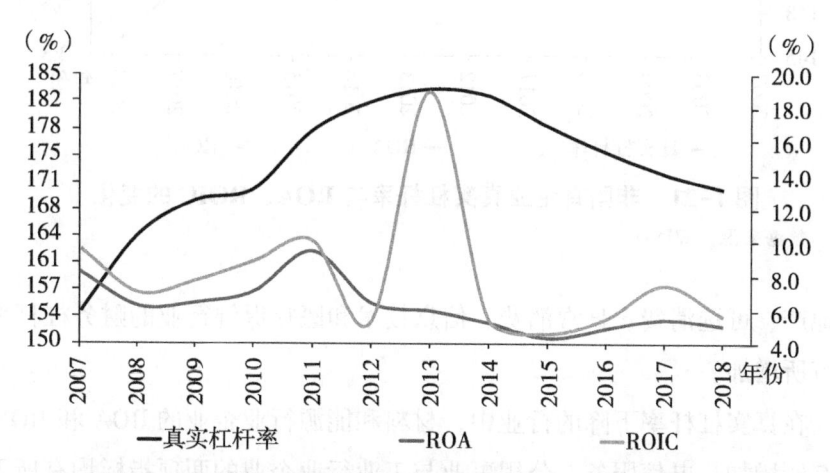

图1-20 国有企业真实杠杆率与ROA、ROIC的变化

数据来源：WIND及招商银行研究院。

反观民营企业，在研究区间内，其真实杠杆率的变化趋势与国有企业正好相反。2007—2010年，民营企业真实杠杆率总体处于下降空间，从最高时的162%下降至149%；2011—2018年，民营企业真实杠杆率总体处于上升区间，从149%上涨至161%。除2009—2010年民营企业的ROA在研究区间内基本处于下滑趋势外，在真实杠杆率上涨的区间内，民营企业ROA的下滑趋势更加明显。民营企业ROIC的变化趋势和ROA类似，除了在2011—2012年有短时间的反弹外，其他时间基本处于下滑趋势（见图1-21）。

从行业来看，自从国家2015年年底宣布去杠杆后，在主要行业里，材料、电信服务、工业、公用事业和能源行业的真实杠杆率有所降低；

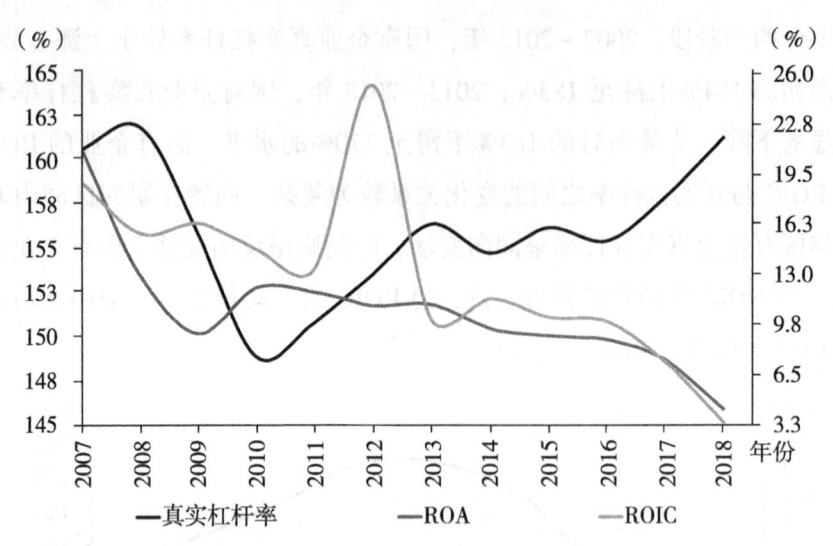

图 1-21 非国有企业真实杠杆率与 ROA、ROIC 的变化

数据来源：WIND.

房地产、可选消费、日常消费、信息技术和医疗保健行业的财务杠杆率则有所增加。

在真实杠杆率下降的行业中，材料和能源行业企业的 ROA 和 ROIC 均有所增加，电信服务、公用事业与工业行业企业的两项指标均有所下降。在真实杠杆率增加的企业中，除房地产行业企业的 ROA 略有增加外，其他行业企业的 ROA 和 ROIC 数值均有所下降，其中消费行业的降幅更为明显（见表 1-5）。

表 1-5 主要行业真实杠杆率与 ROA、ROIC 的变化

行业	真实杠杆率（%）2015	2018	变化值	ROA（%）2015	2018	变化值	ROIC（%）2015	2018	变化值
材料	190	167	-22	6.04	7.22	1.18	6.22	7.60	1.38
电信服务	162	113	-49	8.19	2.86	-5.33	10.53	3.56	-6.97
房地产	249	257	8	2.95	3.63	0.68	4.05	4.03	-0.03
工业	180	172	-8	7.24	3.96	-3.29	8.03	3.20	-4.82
公用事业	246	242	-4	6.87	4.01	-2.86	8.24	3.61	-4.63
可选消费	138	145	7	8.76	2.81	-5.95	10.44	3.20	-7.24
能源	148	136	-12	1.19	3.26	2.07	-0.04	1.08	1.11

续表

行 业	真实杠杆率（%）			ROA（%）			ROIC（%）		
	2015	2018	变化值	2015	2018	变化值	2015	2018	变化值
日常消费	126	129	3	7.36	4.96	−2.40	7.81	4.18	−3.62
信息技术	133	145	12	9.03	2.72	−6.32	10.85	1.08	−9.78
医疗保健	130	133	3	11.30	8.41	−2.89	11.70	8.53	−3.17

资料来源：WIND，作者整理。

（四）杠杆错配

从企业属性来看，在研究区间内，国有企业杠杆错配程度的变化主要分三个阶段：2007—2008年，国有企业杠杆错配程度有一定程度的下降，从1.45下降至1.4；2009—2015年，国有企业杠杆错配程度在2009年上升至1.44后，便一直在1.45的水平上下波动；2016—2018年，国有企业杠杆错配程度有所上升，最高升至1.51。国有企业的ROA和ROIC与杠杆错配程度之间的关系较为复杂，两者在研究区间内时而与国有企业杠杆错配呈同向变动，时而则呈反向变动。国有企业的ROA与ROIC变动趋势较为一致，但ROIC的变动频率与变动幅度均高于ROA（见图1-22）。

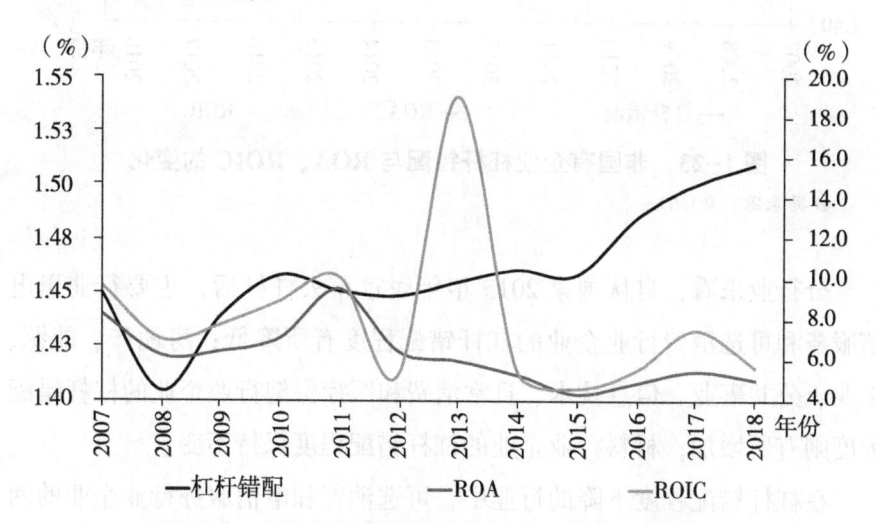

图1-22 国有杠杆错配与ROA、ROIC的变化

数据来源：WIND。

民营企业方面，在研究区间内，其财务杠杆率变化趋势与国有企业的情况不尽相同。2007—2011年，民营企业杠杆错配程度总体处于下降空间，从最高时的1.48下降至1.42；2011—2018年，民营企业杠杆错配程度则处于上升区间，从1.42上涨至1.55。除了2009—2010年，民营企业的ROA在研究区间内基本处于下滑趋势，在杠杆错配程度上涨的区间内，民营企业的ROA下降趋势更加明显。民营企业ROIC的变化趋势和ROA类似，除了在2011—2012年有短时间的反弹之外，其他年份基本处于下滑趋势（见图1-23）。

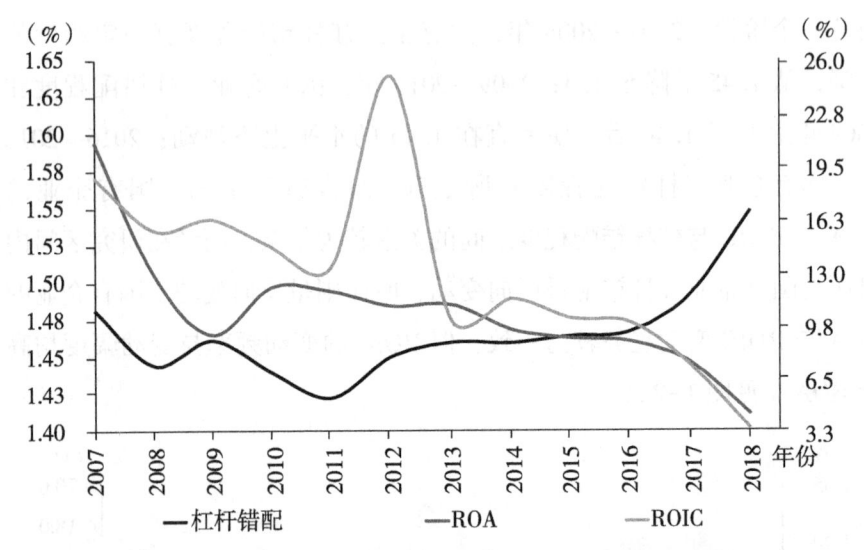

图1-23 非国有企业杠杆错配与ROA、ROIC的变化

数据来源：WIND.

分行业来看，自从国家2015年年底宣布去杠杆后，主要行业里电信服务和可选消费行业企业的杠杆错配程度有所降低；房地产、能源、工业、公共事业、信息技术、日常消费和医疗保健行业企业的杠杆错配程度则有所增加；材料行业企业的杠杆错配程度保持不变。

在杠杆错配程度下降的行业中，可选消费和电信服务行业企业的两项指标均有所下降。在杠杆错配程度水平上升的企业中，除能源行业企业两项指标有所增长及房地产行业企业的ROA略有增长外，其他行业企业的 ROA 和 ROIC 百分比均有所下降，其中可选消费行业的降幅更为明显（见表 1-6）。

表 1-6　主要行业杠杆错配与 ROA、ROIC 的变化

行业	杠杆错配（%）			ROA（%）			ROIC（%）		
	2015 年	2018 年	变化值	2015 年	2018 年	变化值	2015	2018	变化值
材　料	1.31	1.31	0.00	6.04	7.22	1.18	6.22	7.60	1.38
电信服务	1.62	1.54	-0.09	8.19	2.86	-5.33	10.53	3.56	-6.97
房地产	1.72	1.94	0.22	2.95	3.63	0.68	4.05	4.03	-0.03
工　业	1.64	1.66	0.02	7.24	3.96	-3.29	8.03	3.20	-4.82
公用事业	1.17	1.20	0.03	6.87	4.01	-2.86	8.24	3.61	-4.63
可选消费	1.57	1.54	-0.04	8.76	2.81	-5.95	10.44	3.20	-7.24
能　源	1.30	1.39	0.09	1.19	3.26	2.07	-0.04	1.08	1.11
日常消费	1.34	1.38	0.04	7.36	4.96	-2.40	7.81	4.18	-3.62
信息技术	1.40	1.44	0.04	9.03	2.72	-6.32	10.85	1.08	-9.78
医疗保健	1.31	1.32	0.02	11.30	8.41	-2.89	11.70	8.53	-3.17

资料来源：WIND，作者整理。

三、企业资本结构对资产价格的影响

无论是企业财务杠杆还是杠杆率水平的变化，都能影响到企业的偿债能力及融资能力。而融资是企业当前参与市场竞争、实现经营目标的重要手段。企业杠杆率的变化会直接导致企业资本结构的变化，进而造成企业市场价值的波动。

（一）企业高杠杆引发的相关问题解析

传统财务学框架体系下，高杠杆会引发一系列代理问题，其中一类代理问题是所谓"资产替代"效应与"债务高悬"效应。

"资产替代"效应：在债务契约签订之后，股东会以牺牲债权人的利益为代价投资于高风险的项目（使这些项目的 NPV 为负），从而表现出固定资产投资过度的倾向。

"债务高悬"效应：高杠杆会加大公司陷入财务困境的概率。当存

在高杠杆引发的财务困境预期时，股东为了避免债权人获得投资项目的大部分收益，有动机放弃长期有价值的项目，这不仅会加剧固定资产投资不足倾向，还会削弱公司的研发动力。

（1）在项目风险较高的公司中，高杠杆更可能引发固定资产投资过度。在当前经济转型背景下，高杠杆公司出现过度投资的主要原因是：部分企业可以在政府的隐性担保下获得大量低成本的金融性负债，诱使部分经理人无视财务危机成本、过度消费银行信用，这就加剧了股东和银行债权人之间的代理问题，诱发了高杠杆公司的过度投资倾向；我国上市企业的股权结构大多呈金字塔形，因此高杠杆可能进一步加大控股股东控制权和现金流量权的分离程度，引发控股股东谋求控制权私利的动机，表现出更强的过度投资倾向。

在那些项目风险较低的公司中，高杠杆更可能引发固定资产投资不足。在金融性负债比重较高的企业中，管理者存在着更为严重的风险厌恶倾向，为了避免巨大的偿债压力和利息成本，降低流动性风险和财务危机出现的概率，他们会选择更加审慎的投资决策，从而加剧投资不足的问题。

在金融性负债存量较高的企业中，债权人，尤其是处于较后求偿位置的银行债权人无法了解项目的真实投资质量，只能通过提高债务融资成本、严格贷款条件等方式保护自身利益，这就影响了公司的再融资能力，加重其投资不足倾向。

综上所述，高杠杆一方面增加了股东和管理者的风险规避倾向，降低了公司正常投资的动力；另一方面加大了银行等债权投资者的风险，增加了公司的融资成本和融资难度。

（2）为了提供大量符合资产确定性要求的抵押物，并争取银行债权人支持，高杠杆公司不得不缩减研发投资规模，从而表现出更低的创新动力。其原因主要是：虽然《担保法》和《物权法》都已规定商标权、专利权等可以作为企业融资的一种担保形式，但由于现行会计制度对于研发成果的价值低估严重（我国将R&D投资分为研究和开发两个阶段，研究阶段具有探索性，其研究工作是否能够形成未来的成果，具有很大的不确定性，因此研究阶段的支出应全部费用化。而对于开发阶段，只有那些符合资本化条件的研发支出可以资本化，而那些不能在未来形成成果的研发支出，也只能费用化处理。这使得自主研发形成技术的账面价值比成本还低），那些金融性负债比重较大的公司会主动缩减研发投资规模，以便在债务契约中争取有利的位置，避免抵押物的价值被低估，提高企业的偿债能力。

（3）相对于股权融资，债权融资对于企业来说属于硬性约束。在1998年的亚洲金融危机中，那些低杠杆的企业维持了更大的投资规模，表现出更高的投资绩效。低杠杆的企业在次贷危机中表现出更强的资金筹集、调用能力，面临着更低的融资约束，且财务弹性有利于公司维持投资支出，并改善企业的长期财务业绩。总而言之，债权投资者对于企业的硬性约束，使得高杠杆公司更容易陷入财务困境，而经济波动进一步增加了财务困境发生的可能性。

（二）企业债务水平对资产价格的影响

许多学者从理论层面解释了银行信贷过度扩张对资产价格和宏观经济的负面作用。Fisher认为，部门过度负债会引发自我强化的"债务—通缩"过程。Minsky在研究中将融资细分为抵补性融资、投机性融资和庞氏融资，并认为信贷繁荣时期投机性融资和庞氏融资占比逐步上升，这往往给企业埋下了拖欠债务、资产价格下跌的隐患。Allen和Gale共同提出了基于信贷扩张的资产价格泡沫模型，认为杠杆资金情形下投资者的风险转移行为是导致资产价格泡沫的原因。

企业债务水平不断上升并达到担保约束后，外部融资成本会相应上升，并压低资产价格，促使内生的担保约束进一步束紧，银行信贷也随之紧缩。

（三）企业财务杠杆对股价的影响

股价体现了企业资产的价值，在一定程度上也体现了当年的企业绩效。

Schwartz 和 Brennan 认为公司的财务杠杆账面比率会随着公司市值的升高而升高。股价随着企业负债的增加而上涨，随着企业债务筹资的减少而下跌。因此，财务杠杆与企业价值成正比例关系。Kim 和 Stulz 的研究也得到了相同的结果，公司财务杠杆与股价正相关。

刘东辉和黄晨通研究认为，资产负债率与净资产收益率并没有明确的同向或反向变动关系，而是在一定范围内，两者呈同向变动；在范围外，呈反向变动。毕皖霞、徐文学以制造企业为研究对象，发现资产负债率与主营业务收益率呈反向变动。谢军和 Tobin's Q 对市净值进行了研究，结果显示财务杠杆与公司成长性呈同向变动。姚明安则研究发现财务杠杆会阻碍企业成长。

财务杠杆效应是指固定资本成本额引起普通股的每股收益变动率不同于息税前利润变动率。企业的资本主要由债务资本和权益资本构成。只要企业通过负债（债券发行、银行借款、融资租赁等）筹资，就会产生利息，这部分费用属于财务费用，是固定不变的。因为固定财务费用伴随着债务而产生，所以息税前利润的变化速度对每股收益的变化速度影响更大，财务杠杆效应就可以得到发挥。

财务杠杆的正面作用：根据税法的相关规定，计算应缴所得税时可以扣除因负债而产生的利息费用，所以，债务融资会使得企业利润有大幅度增加的机会。所以，很多公司筹集资金时倾向于采用债务融资，增大财务杠杆，增加企业利润，有利于公司股价的提高。

财务杠杆的负面作用：公司筹资时举债会引起财务风险，一旦过度举债，按期还本付息的负担会加大，甚至有可能导致破产。同时，由于财务杠杆的作用，在息税前利润下降时，每股收益会以更快的速度下降，并且财务杠杆系数越大，财务风险也越大。这时公司股票在公开市场上的吸引力就会减小，价格也会降低。

企业只要利用财务杠杆就会产生财务杠杆效应，既可能促进公司的成长，也能阻碍公司的发展。

四、非金融企业杠杆率管理建议

企业要在提升自身实力的基础上,合理利用负债筹资。企业在做管理决策时,需要根据宏观经济发展周期和企业自身的发展状况设置合理的财务杠杆水平,在严格控制风险的同时,发挥财务杠杆撬动更多资金的作用,让其有益于企业产品的革新和经营规模的扩大。

企业要合理持续地去杠杆、去产能,从而提升自身的盈利能力。企业盈利能力的提升对其自身在股票市场的表现有较为显著的正向作用,而企业加杠杆将会导致其盈利能力下降、股市长期表现差。因此,企业应该根据宏观经济环境与自身需求,合理地降杠杆、去产能,提升自身的盈利能力。

第五节 银行股票质押业务

一、股票质押业务

(一)股票质押业务解析

所谓股票质押业务,具体是指个人或企业将持有的证券(主要为股票)作为质押品,向券商、银行、信托等借钱,到期后归还借款,解冻质押证券的一种行为。

股票质押可分为两种:动产质押与权利质押。股票质押就是权利质押的一种,也是资本市场上补充流动性的常用方式。目前在 A 股市场上,99%以上的公司都有过股票质押。股票质押本质上是个抵押融资,具体是指出质人(公司股东)以其所持有的股票作为质押物向质押方(券商、银行等)融入资金,并定期支付利息。当出质人到期不能履行债务时,质押方可以依照约定将质押的股票进行处置,并就其所得优先受偿。简单来说,就是双方"以股权作为担保"的一种"质押式债务融资"。

(二) 股票质押业务种类

股票质押可进一步分为场内质押与场外质押。2013年5月之前以场外质押为主（资金融出方多为银行、信托等）；2013年5月24日证监会正式推出股票质押式回购业务后（《股票质押式回购交易及登记结算业务办法（试行）》），场内股票质押业务正式登上舞台。由于券商对标准化资产处置具有明显优势，以券商为主的场内股票质押业务开始慢慢侵蚀场外市场，现在券商占整个股票质押市场份额的40%以上，高峰时达到60%左右。事实上，无论是场内质押还是场外质押，股票质押业务的本质均是质押贷款业务。从质押贷款业务的资金来源来看，既有自有资金，也有理财资金等，而其间也涉及银行与非银金融机构之间的通道业务等（见图1-24）。

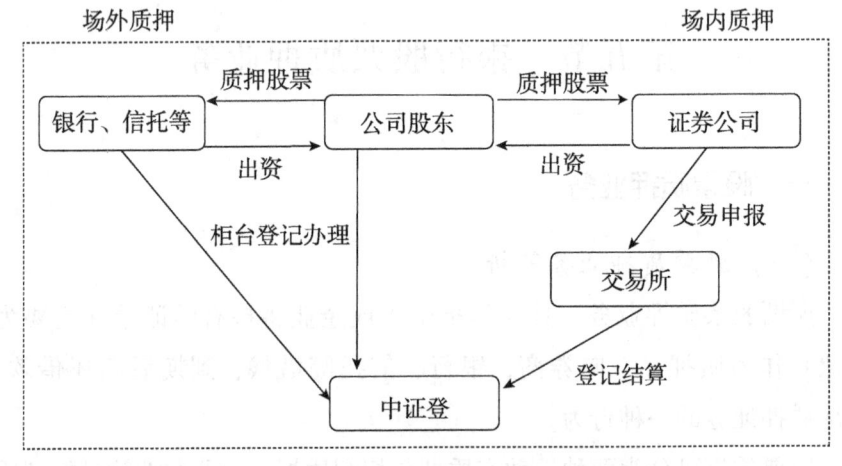

图 1-24　股票质押业务种类

数据来源：作者整理。

(三) 政策背景：拓宽企业融资渠道

如前所述，股票质押本身是一种融资方式，政策层面主要是出于对支持实体经济融资、拓宽企业融资渠道的考虑鼓励股票质押业务的发展。

此外，由于股票或股权质押业务在2013年之前一直被银行、信托等机构垄断，导致券商等机构仅沦为通道方，没有发挥券商在处置标准化资产方面的优势，也使得券商机构内心不是特别平衡，并失去了一项可观的业务。因此，2013年5月，证监会顺势推出《股票质押式回购交易及登记结算业务办法（试行）》。

2013年8月，国务院办公厅发布《关于金融支持小微企业发展的实施意见》，提出大力发展产业链融资、商业圈融资和企业群融资，积极开展知识产权质押、应收账款质押、动产质押、股权质押、订单质押、仓单质押、保单质押等业务。随后，国家发布的一系列文件均对股权质押这一业务给予了明确支持。

2018年最新的质押规则对质押人的相关规定主要有以下两点。

(1) 对质权人的要求：①限制质押集中度。单只股票的整体质押比例不超过50%；单一证券公司、单一资管产品接受单只股票的质押比例不得超过30%、15%。②根据券商净资本进行分类限制。按照分类监管原则对证券公司自有资金参与股票质押回购交易业务的融资规模进行控制，分类评价结果分别为A、B、C类的证券公司，自有资金融资余额分别不得超过公司净资本的150%、100%、50%。后续还有文件细则出台，严禁新增大集合参与股票质押业务，对参与股票质押的小集合、定向或专项资管计划额外增加1.5%的特定风险资本（正常情况下定向资管计划计提0.5%特定风险资本）。③要求券商计提坏账减值，并建立股票质押式回购的黑名单制度。催缴90个自然日仍未购回的、违规使用融入资金和更改期限的会被列入黑名单，券商需在5天内向协会披露。对黑名单公司，全行业券商融资禁入1年。

(2) 质权人的权利：①优先受偿权。主要是清偿顺序在质押者的其他债权人之前，同是质押股的质权人，按时间先后顺序来质押清偿，先质押的先清偿，后质押的后清偿。②质押物损失后的赔偿金。质押物没了，所得到的赔偿金也作为出质财产。③质权保全权。股票价格不稳定，当价值有明显减少的可能，将危害质权人权利时，就预先处理质押股票，比如平仓。④出质股权派生的利益。包括股息、红利、司盈余分配等（但质押合同另有约定的按约定来）。

（四）银行参与模式：场外质押为主、场内质押为辅

从商业银行参与股票质押业务的模式来看，以场外质押为主，但也可以借助通道参与场内股票质押业务。但是在资管新规和理财新规的约束下，通道业务模式大幅受限，特别是场外质押三方模式，明显突破了"一层嵌套"的限制。从这个角度来看，目前能够符合监管要求的作业模式也就是直接股票质押贷款和借助券商参与的一层嵌套。

1. 场内质押模式：借助券商参与

场内质押模式包括以下两种。

（1）委托券商自营资金出资，将股票质押业务打包成受益权，商业银行出资购买该受益权。

（2）商业银行认购券商资管产品，模式主要是商业银行理财资金先发起设立单一信托或专项基金计划，去认购券商的定向资管产品等。也可以通过直接认购券商小集合优先级的方式参与。无论采用哪种方式，信托、基金、券商均变成纯通道。

这里需要指出，由于商业银行在从事信托投资和股票市场等方面受限制，因此对于场内股票质押业务模式而言，商业银行往往只能委托券商盯市和在交易所处置质押股票。

2. 场外质押模式：直接股票质押贷款或借助信托

场外质押有两种参与模式：最直接、最简单的股票质押贷款和借助通道的间接买入返售。

（1）商业银行参与股票质押业务的模式主要以场外质押为主：一是直接采取股票质押贷款的方式（以股票或股权作为质押物）；二是采取股票质押收益权买入返售的方式（需要借助信托）。

（2）考虑到规避监管等一些因素，商业银行之前也常开展所谓的股票质押收益权买入返售业务，具体是指信托公司受银行委托设立单一资金信托（专项用于发放场外股票质押贷款），此时银行获得该信托受益权（出资人），而出资人持有的信托受益权可以进一步由其他银行出资购买。因此这种模式涉及的业务类型比较复杂，而信托在其中扮演的角色实际上就是通道，参与的银行数量也可以更多。

和场内质押业务模式一样，场外质押模式也需要进行盯市、设置警戒线与平仓线，而这里的功能主要由信托机构承担。但是，如果融资人出现违约等情形时，银行和信托均不能在市场上处置，需要借助司法程序，按照贷款的模式处置，因此周期和程序往往较场内质押更复杂、更冗长。因此，在场外股票质押业务中，比较通行的做法是先做一个强制公正或增强担保能力，以便在后续减少处置时间和提高回收率。

（五）质押条件与解质押路径

1. 质押条件

公司股东与质权人进行协定，质押股权、融入资金、支付利息费用，质权人融出资金并逐日盯市，划定警戒线和平仓线。

股东按照三个要素（质押率、成本、期限）与质权人进行协商并按法定流程登记。

质押率：反映杠杆水平。

$$质押率 = 贷款本金 / 质押股票市值$$

一般来说，主板、中小板和创业板公司的质押率分别为 50%、40%、30%。银行偏保守，质押率略低，券商风险容忍度较高，质押率也较高，但要求的成本也更高些。根据 2018 年最新质押规定，股票质押率最高不能超过 60%，但上交所可根据市场情况对上限进行调整并公布。

融资成本：场外质押的利率弹性较大。此外，质权人还会收取一定的中介费用，一般为 30~40bp。

期限：目前大都为 1 年左右。场内质押最长 3 年且延期不得超过 3 年。

2. 解质押路径

正常还款：只要在到期时有足够资金，就可支付本金和利息，进行回购解质押。一般来说，股价上行时，出质人对此毫无压力，但股价持续下行时，质权人就会给予压力。此外，出质人也可提前还款解除质押。

非正常情况：在股票质押合同存续期间，股价的波动会影响质押股票的价值，进而给质权人带来风险。所以，为降低违约风险，质权人会通过逐日盯市的方式，设定预警线和平仓线，一般为160%和140%。质押股票的市值达到预警线的，融入方需要补仓；而达到平仓线时，若融入方无力补仓和回购，融出方将有权强平。

预警线=质押时股价×质押率×（1+综合融资成本）×160%

平仓线=质押时股价×质押率×（1+综合融资成本）×140%

二、股票质押的发展与现状

股票质押不是新事物，很早之前市场中就有萌芽发展，主要是银行、信托等开展这类业务。在股市价格长期处于低位，例如2013年A股较长时间徘徊在2000点左右，银行也仅是传统性地为企业提供融资需求，所以整体发展程度很低。后来股票质押市场不断成熟，规模逐步扩大，其规模的变化大致可分为以下四个阶段。

（一）爆发阶段：2013年年中到2015年年中（"股灾"前）

这段时间，上市公司质押率不断走高，尤其是流动性好的流通股质押率大幅提高（从40%到60%），推动质押规模暴涨（从2014年的2.58万亿元到2015年的4.93万亿元）。其中，场内质押规模从2014年的区区0.27万亿元（占比10%），上升到2015年年底的2.6万亿元（占比53%）。

这期间股票质押业务爆发式发展的原因有以下两点：

第一，股市走牛。股价不断上涨，质押业务的风险也随之不断下降，银行券商都更愿意接受股票质押。期间，上证指数从2000点一路上涨到5100点。

第二，场内质押开放。金融监管宽松，在券商创新大会背景下，券商场内质押兴起。而且相比过去的银行、信托，券商处置起场内质押来还更为便捷高效。标志性事件：2013年5月，深圳证券交易所、中国证券登记结算有限责任公司发布《股票质押式回购交易及登记结算业务办法（试行）》，2013年6月24日，正式启动股票质押式回购业务。

（二）震荡阶段：2015年年中到2016年年初

股票价格持续下跌导致质押股不断爆仓，市场避险情绪高涨，无限售流通股的平均质押率也随股票市场的起伏而大幅波动（从30%到60%，又到30%），而限售股质押率却稳步上升（从25%到35%），整体上这期间的股票质押规模增速趋缓，甚至下降（从2015年的4.93万亿元到2016年的5.44万亿元）。

这期间股票质押业务整体趋降的主要原因有以下三点：

第一，股市资金端去杠杆导致大"股灾"，使股市回归常态。"股灾"时，之前高质押率的流通股不断爆仓，并形成股价和质押爆仓的负反馈，期间质押率也从60%下降到30%。后来，大"股灾"结束迎来反弹，流动性更好的流通股质押重受青睐，质押率恢复到60%。期间上证指数从5100点跌到3000点，后来反弹至3500点。

第二，熔断引发小"股灾"。股价再次暴跌，流通股质押率重回30%底部。期间上证指数又从3500点暴跌到2700点。

第三，"股灾"时，作为质押标的，限售股比无限售流通股更有优势。限售股由于流动性受限，即使达到平仓线，也会因为减持限制而不会被减持，对股价形成负反馈，并且也可以为大股东提供流动性支持，所以其质押率在两次"股灾"期间反而得到了提升。

（三）恢复阶段：2016年2月至2017年年底

股市价格走势趋稳后，市场上对于"慢牛"格局的预期使流通股与限售股的质押率走向趋同，并都缓慢提高（从35%左右到40%），股票质押规模也恢复提升（从5.44万亿元到2017年年底的6.15万亿元）。

这期间股票质押业务逐步复苏的原因有以下两点：

第一，经济筑底。2016年第一季度经济结束下行，达到底部，此后开始稳步复苏。

第二，股市向好。A股市场在此期间走出"慢牛"行情，从2700点缓慢上升到3300点。

（四）萎缩阶段：2018年年初至今

这期间，市场整体平均质押率不断下降（从2018年年初的40%到目前的30%）。股票质押比例上升，质押市值却下降（从2018年年初至今，质押比例从9.48%到9.86%，市值从高点6.49万亿元到4.9万亿元）。

导致股票质押业务萎缩的主要原因有以下两点：

第一，股市不断暴跌，质押股平仓风险堆积。经济基本面疲态显露，内忧外患下，上证指数从2018年1月底的高点（3500点）下跌到目前的2700点左右。

第二，严厉的质押新规启动。2018年1月，证监会督促证券公司做好股票质押回购交易风险防范工作，并在同年3月正式实施股票质押新规。新规更多的是针对场内质押，场外质押只是微调。

（五）股票质押市场整体情况分析

继2018年股票质押风险事件大面积爆发之后，2019年金融机构风险偏好下降，证监会于2019年8月9日发布《证券公司风险控制指标计算标准》修订稿，有针对性地提高了券商从事股票质押投资的风控标准。从整体市场来看，股票市场相对规模收缩，质押率保持平稳，存量风险有序处置，增量业务趋于谨慎。2020年股票质押市场的主要变化和特征如下。

1. 质押规模相比2019年年底有所回升

截至2020年3月20日，A股质押股份市值由2019年年底的4.5万亿元回升至2020年3月的4.6万亿元。质押股份市值占总市值的平均比重则整体呈现下降趋势，质押股份市值占境内上市公司总市值的比重从2019年年底的8.6%下降到2020年3月的8.3%。2014—2018年，A股几乎无股不押，然而截至2019年12月13日，A股超过600家上市公司没有进行股票质押（见图1-25）。

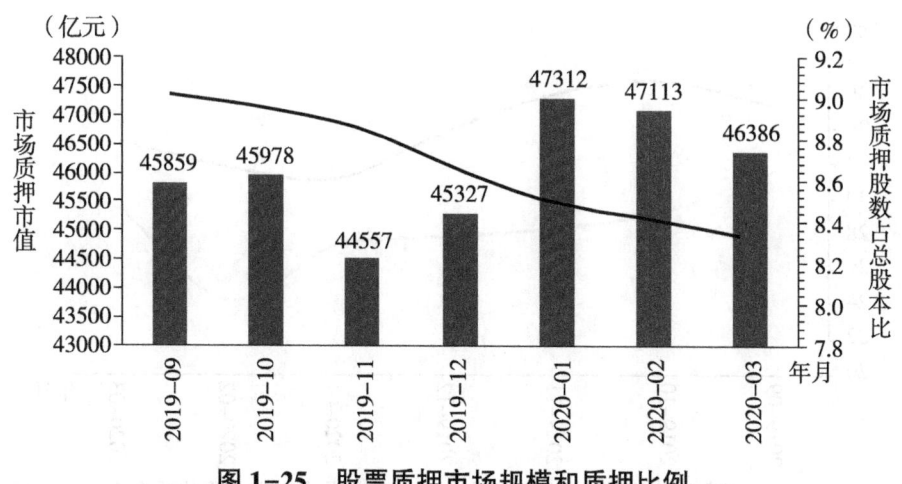

图 1-25 股票质押市场规模和质押比例

数据来源：WIND.

2. 质押率整体保持平稳

2019 年至 2020 年 3 月，质押率总体呈下降趋势。深交所的数据显示，2019 年 10 月后，无限售条件股份质押率均值持续下滑，从 36%降至 31%，2020 年后小幅回升，3 月回升至 33%；有限售条件股份质押率均值从 2019 年 9 月呈下降趋势，从 31%降至 24%，但 2020 年 2 月至 3 月有明显的跃升，从 24%上升至 29%。量缩价稳反映了当前市场收缩的主因是金融机构供给收缩，而非企业融资需求下降（见图 1-26）。

2019 年大股东质押比例在 80%以上的公司数量出现 2015 年以来首度下降。2015—2018 年，第一大股东质押比例（以第一大股东累计质押数占持股比例来衡量）在 80%和 50%以上的公司数量持续上升，而 2019 年质押比例在 80%以上的公司数量出现明显下降，从 2018 年的超过 534 家下降到 2020 年 3 月的 459 家，降幅约为 14%。而第一大股东质押比例为 50%的公司数量自 2019 年后也呈现下降趋势。2018 年股票质押风险暴露之后，2019—2020 年间股票质押比例过高的风险出现明显缓释（见图 1-27）。

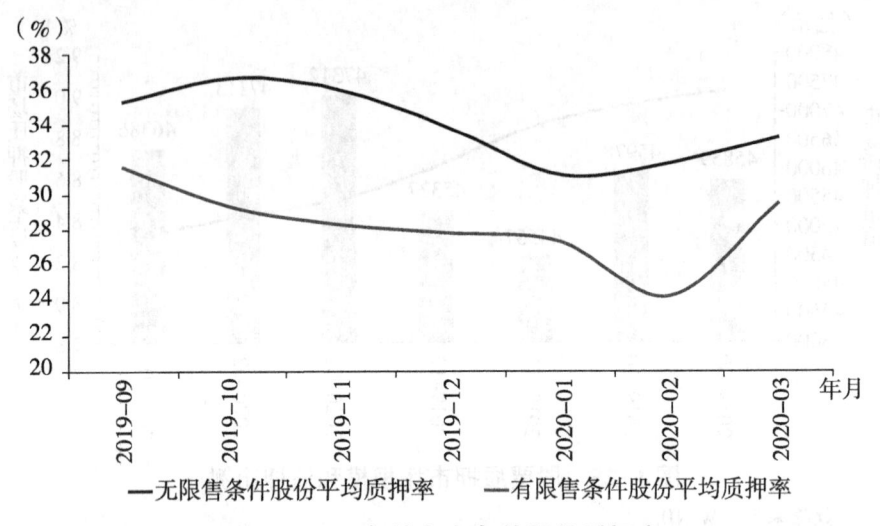

图 1-26　无条件和有条件股份质押率

数据来源：WIND.

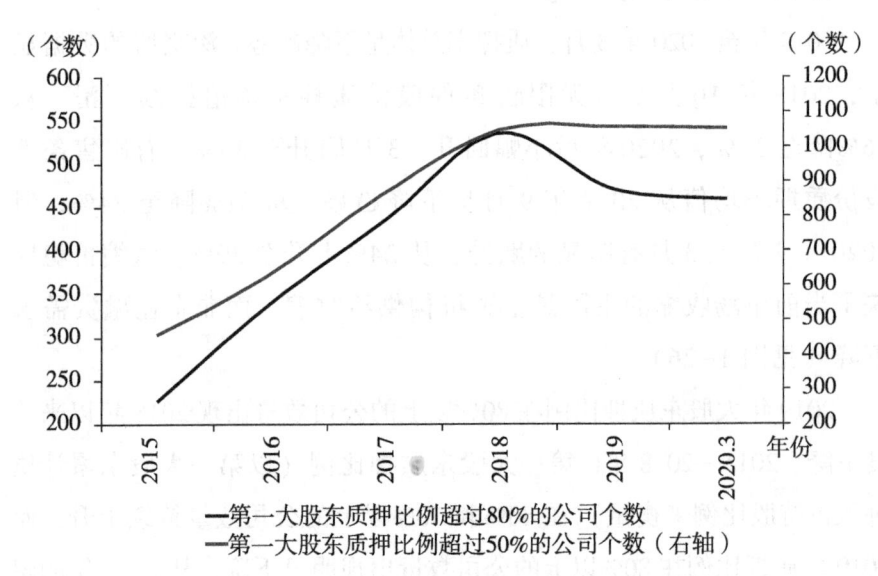

图 1-27　第一大股东高比例质押公司数量

数据来源：WIND.

3. 上市公司股票质押情况分析

小市值的企业质押比例较高。股票质押企业集中于小市值区间，截至 2020 年 3 月，市值在 200 亿元以下的企业占质押企业总数的 59%。

小市值区间企业不仅数量较多，而且质押比例较高，100亿~150亿元市值区间的企业质押数量最多，质押比例最高。考虑到300亿~500亿元市值区间内样本数量较少，质押比例与市值之间整体上维持负相关关系（见图1-28）。

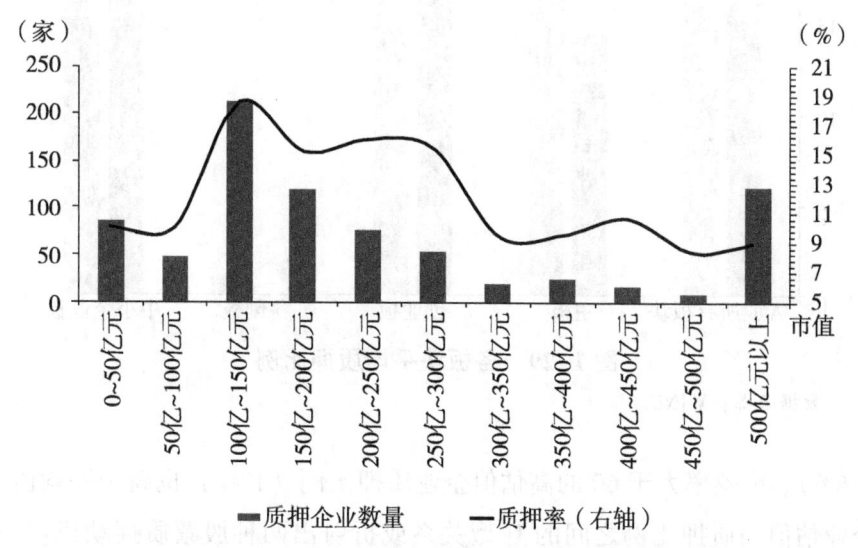

图1-28　不同市值区间的质押企业家数和质押比例

数据来源：WIND.

板块分布上，2019年中小板和创业板质押比例高于主板，2020年主板平均质押比例超过创业板，仅次于中小板。在股票质押绝对市值上，主板（2.5万亿元）显著高于中小板（1.3万亿元）和创业板（0.7万亿元）。在质押比例（质押市值/总市值）方面，主板相比中小板和创业板增速较快。2019年主板质押比例不到15%，然而中小板和创业板质押比例分别为19%和17%；2020年3月，主板质押比例上升至18%，中小板和创业板则基本保持不变（见图1-29）。

公司估值与质押比例之间呈U型关系。2019年12月，A股3000余家质押公司质押股份占总市值的比例均值为16%，大股东质押股份占持股的比例为54%。低估值企业质押比例较小，而亏损和高估值企业的质押比例较大。其中，亏损企业质押比例（25%）远高于平均值

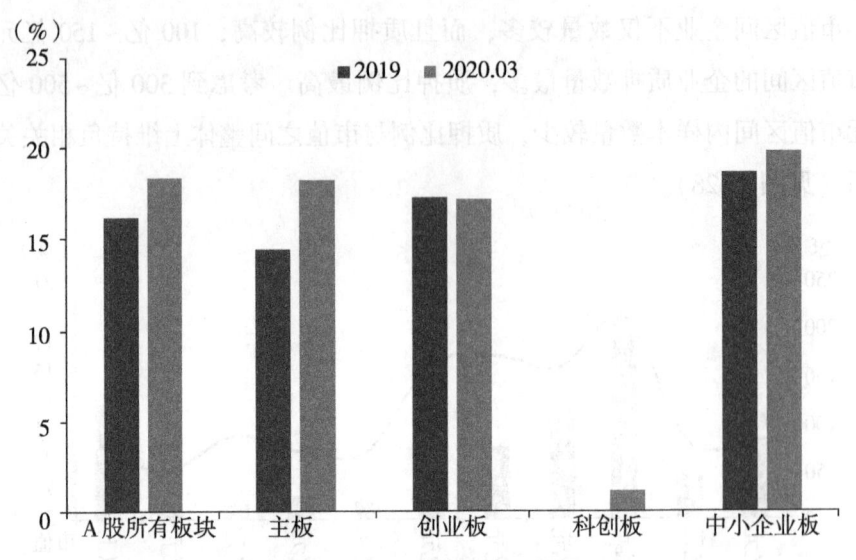

图 1-29　各板块平均质押比例

数据来源：WIND.

(16%)。市盈率大于 60 的高估值企业质押比例（17%）也高于平均值。企业估值与质押比例之间的 U 型关系或折射出两种股票质押动机：一种是股东加大股票质押融资来救助亏损企业；另一种是股东通过高估值的股票标的来实现更多的资金融资（见图 1-30）。

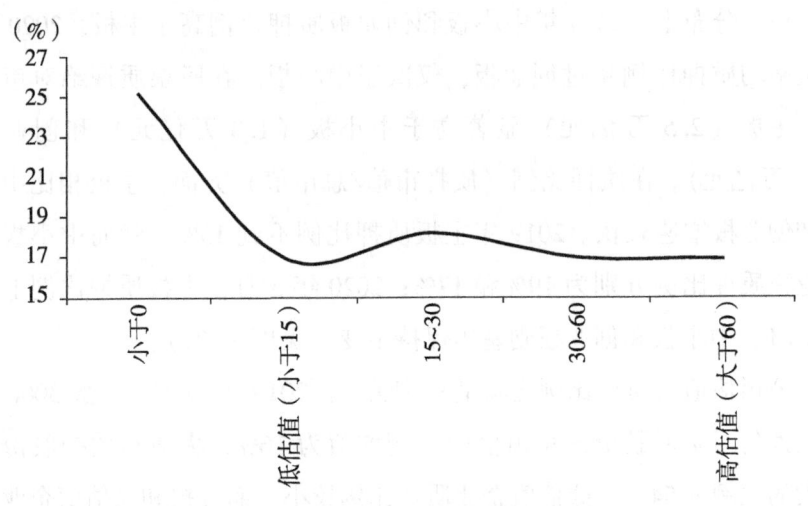

图 1-30　企业市盈率与质押比例的关系

数据来源：WIND.

4. 股票质押业务的行业分析

从质押股份市值来看，信息技术、工业、材料、可选消费、医疗保健绝对规模较大，行业贡献全部质押市值约为77%。其中，信息技术行业质押股份市值最高为9230亿元，显著高于其他行业；第二梯队中，工业、材料、可选消费、医疗保健的质押股份市值不相伯仲，在5000亿~7500亿元区间。金融、日常消费、房地产、能源、公用事业、电信服务行业的质押市值依次下降（见图1-31）。

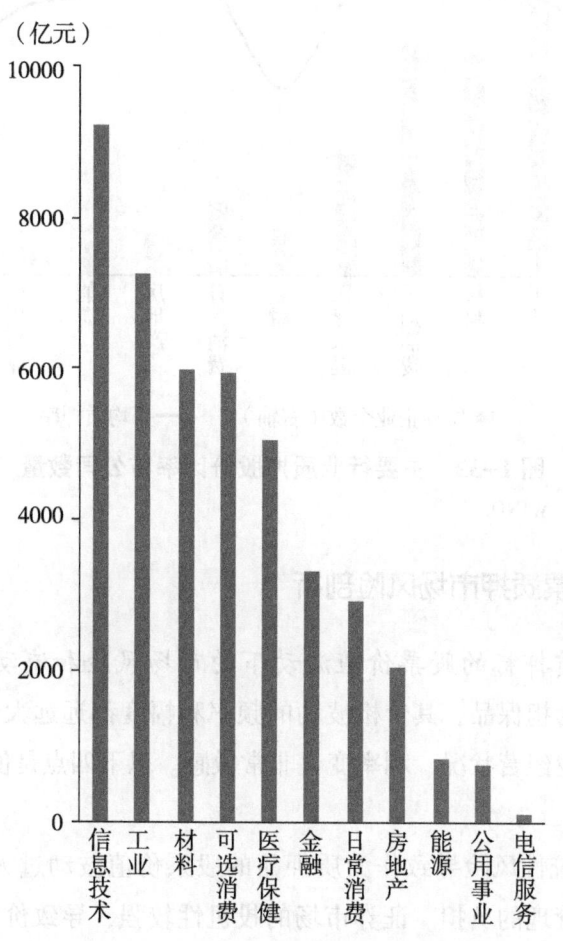

图1-31 主要行业质押股份市值合计

数据来源：WIND.

从质押市值占行业总市值的比重和质押企业数量来看，信息技术、工业、材料和可选消费行业的相对规模较大。其余行业中，房地产行业虽然质押企业数量和质押股份数值排名较为靠后，但是行业的平均质押率却高于其他行业（见图1-32）。

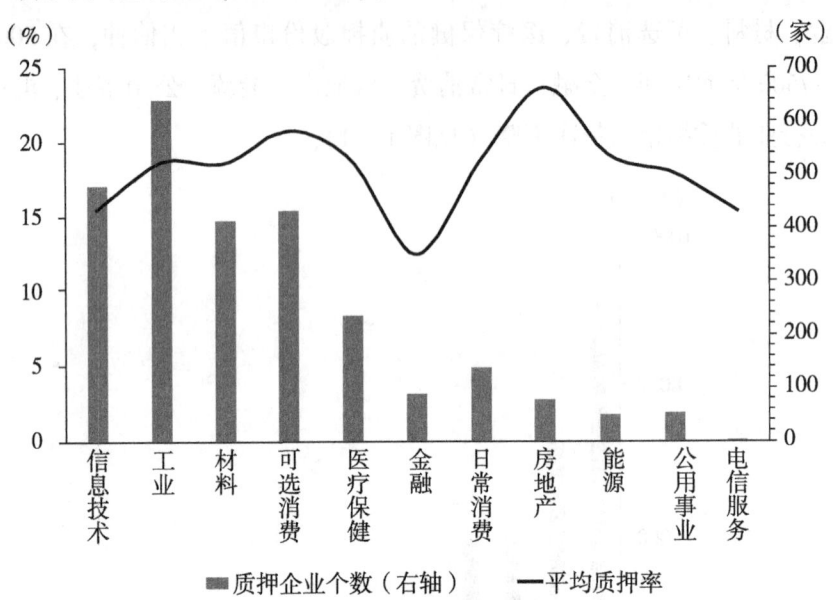

图1-32 主要行业质押股份比率与公司数量

数据来源：WIND.

三、股票质押市场风险剖析

（一）质押标的股票价值波动下的市场风险和流动性风险

股票作为担保品，其价格波动的频率和幅度都远远大于实物资产，本身就对企业经营状况、利率变化非常敏感。以下四点是值得注意的风险因素。

（1）系统性风险导致作为质押品的股票价值波动过大，增加了抵押品盯市和管理的负担。证券市场的投机性较强，导致价格波动较大，2015年、2016年我国股市数次出现千股跌停，短期内涨跌停交替出现，动辄数十家甚至数百家股票跌破平仓线；2017年5月23日，受大盘持续下跌拖累，又有350亿元的市值规模低于平仓线，作为最大资金方的券商和银行面临巨大压力。

（2）非上市股权、限售股和新三板等流动性受限的标的股票所占比重较高，流动性风险较大。实际操作中，以流动性低的股票标的做质押品的比重不低，如股权质押式回购质押品中限售股和流通股各占一半，其中限售股需要等到解禁期满才能处置，流通股中也有相当一部分为董监高锁定股，每年有25%的抛售限制。当公司基本面出现问题或者股市整体震荡造成股票价值缩水时，股价很可能跌破预警线甚至平仓线，当股东无法补足抵押品时，这部分股权无法立刻强制平仓，会给质权人带来一定风险敞口。

（3）去杠杆过程往往伴随着挤走资本市场价格泡沫的过程，随着上市公司价值缩水，如果质押股东，尤其是控股股东无法及时补足抵押品，对股票价格的下行压力更大。

（4）实际业务中，部分银行为避免出现实质性损失，不愿意对出质人进行强制平仓，甚至不要求出质人进行补仓，使得股权质押融资自身的风控措施形同虚设。

（二）去杠杆过程中资本市场价格波动加剧的风险

1. A股市场大股东股票质押爆仓个股特征

根据平仓预警的上市公司的样本统计分析，大股东股票质押爆仓主要有以下五个普遍特征。

（1）大股东通过"过桥资金"认购再融资或重组募集配套，再将认购取得的限售股股票进行质押融资，偿还"过桥资金"。据统计，该案例有30家，占比为35.7%。

（2）大股东为了巩固控股地位，或是趁机抄底，或是向投资者传递利好信号，借钱或加杠杆在二级市场大幅增持，等股价稳定或涨起来后，再择机进行股权质押。据统计，A股市场上该案例有30家，占比为35.7%。例如，2017年5月15日至2017年12月6日，华闻传媒（000793.SZ）控股股东国广资产及一致行动人直接或通过资金信托计划在二级市场累计19次增持股票，累计增持比例为6.85%，累计金额

16.99亿元。为了偿还债务，国广资产在2017年9月1日质押1.33亿股股票，累计质押了1.68亿股。但由于2018年A股市场大幅下跌，国广资产及其一致行动人遭遇券商和信托公司强制平仓，被动减持股票累计3345万股，减持比例为1.67%，甚至其直接持有的1.64亿股被司法冻结。

（3）加杠杆收购上市公司，收购人资金来源都会存在一定的杠杆比例，很少有收购人全部拿自有资金收购。导致到期还款时，收购人现金流断裂，诉讼、冻结接踵而来。根据数据统计，该案例有20家，占比为23.81%。例如2016年12月，老虎汇受让嘉应制药（002198.SZ）控股股东黄小彪持有公司5720万股无限售流通股份，总金额为10.47亿元，对价支付来源包括股东增资、股东借款、银行贷款。2017年2月23日，上述股份完成过户登记手续，老虎汇当天立即办理股票质押登记。2018年5月16日，嘉应制药回复深交所2017年年报问询函时披露，股票停牌前的股价已跌破老虎汇质押股份所设置的平仓线，存在平仓风险，且该部分股票被司法冻结。

（4）上市公司现金流短缺，提供资金支持。受宏观环境和监管政策的影响，例如2017年2月再融资新政实施，非公开市场收缩，募集资金用于补流和偿债受限；2017年11月资管新规征求意见稿发布，银行缩表，市场资金面紧张；2018年3月中美贸易摩擦不断，二级市场大幅调整，股价倒挂，上市公司在二级市场融资难度加大，不少上市公司短期偿债压力陡增。而大股东利益与上市公司的经营业绩紧紧捆绑在一起，上市公司因收购项目、偿还债务、业务转型等需要资金，大股东具有较强意愿向上市公司提供资金支持。根据数据统计，该案例有6家。

（5）大股东集团公司业务多元化发展。上市公司一般会在行业细分领域遥遥领先，但受到行业天花板这把达摩克利斯之剑的限制，大股东通过业务多元化发展规避经营集中风险。一般大股东会通过自身经营或是外延式收购进行跨界经营，但这不仅需要资金实力，还需要承担试错成本。根据数据统计，该案例有 16 家。例如深陷 450 亿元债务违约危机的盾安集团，2004 年，其旗下以空调配件业务起家的盾安环境（002011.SZ）成功上市；2011 年，其旗下民爆化工资产借壳江南化工（002226.SZ）上市；2018 年，其旗下光伏资产注入江南化工。盾安集团还涉及装备制造、铜贸易、房地产、新材料、农业几大板块，有部分资金是其通过质押盾安环境股票获得的。在爆出债务危机后，盾安集团质押江南化工 1.97 亿股股票融资，然而对百亿债务而言只是杯水车薪。

2. 商业银行股权质押业务

商业银行的股票收益权转让业务是让银行的理财资金通过信托或证券公司资产管理计划，以购买上市公司股票收益权的形式，向上市公司股东提供融资，在约定期限终止时，由上市公司股东按照事先约定的价格，对理财资金持有股票收益权进行溢价回购。

商业银行开展股票质押业务的标准主要有 3 点：①根据企业的属地、历史合作基础和还款来源等标准，确定授信型股票受益权转让业务是否是阶段性重点业务；②对业务期限做出限制，一般不超过 24 个月；③业务的参考定价，参考依据主要包括监管层的规定，例如《关于规范金融机构资产管理业务的指导意见》和《证券期货经营机构私募资产管理业务管理办法（征求意见稿）》，以及银行自身的理财净收益率。

商业银行对股票质押业务的管理主要有以下三个方面。

（1）严格审查项目融资用途，明确账户监管要求。即上报股权质押业务时，必须对融资资金的最终真实用途了解清楚，在申报资料中予以明确；资金需用于实体经济生产经营，不得用于股票二级市场和新股申购、淘汰类产业。对于融资用途为借新还旧的项目，经办分行相关部门要审查前笔融资的真实性，要求不存在逾期等违约情形，对于可追溯资金实际用途的也应进行说明。如发现最终融资用途与申报时的用途不一致且不符合监管要求时，应要求融资人提前还款。业务协议应明确约定融入方融入资金存放于其在本行开立的专用账户，专用账户用于存放股票质押回购融入或拟归还资金。要求证券公司、资金融入方、银行签订融入资金专户存放监管协议。该专户出款时必须提供真实的用款凭证（如采购合同等），付款用途需与申报时的用途一致。

（2）对上市公司的市值有一定的规定，即审慎介入总市值50亿元以下的上市公司股票质押业务。对于总市值低于50亿元的上市公司，如是当地分行存量重要客户可适度开展，要求大股东对外质押比例不超过50%，股票全市场质押率不超过总股本的30%。对于单笔项目，做好敞口管理和定价管理，单一标的投资金额不超过2亿元，业务定价遵循风险收益匹配的原则。

（3）加强业务存续期盯市管理和项目投后跟踪。分行与总行资产管理部共同负责质押股票盯市工作，盯市内容包括但不限于四个方面：一是股票收盘价是否跌破预警线/平仓线；二是融资人对外质押比例是否超限；三是上市公司停牌情况；四是股票收盘价是否距离预警线10%以内。

3. 宏观经济去杠杆会对股票市场造成较大冲击

通过股权质押融资加杠杆进行资金套利或利用复杂交易结构掩盖各参与者真实的风险敞口，都会加剧个股乃至整个股市的波动。在趋势性上涨的环境中，资金套利策略可以令各方参与者获利，但一旦趋势扭转，不但会放大参与方的损失，而且会加剧整个市场的波动。尤其是在我国资本市场不成熟、容易出现千股同时涨停或跌停的环境下，股市对外来的冲击，尤其是政策冲击极为敏感，新冠肺炎疫情、国际油价波动等消息的负面冲击造成了股市大幅波动。在这种情况下，质押比例高的个股很容易在股指下跌的趋势中触及预警线，从而需要追加现金和股票补仓，若下跌过于迅速，会给股东造成较大的补仓压力，若股价到达平仓线仍未解押或补仓，质权人有权利抛售股票或者申请司法冻结，无论是股东通过减持其他股票筹资补仓，还是质权人强制平仓，都会加大该股票的抛售压力，造成股价下行，进一步反作用于股指，使其进一步下跌并影响更多个股下探预警线，加剧资本市场暴跌的风险，使之背离基本面，并损害市场上众多小股东的利益。

（三）业务建议

质押业务本身是质押贷款业务，是企业的一种融资方式，即名股实债的非标授信业务，也是变相支持实体经济的一种模式。

（1）股票质押业务本身是质押贷款业务，但它不仅受到经济基本面的影响，还受到市场随机因素、政策层面的影响，因此和一般质押贷款业务相比，其面临的风险隐患更大，筛选业务对象时在授信之外需要附加更严格的条件。特别是商业银行参与其中时，在处置方面是一个大问题，这也是银行相较于券商的主要不足。

（2）股票质押业务在政策面有愈发严格的趋势，特别是对于传统的场内场外融合的通道业务模式，资管新规和理财新规在这方面有比较大的限制影响。商业银行借助券商、信托等参与股票质押业务将越来越规范。

（3）目前国内主要商业银行深度参与了股票质押业务，这期间商业银行涉及的股票质押市值合计达到6228.42亿元。相比之下，地方性银行整体质押市值超过50亿元的银行也仅有3家，目前地方性银行在股票质押业务方面相较于全国性银行仍有一定差距。

（4）从行业来看，股票质押业务较为集中，部分行业的质押市值和笔数均比较高，超过95%的上市公司进行了股票质押，且1297家上市公司质押比例超过20%，质押比例在50%以上的上市公司数量合计达到144家。因此，通过行业筛选和上市公司质押比例等可以选择相对合适的业务对象。

（5）选择业务对象需要参考的因素除了行业、质押比例外，还有质押率（和质押比例不同）。通常情况下，主板、中小板、创业板的质押率区间分别在50%~55%、40%~45%、30%~35%，并且多数围绕40%上下波动。质押率实际上并不是静止的，而是动态变化的。在质押率之外，为控制市场风险，往往还可以进一步通过警戒线、平仓线等进行防范。警戒线和平仓线的区间一般分别为150%~170%、130%~150%。

综上，股票质押业务本质上是名股实债的非标贷款业务，甚至也可以称为配资业务。但是它不仅受到经济基本面的影响，还受到市场随机因素、政策层面的影响，且商业银行参与该项业务时往往不具有盯市能力和处置能力，因此和一般质押贷款业务相比，其面临的风险隐患更大。但这并不意味着股票质押业务不值得参与，考虑到目前处于估值低位、监管部门纷纷为其站台、国内已有部分银行深度参与，招商银行更是独领风骚，一些地方性银行也有参与，从战略角度来看，可以把股票质押业务作为进军资本市场的一个前哨，只不过筛选业务对象时需要在授信之外附加更严格的条件。

具体来看，应根据行业、质押比例、市场估值水平等进行筛选，并根据政策要求和市场管控能力，选择合适的盯市券商或信托。在选定业务对象之后，应根据市场情况、同业情况拟订相应的质押率，并适时调整，同时设定合理的警戒线和平仓线，以进一步防范市场风险。此外，还应注意到个股风险与整体风险的差异性，这就需要借助自身力量和金融机构的专业性，例如避免质押比例过高、质押笔数过多、质押市值过于集中等，严格控制每笔质押市值，同时关注同业动态。

第六节 研究结论

一、杠杆率是衡量宏观经济安全性的重要指标，需要在"控风险"的同时兼顾"稳增长"

在宏观研究领域中，杠杆率是衡量宏观经济主体和债务可持续性的重要指标，从国际上看，中国宏观总杠杆率水平在全球范围内处于中等偏上水平，中国非金融企业杠杆率水平较高，政府杠杆率和居民杠杆率处于较低水平，中国偿债比率在各国之中排名中等靠前。

就自身变化来看，2016年之后，中国宏观总杠杆率水平基本保持缓慢增长态势，同比增速总体上逐步降低。2014年以来，非金融企业杠杆率比重逐步降低，居民杠杆率占比上涨明显，同时居民杠杆率同比增速明显高于政府与非金融企业。经济发展水平与金融结构是影响合意杠杆率水平的重要因素。非金融企业杠杆率在中国宏观总杠杆率中所占比重最大。近几年，中国非金融企业资产负债率有所下降，2018年第三季度之后反弹幅度明显，但企业利息保障倍数明显减小，偿债能力有所下降。

就企业属性来看，国有企业资产负债率变动幅度不大，其水平高于民营企业，偿债能力保持稳定。民营企业2016年以来资产负债率一直保持上涨，偿债能力自2016年后一直下降，但整体高于国有企业。

从行业方面来看，日常消费与可选消费面临的压力较大。推高企业杠杆率的主要原因包括：整体经济持续下行和企业重复建设导致杠杆率持续扩张，金融体系不完善，财政支出扩张和货币金融环境宽松。

从加杠杆效果方面来看，财政加杠杆的负面影响高于金融加杠杆，财政扩张对国有企业更加友好，而货币金融环境宽松对民营企业更加友好。

杠杆率对企业自身的影响多为非线性的。高杠杆率背后巨大的潜在风险主要是由社会融资规模及货币流通量增速与实体经济、宏观经济增速的不对称性造成的。就企业生产方面，债务杠杆率的提升在一定程度上有利于企业全要素生产率的增长，但是债务杠杆率的持续增长最终对企业的全要素生产率会产生负面影响，杠杆率与企业全要素生产率之间呈现非线性关系，同时，杠杆率与企业风险存在非线性关系。从微观层面看，适当的杠杆率有助于企业的扩张发展，但过度使用杠杆则适得其反，会降低企业经营绩效、减少企业投资并引发流动性风险。企业杠杆率的管理在"控风险"的同时要兼顾"稳增长"。财政去杠杆的效果一般比金融去杠杆更加明显。因此，应该压减政府支出规模，严控地方政府的过度投资行为，为企业特别是民营企业营造宽松的融资环境，硬化国有企业预算约束，平等对待各类所有制企业，并结合企业所处生命周期阶段及杠杆率期限的结构特征而采取差异化策略。

二、资金既是企业财务的源头动力和企业发展的关键，也是决定企业发展壮大的主要影响因素

2007—2013年，中国非金融企业财务杠杆经历了较快的上涨，从最初的55%上涨至61%，增加了6个百分点。企业财务杠杆与ROA之间存在较为明显的负向关系，企业ROIC与财务杠杆之间的关系较为复杂，企业名义杠杆率比财务杠杆率上涨的幅度大。企业名义杠杆率的变动与ROA之间存在较为明显的负向关系，两者之间的负向关系比其与财务杠杆之间的负向关系更加显著。企业ROIC与名义杠杆率之间的关系较为复杂，企业的真实杠杆率与ROA、ROIC之间并不是简单的线性关系，而是存在较为复杂的非线性联系，企业杠杆错配程度与ROA之间存在较为明显的负向关系，企业ROIC与财务杠杆之间的关系较为复杂。分企业属性来看，国有企业杠杆率一般为先升后降，民营企业则与国有企业变化趋势相反。在去杠杆政策之后，国有企业杠杆率得到了明显的改善。而在去杠杆周期中，民营企业杠杆率反而有所增加。分行业看，消费行业杠杆率上升较为明显，材料与能源行业杠杆率有所下降。无论是企业的财务杠杆率还是杠杆率水平的变化，都能够影响到企业的偿债能力及融资能力。高杠杆会引发一系列代理问题，其中一类代理问题是所谓"资产替代"效应与"债务高悬"效应，银行信贷过度扩张对资产价格和宏观经济有负面作用。财务杠杆的账面比率会随着公司市值的升高而升高，资产负债率与净资产收益率并没有明确的同向或反向变动关系，而是在一定范围内，二者呈同向变动；在范围外，呈反向变动。企业只要利用财务杠杆就会产生财务杠杆效应，这可能会促进公司的成长，也可能会阻碍公司的发展。因此，企业在做管理决策时，需要根据宏观经济发展周期和企业自身的发展状况设置合理的财务杠杆水平，在严格控制风险的同时，发挥财务杠杆撬动更多资金的作用，让其有益于企业产品的革新和经营规模的扩大。

三、开展股票质押业务时要时刻警惕其带来的风险

股票质押可分为两种：动产质押与权利质押。股票质押就是权利质押的一种，也是资本市场上补充流动性的常用方式。股票质押进一步分为场内质押与场外质押，股票质押本身是一种融资方式，政策层面主要是出于对支持实体经济融资、拓宽企业融资渠道的考虑鼓励股票质押业务的发展。商业银行参与股票质押业务的模式以场外质押为主，但也借助通道参与场内股票质押业务。公司股东与质权人进行协定，质押股权、融入资金、支付利息费用，质权人融出资金并逐日盯市，划定警戒线和平仓线。正常还款：只要在到期时有足够资金，就可支付本金和利息，进行回购解质押。中国股票质押业务发展可以分为四个阶段，当前股票质押业务发展整体呈现七个特点。

按照股票质押规模的变化大致可将股票质押业务的发展过程分为四个阶段：爆发阶段、震荡阶段、恢复阶段、萎缩阶段。当前股票质押业务发展的特点主要包括：质押规模相比 2019 年年底有所回升；质押率总体呈下降趋势；大股东质押比例达到 80% 以上；公司数量自 2015 年以来首度下降；小市值的企业质押比例较高；主板企业质押率增长迅速；公司估值与质押比例之间呈 U 型关系；从质押股份市值来看，信息技术、工业、材料、可选消费、医疗保健行业绝对规模较大。

股票质押业务的风险主要来自个股价值的波动和资本市场的变动，设置合理的质押率、预警线和平仓线是预防业务风险的主要手段。股票价值波动下的风险包括市场风险和流动性风险，以及去杠杆过程中资本市场价格波动加剧的风险。因此，股票质押业务要通过行业筛选和上市公司质押比例等选择相对合适的业务对象；根据政策要求和市场管控能力，选择合适的金融机构；在选定业务对象之后，应根据市场情况、同业情况拟订相应的质押率，并适时调整，同时设定合理的警戒线和平仓线，以进一步防范市场风险；还应注意到个股风险与整体风险的差异性。

第二章　基于市场竞争的国有企业杠杆率管理

结构性去杠杆主要是国有企业去杠杆，要确保宏观杠杆率基本稳定就要确保国有企业杠杆率稳定。本章构建了双重差分模型，探讨市场竞争对国有企业杠杆率的影响，对国有企业杠杆率进行平行趋势检验，对结果进行稳健型检验和安慰剂检验。市场竞争加大对国有企业杠杆率有显著的正向影响，市场竞争对不同类别的国有企业杠杆率的影响程度存在显著差异。

市场竞争程度上升对商业类国有企业杠杆率的影响比公益类国有企业低3.28%。随着市场竞争程度加大，商业类国有企业杠杆率平均上升0.19%，公益类国有企业杠杆率平均上升7.14%。市场竞争程度加大会显著影响国有企业杠杆率，且对于商业类国有企业的影响明显小于公益类国有企业。

第一节　绪论

一、结构性去杠杆问题

2020年是决胜全面建成小康社会之年，也是"十三五"规划收官之年。2019年中央经济工作会议指出，要坚决打好三大攻坚战，保持宏观杠杆率基本稳定。防范重大风险属于三大攻坚战之一，要打好防范化解金融风险攻坚战就要以结构性去杠杆为基本思路，尤其要将地方政府和国有企业的杠杆率降下来，实现宏观杠杆率逐步下降。

去杠杆工作由来已久，党的十八届五中全会就曾提出要降低杠杆率，中央经济工作会议也提出巩固"三去一降一补"① 成果，将去杠杆作为供给侧结构性改革的目标之一。《国务院关于积极稳妥降低企业杠杆率的意见》中正式提出要对企业去杠杆，要以市场化、法治化的方式积极稳妥地降低企业杠杆率。在 2017 年全国金融工作会议上，习近平总书记提出，要重点对国有企业降杠杆。2018 年中央财经委员会第一次会议提出要以结构性去杠杆为基本思路，尽快把国有企业杠杆率降下来。《2018 年降低企业杠杆率工作要点》提出，要建立健全企业债务风险防控机制，完善降杠杆配套政策，加快推进降低企业杠杆率，控制好宏观杠杆率。2019 年国家提出要扎实做好"六稳"② 工作，保持宏观杠杆率基本稳定，明确金融具有一定的抗风险性。我国杠杆率最高的部门是企业部门，国有企业聚集了 2/3 以上的企业债务，因此结构性去杠杆主要是国有企业去杠杆。要巩固去杠杆成果，就需要确保国有企业杠杆率稳定。

然而 2020 年年初的"黑天鹅"事件③——新冠肺炎疫情却对生产生活秩序及经济增长造成了巨大冲击，直接导致 2020 年第一季度中国 GDP 下滑了 6.8%，也对宏观杠杆率产生了一定影响。经过一段时间的努力，国内疫情形势基本稳定，复工复产也在有序推进。财政政策和货币政策持续发力，出台了"一揽子"财税支持政策，给予受影响的企业贴息支持，提供专项信贷额度。在积极的财政政策和宽松的货币政策支持下，企业复工率逐步提高，生产活动逐渐恢复，但也可能存在债务违约风险和宏观杠杆率攀升风险。中国人民银行公布的数据显示，2020 年第一季度人民币贷款增加了 7.1 万亿元，同比增加了 1.29 万亿元，因此宏观杠杆率可能会有一定上升，冲击前几年的去杠杆成果。由于当前中国经济增长存在下行压力，去杠杆工作也需要更加审慎，稳杠杆关

---

① 三去一降一补：去产能、去库存、去杠杆、降成本、补短板五大任务。
② 六稳：稳就业、稳金融、稳外贸、稳外资、稳投资、稳预期。
③ 是指非常难以预测，且不寻常的事件，通常会引起市场连锁负面反应甚至颠覆。

系全国经济全局,国有企业稳杠杆更是重中之重。如何在全球经济都存在下行压力的形势下应对好外部环境的变化,稳住国有企业的杠杆率,值得我们探讨。随着国有企业分类改革成为普遍共识,如何针对不同类别的国有企业稳定杠杆率,防止新冠肺炎疫情冲击已有的去杠杆成果,也成为一个问题。因此,需要针对不同类别的国有企业进行研究,探讨不同类别国有企业杠杆率的影响因素。

（一）我国历次去杠杆分析

我国第一次去杠杆是在1999年前后,以国有企业改革为核心。由于1997年的亚洲金融危机影响了我国经济,政府通过货币政策和财政政策进行宏观调控,使得1998年经济回升,但1999年经济增速严重下跌,我国杠杆率达到峰值,非金融杠杆率跃升至97%以上,国有企业杠杆率极速攀升,因此围绕国有企业开始去杠杆工作。通过对国有企业进行市场化改革,大中型国有企业迅速建立现代化企业运行模式,并开始了一系列去杠杆措施,通过增资减债方式降低国有企业负债率,最终降低了国有企业2%的负债率。持续促进四大行去杠杆,实行积极的财政政策和稳健的货币政策,最终控制了杠杆率,促进经济增速回升。

我国第二次去杠杆是在2004年前后。当时GDP增长较快,经济发展生产供应能力不足,难以满足总需求,导致宏观经济过热,货币供给增速也有持续升高的趋势,宏观杠杆率再次上升。非金融企业杠杆率跃升至105.9%,居民杠杆率和政府杠杆率也居高不下,因此我国启动第二轮去杠杆政策。此次去杠杆主要采用货币政策和财政政策。通过利率杠杆调整再贴现利率和存款准备金,抑制信贷总量。通过增加民生服务财政支出如"三农"专项经费等,改革衣食住行涉及的方方面面。通过这轮去杠杆,需求结构得到改善,非金融部门杠杆率下调,缓解了经济过热趋势,有效控制了宏观杠杆率。

我国第三次去杠杆在2011年前后。2008年为应对国际金融危机带来的冲击,我国启动了大规模刺激计划,采取适度宽松的货币政策,导致宏观杠杆率不断提高。当时我国居民消费价格指数大幅上涨,各行各业通货膨胀压力加大，非金融部门杠杆率上升至120%左右，居民杠杆率也上升了将近10%，杠杆率上升覆盖面广，因此国家开始了第三次去杠杆工作。通过上调金融机构准备金率，调整存贷款基准利率，采取货币政策收紧措施，并增加保障民生的财政支出如建设公租房、廉租房等，严控房地产市场等，有效控制了通货膨胀，非金融杠杆率下降约3%，杠杆率增长速度得到控制。

我国第四次去杠杆发生在2016年前后，以防范系统性金融风险为主题。随着金融行业的发展，"一行三会"① 格局下的分业监管存在一定的监管漏洞，业内乱象频发，金融行业风险系数增大。影子银行数量快速增加，持续向产能过剩国有企业输血，导致杠杆率上升，据估算显示，2008—2015年杠杆率增长超过80%（张晓晶等，2018）。杠杆率的不断攀升给我国宏观经济的稳定带来了挑战，高杠杆也是导致宏观金融脆弱的根本原因，因此我国开始了第四次去杠杆工作。通过实施应对地方债务风险的政策，出台金融监管政策文件及规范，设置地方政府发行债务上限，积极避免系统性风险，有效控制了金融风险。根据国务院发布的《关于积极稳妥降低企业杠杆率的意见》要求，进行市场化、法治化的改革，通过完善现代企业制度、推进国有企业兼并重组、优化债务结构、发展股权融资等措施降低企业杠杆率。尤其是针对国有企业采取了一系列降杠杆举措：加速清理"僵尸企业"②，推动产能优胜劣汰，加大兼并重组力度；加强对国有企业举债行为的监督、约束，设定不同行业国有企业杠杆率预警线，加强对国有企业资产负债的约束；引导社会资金加入降杠杆领域等。非金融部门杠杆率下降5%左右，去杠杆成效初显。

---

① 是对中国人民银行、中国银行业监督管理委员会、中国证券监督管理委员会和中国保险监督管理委员会这四家中国金融监管部门的简称。

② 是指丧失自我发展能力，必须依赖非市场因素，即政府补贴或银行续贷来维持生存的企业。2018年国家发展改革委、工业和信息化部等11部门联合发布《关于进一步做好"僵尸企业"及去产能企业债务处置工作的通知》，要求积极稳妥处置"僵尸企业"。

四次去杠杆期间，我国始终兼顾需求的扩大，采取积极的财政政策。自2016年第四次去杠杆工作开展以来，杠杆率水平得到一定程度的控制，宏观杠杆率呈现下降趋势，但相较之前，每年平均上升了10多个百分点。去杠杆关系我国经济全局，国有企业去杠杆工作则更加迫切。四次去杠杆工作的起因均是非金融杠杆率攀升，究其根源，在于非金融企业的杠杆率居高不下，而企业的高杠杆率主要体现在国有企业杠杆率上。2019年中央经济工作会议指出，我国金融体系总体健康，要保持宏观杠杆率基本稳定。经过四次调整，去杠杆工作已经卓有成效，然而新冠肺炎疫情的出现却给去杠杆工作带来一定的冲击，巩固去杠杆工作成果、稳杠杆工作势在必行，国有企业是国民经济的支柱，稳国有企业杠杆率又是重中之重。

（二）国有企业分类改革现状分析

党的十八届三中全会明确了国有企业分类改革方向，2015年中共中央、国务院印发了《关于深化国有企业改革的指导意见》，提出将国有企业分为商业类和公益类，商业类又进一步分为竞争性国有企业和功能性国有企业两类。竞争性国有企业，即主业处于充分竞争行业的国有企业；功能性国有企业，即主业处于关系国家安全、国民经济命脉等重要行业的国有企业。随后，分类改革的配套实施文件《关于国有企业功能界定与分类的指导意见》和《关于完善中央企业功能分类考核的实施方案》出台，提出国有企业分类改革的具体举措。针对竞争性国有企业实行公司制股份制改革，发展有竞争优势的产业；功能性国有企业实行国有资本控股、非国有资本参股模式；公益类国有企业实行国有独资形式，着力提高公共服务质量。党的十九大报告指出，中国特色社会主义进入了新时代，国有企业承担着国家使命，其内涵也随之发生变化，不仅要承担经济利益相关目标，也要承担更多的社会责任。在分类改革逻辑下，商业类国有企业和公益类国有企业承担不同的社会责任，公益类国有企业在区域协调发展、收入分配公平方面承担着更大的作用；商业类国有企业则承担着更多的营利性目标，确保国有资产保值增值。国有企业数量多、涵盖领域广、范围大，改革不能一概而论，不能采取"一刀切"的措施，在新时代的背景下，持续推进国有企业分类改革意义重大。

当前各地方政府均根据地方情况开展了国有企业分类工作，并制定分类监管办法，一般将国有企业界定为商业类和公益类两大类；国有企业也积极对下属企业实行分类监管和分类考核。总而言之，当前国有企业分类的理论探索和实践进展都进入了新阶段。商业类国有企业类似于竞争性企业，需要加强股份制改造，构建现代企业制度；公益类国有企业类似于垄断性企业，不同类型国有企业杠杆率的影响因素不同，需要分类进行讨论研究。

二、国有企业杠杆率影响因素的研究价值

为应对新冠肺炎疫情对企业造成的冲击，我国采取了积极的财政政策和宽松的货币政策，促使企业提高复工率，加快恢复生产活动，有可能会使宏观杠杆率有所上升。国有企业杠杆率对于稳定整体经济形势至关重要，本章研究分类改革背景下国有企业杠杆率的影响因素，有2个原因：①中国非金融杠杆率高，主要体现为国有企业的杠杆率高，因此降低国有企业杠杆率在去杠杆经济任务中占据核心地位；②国有企业作为国民经济的支柱，在很多关键领域占据主导地位，对于经济健康发展起着不可替代的作用，但部分国有企业市场化水平较低，预算软约束较大，多数信贷也有政府的隐性担保，市场竞争加大可能会影响国有企业市场化水平，进而影响其杠杆率，尤其影响公益类国有企业的杠杆率水平。探讨市场竞争对国有企业杠杆率的影响有助于稳定国有企业去杠杆成果，实现稳定宏观经济的目标，促使经济发展稳中提质。此外，当前学界对国有企业杠杆率的关注较少，也少有学者结合分类改革思想探讨国有企业杠杆率的影响因素，但随着经济发展进入新常态，对国有企业"一刀切"的改革恐怕难以奏效，需要分类进行讨论。因此，本章从市场竞争的角度探讨国有企业杠杆率的影响因素，一方面可以补足对于分类

改革背景下国有企业杠杆率相关研究的理论短板，为进一步巩固国有企业去杠杆成果提供经验；另一方面可以更好地指导国有企业的改革实践，为深化国有企业分类改革并推动宏观经济稳定提供依据，降低金融风险。

三、构建双重差分模型，分析市场竞争对国有企业杠杆率的影响

本章通过构建双重差分模型分析市场竞争对国有企业杠杆率的影响，并辅之以平行趋势检验及安慰剂检验。

双重差分法（Differences-in-Differences）目前在公共政策领域应用很广泛，有3个优点：①可以避免内生性问题的干扰，大环境对企业来说一般属于外生变量，分组讨论可以缓解变量遗漏的问题；②模型设置更加科学，相较于简单的回归分析，双重差分法可以更加准确地估算出市场竞争对国有企业杠杆率的影响；③原理简单，容易理解，方便运用，而且双重差分法适用于面板数据，正适用于分析中国工业经济数据库中的数据。

此外，为验证双重差分法是否适用于本研究，需对国有企业数据库进行样本划分。本研究根据市场竞争环境变化情况进行分组，将市场竞争程度增大行业的国有企业视为处理组，市场竞争程度不变行业的国有企业视为对照组，剔除市场竞争程度变小行业的国有企业。对处理组和对照组样本进行平行趋势检验，检验市场环境未发生变化时，两组国有企业杠杆率是否存在差异。若在之前不存在随年份变动的差异，说明可以采用双重差分法进行分析，如果之前已经存在差异，则模型估计得到的结果有可能是源于之前的差异。

结果分析完成后，本研究将对结果进行安慰剂检验，通过对市场竞争环境变化年份与市场竞争程度增大行业进行比较，以检验是否有其他难以观测的因素影响市场竞争对国有企业杠杆率的影响结果。

四、基于市场竞争的国有企业杠杆率管理

首先，国有企业杠杆率过高是中国债务问题的关键所在，但目前有

针对性地探讨国有企业杠杆率的研究为数不多，本章从国有企业视角探讨企业高杠杆率问题及非金融高杠杆率问题，对深化国有企业改革、推动经济去杠杆、稳定"三去一降一补"成果具有参考意义。其次，现有研究主要采用主观的定性分析探讨国有企业高杠杆率的成因，本章通过构建理论模型与计量模型探讨国有企业高杠杆率的成因，可提供更准确的政策启示。最后，本章基于定量分析得出结果，探讨国有企业稳杠杆的路径，可以为国有企业稳杠杆提供更加系统的分析和依据。

目前，国有企业分类改革是一大趋势，有助于构造出适应社会主义市场经济要求的微观基础，但分类改革具体怎么改、如何为国有企业去杠杆服务等问题还鲜有研究者涉足。本章基于国有企业分类改革理念，把国有企业划分为公益类和商业类，并探究不同类别国有企业杠杆率的差异。本章还考虑了不同类别国有企业的改革方向不同，承担的社会责任与社会分工也不同，不同类别国有企业去杠杆的路径也存在差异，研究结果可为国有企业深化改革，推动国有经济健康发展提供有益借鉴。

第二节 相关研究成果借鉴

一、国有企业分类改革

自改革开放以来，国有企业改革基本采用"大一统"模式，但国有企业的商业、公益双重属性导致国有企业改革过程中存在成本高、方向不明确等现象，因而陷入营利诉求和公共使命诉求的冲突中。2015年颁布的《关于深化国有企业改革的指导意见》可以有效避免这个冲突，该文件将国有企业明确划分为商业类国有企业和公益类国有企业。商业类国有企业集中于充分竞争性行业或关系国民经济命脉的行业，采取股份制改革方式，以产权改革为核心，鼓励非国有资本进入，提高国有企业市场竞争力，追求经济利益最大化；公益类国有企业集中于水电、煤气等与群众生活紧密联系的公共领域，实行国有独资方式，逐渐退出竞争性领域，更多承担提供公共物品等社会责任。根据该指导意见，不少地方政府也出台了相应的分类改革办法，国有企业分类改革试点在推进，不少学者也对国有企业分类改革进行理论上的探索。关于国有企业改革方式，以张维迎为代表的学者认为国有企业应该民营化，而宋方敏等（2016）则认为国有企业不应该民营化，否则会动摇公有制经济的主体地位。进一步的，余菁（2013）指出通过对国有企业进行分类改革可以解决这两种冲突。

国外关于国有企业分类改革的研究比较早。Baumol（1982）提出国有企业由于类别不同，改革方向也应存在差异，行政垄断的国有企业应积极打破垄断，自然垄断的国有企业应积极提升效率。Laffont等（1993）提出在一些特定的行业中，界定政府需求后，在政府采购项目合同中增加激励条款，促使私有主体、民营企业等参与公共项目提供，降低该行业国有企业的比重。Shleifer等（1997）提出在一些重要行业，由于存在信息不对称，政府和民营企业等非国有企业难以签订完全信息合约，难以界定剩余索取权和风险承担比例，因此在重要行业不能引入民营企业，仍须采用国有企业。Glaeser等（1996）将市场信息分成市场需求和产品成本两类，并指出生产类企业最了解成本信息，零售类企业最了解市场需求，其余企业两者都不大了解，进而将国有企业分为三类。总体来说，国外学者也认为企业改革应该根据企业的不同特性分类进行，并提出不同分类标准。

国内相关研究起步较晚，杨瑞龙（1995）使用委托—代理理论分析了国有企业股份制改造的利弊，论证了国有企业分类改革的必要性及分类改革的原则和路径，提出应当对不同类型的企业采取不同的改革思路。在选择改革思路时，应当考虑企业在市场经济中的地位和作用、所提供产品的性质、所处行业的差异三个要素。这是较早提出将国有企业分类进行改革的学者。此外，有不少学者从国有企业分类改革动因角度进行探讨研究，高文燕等（2013）认为国有资本具有二重属性，且具有多重功能，因此在实行国企改革时，政府需要实行分类改革以区别对待。部分学者从国企分类方法层面进行阐述，具有代表性的有二分法和三分法。其中，蓝定香（2006）提出依据产权性质和领域进行分类，具体将国有企业分为公共领域和非公共领域两类。邵宁等（2011）根据国有企业的功能将其分为两类：商业性企业和公益性企业。随着国有企业改革的深化，外部环境日益复杂，国有企业分类改革的挑战也在加大，根据二分法明确地界定国有企业类型也存在不少困难，不少学者开始探索三分法、两两分类法等。高明华（2014）依据国有企业经营目标和承担功能进行分类，具体划分为公益性、合理垄断性、竞争性国有企业三类。盛毅（2014）通过分析国有经济的战略定位对国有企业进行分类，具体分为盈利国有企业、公益国有企业、特殊国有企业三类。两两分类法即在二分法的基础上，进一步细分其中一类，如在商业类和公益类二分法的基础上，进一步将公益类细分为纯公益类国有企业和准公益类国有企业。总体来看，二分法和三分法思路基本一致，都认为应该根据国有企业的职能对其进行分类改革，不同的是三分法在二分法的基础上进行进一步细分，二分法则认为公益性国有企业和垄断性国有企业类似，因此可以涵盖。

对国有企业实行分类改革时，如何判定国有企业所属类别，探索有针对性的治理路径也是学者研究的热点话题。徐丹丹等（2018）从国有企业的经济和社会两个功能出发，衡量各地区"公益—商业比"，明确判定国有企业类别的量化标准。郝云宏等（2018）从党组织治理角度入手，探讨分类改革下如何进行治理模式选择，认为在公益类企业中，党组织参与公司治理有助于提升企业绩效，商业类企业中两者则呈现倒 U 型关系，因此党组织治理也要因企而异。贾俐贞等（2018）提出商业性国有企业应重视企业制度的创新与完善，公益类国有企业应关注管理与组织创新。

二、杠杆率相关理论研究

国外关于杠杆率的研究较多，起步也较早，在对企业杠杆率进行计算时基本采用风险与资产之比，大多研究杠杆率及去杠杆带来的影响等。有一部分学者从宏观角度出发，研究杠杆率对金融体系的影响。比尔·格罗斯提出，去杠杆进程会使得资产价格受到冲击，各个方面也会相互影响，最终影响市场流动性，并冲击实体经济。Velimir Bole 等（2014）认为去杠杆会影响财政的稳定性，因此要更加审慎。Schularick等（2012）指出，信贷增长与高杠杆率均是金融危机爆发的前兆，因此要谨慎看待杠杆率。也有文献从微观角度出发，研究企业杠杆率与企业绩效之间的关系，如 Ghosh 等（2008）提出财务杠杆率与企业绩效存在负向关系，即财务杠杆率高，企业绩效低。

国内大部分学者使用资产负债率来度量杠杆率，即用企业负债与资产之比衡量企业负债风险，反映企业的还款能力。如孙黎娟（2008）使用资产负债率衡量企业杠杆率，用以研究上市公司财务健康情况；苏振东（2016）也采用资产负债率衡量企业杠杆率，来考察企业金融健康情况。综合考虑，本章也采用企业的资产负债率来衡量企业杠杆率。

有关企业杠杆率的研究成果非常丰富，主要有三个方面：一是关于企业杠杆率的影响因素。张斌等（2018）认为项目收益和企业生产效率会影响企业杠杆率；王宇伟等（2018）认为企业家道德风险及金融资源错配情况会影响企业杠杆率；王擎等（2020）从预算软约束、政府隐性担保两个层面讨论企业杠杆率的间接影响因素，并分析周期变化；舒长江等（2020）通过构建动态投融资模型，从产权性质和企业规模两个维度分类讨论融资约束条件对企业杠杆率的影响；宫汝凯等（2019）从经济政策不确定性出发，认为政策不确定性会负向影响企业杠杆率，且随着市场化程度增大、对外开放程度加大，影响会降低。二是关于企业杠杆率对经济社会带来的影响。毛锐等（2018）学者认为杠杆率高会使得经济金融形势趋于恶化，对社会福利也会产生影响；任泽平等（2016）认为杠杆率高使得企业债务压力大，产生"僵尸企业"，政府随之实行补贴政策，造成社会资源错配。三是关于企业去杠杆的路径研究。于博（2017）认为技术创新对于去杠杆有推动作用；

车树林（2019）认为政府应该阶段性加杠杆，发挥政府债务对企业杠杆的挤出效应，进而降低企业杠杆率；金鹏辉等（2017）指出减少政府隐性担保和提高融资便利有助于促进企业去杠杆。

相较而言，国有企业杠杆率相关研究为数不多。蒋灵多等（2019）认为贸易自由化能推动高杠杆率国有企业退出并降低平均杠杆率，进而促使国有企业去杠杆。汪勇等（2018）通过构建动态随机一般均衡模型探讨利率与国有企业杠杆率之间的关系，并提出中央银行通过提高政策利率可以有效降低国有企业杠杆，但会导致民营企业杠杆率上升。

学者普遍认为，宏观环境对国有企业杠杆率具有重要影响，尤其是在开放发展背景下，影响杠杆率的因素中市场竞争是重要的，并且是值得探究的。因此本章选取市场竞争作为影响因素，一方面可以衡量宏观市场环境；另一方面也便于操作。研究企业杠杆率的学者不在少数，但国有企业杠杆率相关研究则并不多见，已有研究对国有企业杠杆率的影响因素讨论不够充分，且关于国有企业杠杆率形成原因、影响因素等研究大多聚焦定性分析，通过定量模型探讨影响企业，尤其是国有企业杠杆率因素的学者并不多，这方面也需要更多的尝试。

三、市场竞争测量研究

市场竞争是市场经济的一种特征，主要包括商品竞争、素质能力竞争、服务竞争、信息竞争、价格竞争和信誉竞争；竞争方式包括产品质量竞争、价格竞争、产品式样竞争等。当前对市场竞争的衡量，大部分测量方法是从产品市场竞争角度出发的。目前国内外用于衡量产品市场竞争程度的方法主要包括反映市场集中度的指标、反映市场竞争结果的指标和主观判断法几类。其中反映市场集中度的指标包括赫芬达尔—赫希曼指数、行业集中度、洛伦茨曲线和基尼系数等，如王怀明（2004）采用赫芬达尔—赫希曼指数衡量产品市场竞争强度，探究其和上市公司债务水平的关系，并发现两者之间存在显著的负相关关系。卜华（2020）运用赫芬达尔—赫希曼指数的相反数衡量市场竞争，探究市场竞争对机构投资者持股的制约作用。部分学者运用反映市场竞争结果的指标来衡量市场竞争程度，包括勒纳指数、利润指标等，朱武祥等（2003）运用近三年主营业务的利润率来衡量行业竞争程度。还有部分学者通过主观判断法对市场竞争进行衡量，主要是根据经验和常识来区分垄断性行业和竞争性行业，并在回归方程中引入行业竞争哑变量来控制竞争因素的影响，如陈小悦等（2001）将样本资料按行业进行归类整理，将石油化工、能源等行业并入保护性行业，将其他行业列入非保护性行业，进而衡量行业竞争程度。不少学者在传统测量方法的基础上，根据自己的需要对衡量方法进行改良，如张功富（2009）运用因子分析法设计了一个综合指数——行业竞争指数来反映产品市场竞争程度。赵宸宇（2020）通过构造进口渗透率来衡量竞争程度，探究竞争程度增大与企业创新效率之间的关系。蒋灵多（2018）则采用外资放松管制政策来衡量市场竞争环境，探索其对国有企业杠杆率的影响。

总体来看，学者对市场竞争的衡量大都从产品市场竞争角度出发，多用赫芬达尔—赫希曼指数，即每家企业市场占有份额的平方之和进行衡量。但由于国有企业较为特殊，我国经济市场环境不同于西方，沿用西方学者惯用衡量指标无法体现中国特色，难以真正衡量中国市场竞争水平。

四、国有企业去杠杆

在国有企业去杠杆的研究中，部分学者探讨了适合国有企业发展的杠杆率。施本植（2019）通过分析 2008—2017 年上市公司样本，发现企业杠杆率与企业发展之间存在倒 U 型关系，且非国有企业的拐点值大于国有企业，即国有企业杠杆率最佳值更低。于博等（2019）通过分析 2009—2017 年国有制造业企业，发现去杠杆对于国有企业的影响不仅限于企业杠杆率水平，也会影响企业杠杆率的结构。部分学者探讨影响国有企业杠杆率的因素，如倪志良（2019）提出政策性负担与国有企业杠杆率之间存在正相关关系，并提出应该通过减轻国有企业政策性负担，硬化预算约束，推动国有企业去杠杆。陈志强（2019）认为杠杆率与区域发展水平相关，第三产业比重增加会推高杠杆率，直接融资能抑制杠杆率水平，可以通过多样化金融结构，积极推动国有企业改革重组并吸引社会资金参与，提升国有企业公司治理能力，进而推动国有企业去杠杆。多数学者从理论分析角度出发，探讨国有企业去杠杆化的路径及方法，主要集中在混合所有制改革、负债结构、债转股等方面。谢瑶（2017）认为应该将国有企业债权融资改为股权融资，推行混合所有制改革，优化负债结构等，以降低国有企业杠杆率。魏杰（2019）提出应通过混合所有制改革、债转股、破产重组等对国有企业进行去杠杆化改革。郑艳娜（2018）以山东省为例，提出从优化债务结构、盘活企业资产、推进市场化债转股、建立资产负债约束制度等几个方面推进国有企业去杠杆。但甚少有学者基于国有企业分类改革的思路讨论如何有针对性地去杠杆。

总体来看，当前国有企业分类改革相关研究较为成熟，无论是学界还是政府部门都认同国有企业需要进行分类改革，且分类标准基本统一为商业类和公益类两大类，部分学者在二分法的基础上进一步细化，并认为针对商业类国有企业需要鼓励非国有资本介入，公益类国有企业需要加强国有控股。因此本章也采用二分法，将国有企业划分为商业类和公益类两类。至于企业杠杆率，当前研究成果也较为丰富，大部分学者采用资产负债率衡量杠杆率，并探究了企业杠杆率的影响因素、给经济社会带来的影响、去杠杆路径等，但对于国有企业杠杆率的研究仍为数不多，少部分学者从定量分析角度探讨影响国有企业杠杆率的因素，这方面仍需要更多尝试。目前对国有企业去杠杆路径的研究，大都从混合所有制改革、债转股等角度研究，较少从社会经济背景出发，探讨对外开放、市场竞争程度扩大等对于国有企业杠杆率的影响，也很少将国有企业分类改革及在此背景下如何稳定国有企业去杠杆成果纳入考虑。故而，随着对外开放程度加大，外商投资范围增大，在探究国有企业杠杆率时，需要从市场竞争角度做更多的尝试。

第三节 理论分析与研究假设

一、杠杆率相关理论

企业杠杆率是指企业负债和企业资产的比重,体现企业的资本结构。企业资本结构相关理论主要包括 MM 理论、权衡理论、融资优序理论、激励理论等。其中权衡理论和融资优序理论颇受学者们的青睐。

MM 理论起源于 1958 年,学者们习惯将此前的理论称为传统资本结构理论,MM 理论被认为是现代资本结构理论的起点,因此本章主要梳理现代资本结构理论。MM 理论直接冲击了当时的财务理论体系,提出资本结构与企业价值不存在关系,但其无税、无信息成本、无交易成本等严格的前提假设也被学者们质疑。于是,之后的学者基于现实情况,提出了更多理论,即权衡理论、融资优序理论等。

权衡理论经历了从静态权衡理论发展为动态权衡理论的过程,该理论融入了破产成本、财务风险等,认为负债一方面能发挥税盾效应,增加公司市场价值;另一方面,也可能给公司带来困境。那么在企业投资水平、自有资产等内部因素不变的情况下,企业存在最优资本结构,即负债和资本存在最佳水平。企业通过权衡负债产生的收益和破产成本两者之间的关系,可选出最优的资本结构。较多学者采用动态权衡理论讨论混合所有制改革中的问题,如杨志强(2016)基于动态权衡理论讨论混合所有制背景下,股权激励对于融资决策的影响。程六兵等(2017)运用动态权衡理论探讨货币政策宽松程度与资本结构调整速度之间的关系。随着研究的深入,权衡理论中囊括的因素也在不断增加,如非负债税收收益等。

融资优序理论则融入交易成本和信息不对称等因素,认为企业存在融资偏好,即根据主观意愿选择融资方式存在优先顺序,这受到企业资本结构的影响,同时也受到既定融资方式的限制,常见顺序为自由资本、负债和权益资本等，其中较受研究者认可的为 Myers 融资优序模型。胡元木等（2014）基于融资优序理论，通过修正 Myers 融资优序模型研究创业板上市公司的融资结构特征。岳怡廷等（2017）运用融资优序理论，探讨企业创新融资来源渠道选择的优序顺序，认为企业创新融资包括债务融资、内部融资、股票融资、政府补助四个渠道，国有企业创新融资最优选择为政府补助，非国有企业最优选择为内部融资。

激励理论认为资本结构会影响公司市场价值，且负债和股权能对经理人产生不同的激励方向，在企业杠杆率水平较高的情况下，企业债权人将拥有更大的控制权，并可以降低代理成本，因此股东将企业负债视作提升经理人工作水平的担保机制，积极主动推高企业杠杆率。

总体来看，MM 理论前提假设过于严格，融资优序理论主要从企业融资偏好角度出发，研究角度较为微观，激励理论讨论代理成本与杠杆率之间的关系，权衡理论重点研究最优资本结构。因此，本章综合选取权衡理论来对国有企业杠杆率水平进行探讨。

二、权衡理论与杠杆率水平

权衡理论起源于 20 世纪六七十年代，动态权衡理论则在 20 世纪 80 年代开始被关注。随着动态均衡理论的发展，权衡理论也经历了几个历程。

第一个历程是在动态调整模型中融入调整成本，通过构建连续时间模型，讨论负债融资的税盾效应和破产效应之间的关系，即负债是有助于促进企业市场价值提升，还是抑制企业市场价值提升，并寻找均衡。

第二个历程是提出了封闭解的动态资本结构模型，认为企业价值体现为资产、债务税收利益之和与破产成本间的差值，并对长期负债进行区分，认为其包括担保负债和未担保负债两类，分别构建模型，其中担保负债模型足以体现短期融资行为，未担保负债行为足以体现长期负债模型，两类模型最优负债率存在差异，税盾效应也不同。

第三个历程是提出可调整的目标资本结构均衡模型，建立了包括杠杆、股利、投资决策等影响因素的模型,有助于讨论企业盈利能力和杠杆率之间的关系。

第四个历程是在动态均衡模型中加入交易费用,认为企业存在财务困境和代理冲突会影响成本水平,促使企业选择保守的资本结构,其中代理冲突会使得调整成本增高,阻碍企业进行资本结构调整;财务困境会降低企业调整资本结构的成本,促进企业进行资本结构调整。经过几个历程的发展,动态权衡理论逐渐成为资本结构动态调整理论中的主流理论,不少国内学者也基于特定的环境,将宏观经济环境、市场化程度、政府控制程度、国有企业预算软约束情况等纳入研究范围,进一步完善动态权衡理论。

权衡理论提倡最佳资本结构,即存在最佳资产负债率,企业可综合考虑债务的税收优惠和破产成本并做出决策。在此水平上,企业能够获得最佳的发展水平,获得最高的利润。其中,权衡理论的假设为负债比率系数处于 0~1 之间,即杠杆率位于 0~1 之间,那么随着企业业务范围扩大,投资需求增大,资金缺口相应加大,企业难以通过利润等收益满足资金需求,导致存在资金流缺口,那么负债比率和资金流缺口基本相同。随着公司规模的扩大,公司盈利能力显著增强,生产水平提高,更易获得债款,因此大规模公司资产负债率会相应提高,即杠杆率与公司规模之间存在正相关关系。进一步的,企业经营效果好、利润高,会进一步扩大生产规模,出现更高的资产负债率,盈利能力减弱的企业会倾向于内部融资,以规避破产风险,即利润水平与杠杆率之间存在正相关关系,盈利能力强的企业杠杆率水平更高。同时,随着企业产能增加、发展速度加快,破产概率也会增加,影响外部融资能力,即杠杆率与企业增长机会呈负相关关系。权衡理论认为多种因素与企业杠杆率存在一定关系,包括微观影响因素和宏观影响因素。

(一)微观角度下的杠杆率水平

从微观角度看,企业的盈利能力、有形资产、规模、成长机会等均会对企业的杠杆率水平产生影响。

从盈利能力来看，权衡理论认为，盈利能力强的企业收益好，财务状况也好，更受银行青睐。例如 Liang 等（2014）通过分析房地产上市公司数据，发现盈利能力和杠杆率水平之间存在正向关系，即盈利能力越强，杠杆率水平越高。

从有形资产角度来看，权衡理论认为，公司拥有更多的有形资产，就能够提供更多的抵押品，获得更多的借债，进而推高企业杠杆率。如 Huang 等（2011）发现有形资产比例对杠杆率水平低的公司有正向影响。

从企业规模来看，权衡理论认为，规模越大的公司越分散，面临的破产成本也更低，因此会有更高的杠杆率水平。如 Chivakul 等（2015）通过研究发现公司规模和杠杆率水平有正相关关系。陶启智（2015）基于动态权衡模型，通过托宾模型研究公司并购对企业杠杆率的影响，发现企业可以通过并购来改变杠杆率，矫正原有的资本结构。

从企业成长机会来看，权衡理论认为，企业具有越大的成长机会，存在的破产成本也会越大，因此会拥有较小的负债水平。在衡量成长机会时，可以通过主营业务收入增速水平、总资产的账面市值比、权益的账面市值比、总收入的增速等来进行衡量。如 Chen（2014）运用主营业务收入增速水平来衡量企业成长机会，发现成长机会与杠杆率之间存在负相关关系。

（二）宏观角度下的杠杆率水平

从宏观角度看，经济增长、通货膨胀率、全球市场风险等均会对企业的杠杆率水平产生影响。

从经济增长角度来看，一方面，由于企业负债情况和企业的现金流均呈现顺周期性的变化，且企业现金流的顺周期性更为明显，故而企业杠杆率和经济周期之间存在正相关关系；另一方面，在一般均衡模型下，处于经济扩张期的企业更倾向扩大借款，因此最优杠杆率呈现顺周期性的特点。

从通货膨胀率角度来看，行业特征、宏观经济因素、货币政策等会对企业杠杆率产生影响。在货币政策宽松时期，企业更容易获得信贷，形成更高的杠杆率。

从全球市场风险厌恶程度角度来看，资本的流入、资产价格水平、信用增长程度等均会对企业杠杆率产生影响。且根据中国金融论坛课题组的研究，近年来我国非金融企业部门的宏观杠杆率水平不断上升，但微观的企业杠杆率水平则显著下降，即微观杠杆率和宏观杠杆率水平出现了背离。

总体来看，权衡理论认为微观影响因素和宏观影响因素等多种因素会对企业的杠杆率水平产生影响，且企业存在最佳杠杆率，即在一定的宏观条件下，我们可以通过调整影响因素改善企业杠杆率水平，规避企业破产风险，促进企业良性发展。

三、国有企业杠杆率的影响机制

当下关于国有企业杠杆率的影响机制有以下两种观点：

一种观点从国有企业内部出发，认为国有企业需要承担政策性负担，包括战略性负担和社会性负担，其承担的政策性负担导致存在预算软约束，预算软约束推高国有企业杠杆率。国家为促进先进技术发展，鼓励国有企业进入相应产业，但由于行业所处市场为自由竞争市场，政府需要对国有企业进行补贴；此外，国有企业还承担着维持社会稳定的功能，政府会对其进行补贴，这些共同导致国有企业存在预算软约束，即政策性负担与国有企业预算软约束存在正相关关系。我国的融资方式主要是通过银行贷款，政府为国有企业提供资金的方式也主要是通过银行进行政策性贷款。在预算软约束影响下，国有企业的贷款会更加宽松，期限也更长，因此国有企业会比民营企业的资产负债率更高，而预算软约束会阻碍国有企业调整资本结构，进一步推高杠杆率。如Chen等（2014）通过研究指出，国有企业具有较大的垄断优势，企业的经营目标并非最大化利润，并通过国有控股比例来衡量国有企业性质对杠杆率的影响，发现国有控股占比与企业杠杆率水平呈现正相关关系，尤其与企业长期杠杆率水平有正向关系。

另一种观点从外部环境出发，认为贸易自由化与国有企业杠杆率呈反相关关系：一方面，贸易自由化使得高杠杆率的企业退出行业，降低行业的整体杠杆率；另一方面，充分竞争提高行业内国有企业的利润率水平，进而降低杠杆率水平。贸易自由化程度提高，即关税下降，会促使市场竞争更加充分，行业对国有企业的生产率要求更高，且随着生产率的提高，企业总资产会扩大，杠杆率会下降，故而高杠杆率的国有企业将会被市场淘汰，进而降低整个行业的杠杆率水平。关税下降，使得企业利润增加，进一步降低杠杆率。此外，有学者从外资管制角度出发，认为外资管制政策在国有企业预算软约束保护的影响下，会进一步助推国有企业杠杆率。具体地看，如果放松某一行业的外资管制，会使得更多的外资企业进入该行业，行业内企业数目将会增大，会加剧该行业的市场竞争程度，导致行业内企业单位生产利润降低，对该行业的生产率要求增高，即如果企业不存在预算软约束，低效率的企业将会被市场淘汰。然而，由于国有企业往往能获得政府隐性担保的信贷，因此即使放松外资管制，该行业对国有企业的生产率要求水平也低于正常企业，且国有企业能获得更多的信贷，故而会推高国有企业杠杆率。

同时，权衡理论还认为，企业所处的行业也会影响企业的资本结构，不同行业企业的资本结构有显著的差异。由于不同行业的产品独特性不同，受监管程度不同，资产形态不同，因此行业内企业获得信贷资源的难易程度也不同。故而，处于不同行业中的国有企业杠杆率程度也会存在差异。结合国有企业分类改革的思想，公益类国有企业承担了许多社会公益职能，获取银行贷款的渠道和方式与商业类国有企业不同，因此需要分类进行探讨。

稳定国有企业杠杆率关系到稳定宏观杠杆率，也关系到经济的可持续发展、高质量发展。国有企业杠杆率过高，将会加大经济运行中的风险隐患，也会影响经济高质量发展方向和长远经济目标的实现；国有企业杠杆率过低，会打破经济承受能力，不利于经济发展，因此需要明确去杠杆和稳增长间的平衡关系。根据权衡理论，寻找适合企业发展的最佳资产负债率、杠杆率，寻找适合经济长期发展、高质量发展的杠杆率十分重要。

四、市场竞争与外资进入关系分析

由于要采用《外商投资产业指导目录》对市场竞争进行衡量，因此本章先对市场竞争和外商投资进入之间的关系进行探讨。从产业组织角度来看，外商投资涌入中国市场会引起两种效应：竞争效应和反竞争效应。

竞争效应是指外资大量进入国内市场，导致国内市场竞争加剧，国内企业市场占有量减少，利润降低，市场集中度下降。

反竞争效应是指由于外资企业存在资金优势、技术优势，进一步提升其在国内的竞争优势，使得其行业占有率提高，市场集中度增高。

由此可见，无论是竞争效应还是反竞争效应，外资进入均会降低国内企业的市场份额和生存空间，尤其是低效企业。从产业结构角度来看，外资进入能够大大提高产业结构升级速度，促使本土产业结构由劳动密集型转向资本、技术密集型，推动高新技术的发展，加快本土产业转型的速度，优化制造业产业结构，但同时也对自主创新和技术能力提出了更高的要求，促使加大市场竞争程度。

从微观角度——企业劳动生产率角度来看，外资进入可能会给本土企业带来正向的技术溢出效应和负向的技术挤出效应。

正向的技术溢出效应是指本土企业通过雇用外资企业的熟练工人，进一步带动本土企业进行技术改造，模仿高效率的生产技术和模式，提升技术和资源的使用效率和自身劳动生产率；此外，随着外资企业的进入，市场生产率水平整体提高，也促使本土企业整合自身技术和资源，加大科技研发投入，提高创新水平，进而提高劳动生产率。

负向的技术挤出效应是指外资企业为了提高市场占有率，会进行知识产权保护，保护核心技术，导致技术溢出效应消失。

随着外资企业市场占有率的提高，本土企业经济利益受损，生产成本进一步扩大，使得本土企业技术被市场挤出。无论是溢出效应还是挤出效应，都使得本土企业生存环境更为严峻，市场竞争趋于激烈。据此提出如下假设：

假设1：外商投资范围扩大，市场竞争加剧。

五、市场竞争与国有企业杠杆率的关系

本章借用 Christiano 的理论模型框架，来探讨市场竞争与国有企业杠杆率间的影响机制。具体的，本章假定企业 i 的资本结构由自有资本和企业贷款组成，即：

$$TCi = OCi + Li \qquad (2-1)$$

其中，TCi 为企业总资产，OCi 为企业自有资产，Li 为企业贷款，那么企业 i 的杠杆率为

$$LRi = Li/TCi \qquad (2-2)$$

若企业 i 存在企业贷款，那么杠杆率 $LRi > 0$，假定企业通过一系列生产经营活动能获得的最高利润为 Rm，但并非所有企业都能获得最高利润，生产能力弱的企业获得的利润 $R < Rm$，可见企业获得利润与生产率相关，生产率越高，利润越高，企业盈利能力越强，即 $R = F(TFP)$，其中 TFP 为企业生产率。那么当企业的利润不低于贷款所需要的利息，企业会主动生产，即：

$$F(TFP)RmTCi > R^L Li \qquad (2-3)$$

其中，$F(TFP)RmTCi$ 为总资产为 TCi 的企业总利润，$R^L Li$ 为企业的贷款成本，R^L 为企业贷款利率。那么企业生产的临界利润 $F(TFP)^*$ 为

$$F(TFP)^* = R^L Li/RmTCi = \frac{RLLi/Li}{RmTCi/Li} = LR \times \frac{RL}{Rm} \qquad (2-4)$$

当特定行业外资管制放松时，更多外商投资进入，导致行业内企业数量增多，市场竞争加剧，企业单位生产利润降低。因此，如果不存在预算软约束，结合式（2-4），企业杠杆率 LRi 保持不变，外商管制越

严格，企业生产的临界盈利水平越低；反之，外商管制越放松，企业生产的临界盈利水平越高，产能不佳、效率低的企业就会被市场淘汰。

然而，由于国有企业承担着稳定就业、保障经济增长等政策性负担，因此国有企业存在预算软约束，即当国有企业存在经营困难时，能够获得补贴，以维持正常运营。故而，在外资大量进入市场时，国有企业能以低于市场贷款利率水平的利率获得贷款，使得市场竞争对国有企业的临界能力水平要求低于市场正常要求。因此，生产效率较低的国有企业依然能正常运营，且由于国有企业获得贷款的利率低于市场利率，会扩大国有企业的贷款需求，进一步推高国有企业杠杆率 LR_i。

综上所述，外商管制放松会使得企业数量增加，加剧市场竞争，提高企业生产能力和盈利能力要求，促使低效率企业被市场淘汰。但由于存在预算软约束，国有企业能以低于市场利率的水平获得贷款，对生产能力和盈利能力的要求降低，进一步推高国有企业杠杆率。据此提出如下假设：

假设2：市场竞争加剧，推高国有企业杠杆率。

六、市场竞争与不同类别国有企业杠杆率的关系

按照国资委、财政部等《关于国有企业功能界定与分类的指导意见》的要求，根据国有企业的主营业务和核心业务范围，将其划分为商业类和公益类两类，其中商业类包括主营业务处于完全竞争领域的国有企业和主营业务处于自然垄断领域的国有企业，并进行分类施策：①分类推进国有企业改革；充分竞争领域的商业类国有企业要实施公司股份制改革制度，实现股权多元化，自然垄断领域的商业类国有企业在确保国有控股的基础上，引入其他资本；公益类国有企业鼓励采取国有独资形式。②分类促进国有企业发展；充分竞争领域的商业类国有企业要发展优势产业，提高市场竞争力，自然垄断领域的商业类国有企业要做好保障国家安全等工作；公益类国有企业要严格限定主营业务范围，加强管理。③分类实施国有企业监管；商业类国有企业以管资本为主，

其中充分竞争领域的国有企业要加强公司层面的监管，自然垄断领域的国有企业要做好对国有资本布局的监管；公益类国有企业要严格监管公共物品提供质量和效率。④分类考核：充分竞争领域的国有企业要加强对于经营业绩的考核，自然垄断领域的国有企业要做好经营业务和服务战略情况双重考核；公益类国有企业重点考核服务水平等，并引入社会评价考核。由此可见，国有企业分类改革后，针对不同类别的国有企业，扶持力度可能不同，预算软约束程度也不同。

具体的，根据式（2-4）可推出：

$$F(TFP) \times classfi = LRi \times \frac{RL}{Rm} \qquad (2-5)$$

其中，$classfi$ 为企业 i 所处的国有企业分类项，$F(TFP) \times classfi$ 是指处于某类别国有企业的总利润。依据《指导意见》，商业类国有企业要进行混合所有制改革，提升市场竞争力，以管资本为主，那么外商的管制放松将会使得行业内企业数量增多，加剧市场竞争，提高对国有企业生产率水平的要求，迫使国有企业通过技术改造等形式提高生产率水平，在企业贷款利率不变的情况下，企业杠杆率 LRi 增长趋势得到缓解。公益类国有企业要做好公共物品和公共服务的质量保证，当外商的管制放松引起行业内企业数量增多时，国有企业的临界生产率水平增高，由于其社会性导致预算软约束，企业杠杆率 LRi 增长速度加快。因此市场竞争对于公益类国有企业的影响程度会大于商业类国有企业，据此提出如下假设：

假设3：市场竞争加剧，对商业类国有企业杠杆率的影响程度小于公益类国有企业。

第四节　研究设计与实证分析

一、国有企业杠杆率特征分析

一般采用企业资产负债率来衡量企业杠杆率，即用企业资产负债表中负债与资产的比例衡量企业负债风险,这一比例也可以反映企业的还款能力。企业通过一定程度的负债,可以降低运营过程中的成本,有利于长足发展;但如果负债率过高,即杠杆率过高,会使得企业面临较大的债务风险,不利于稳定发展。为了分析国有企业的杠杆率现状,本章从不同所有制工业企业杠杆率和不同区域国有企业杠杆率水平两个角度,讨论国有企业杠杆率是否偏高,以及区域间国有企业杠杆率是否存在差异。

(一) 不同所有制企业杠杆率

为分析国有企业杠杆率总体水平,讨论其与民营企业、外商投资企业杠杆率的差别,并根据分类改革思想分析商业类和公益类国有企业杠杆率水平,本章运用中国工业经济数据库中的数据对国有企业杠杆率、民营企业杠杆率及外商投资企业杠杆率进行计算整理(见表 2-1)。

表 2-1 2001—2016 年不同所有制企业杠杆率

年份	国有企业杠杆率(%) 总体	商业类	公益类	民营企业杠杆率(%)	外商投资企业杠杆率(%)
2001	59.19	59.15	59.81	58.34	53.91
2002	59.30	58.87	60.21	58.16	53.73
2003	59.24	58.20	62.05	58.62	55.43
2004	56.52	57.94	53.58	58.94	55.97
2005	56.66	57.49	54.92	59.21	56.43
2006	56.24	56.55	55.62	58.87	56.24
2007	56.50	56.36	56.78	58.60	57.19
2008	58.99	57.23	62.71	58.34	55.90
2009	60.30	58.69	63.86	57.83	55.75
2010	60.31	58.43	64.75	57.50	54.60
2011	61.17	59.40	65.45	57.61	56.26
2012	61.31	59.49	65.75	57.52	55.61
2013	62.28	61.02	65.32	58.45	55.57

续表

年份	国有企业杠杆率（%）			民营企业杠杆率（%）	外商投资企业杠杆率（%）
	总体	商业类	公益类		
2014	61.98	61.08	64.07	57.60	54.61
2015	61.94	62.08	61.62	57.18	53.37
2016	61.58	61.80	61.11	56.51	53.56

注：本表是作者根据中国工业经济数据库整理所得。其中，杠杆率数据根据规模以上工业企业负债合计/规模以上工业企业资产合计计算所得。

在分类统计商业类国有企业杠杆率和公益类国有企业杠杆率时，本章根据《关于国有企业功能界定与分类的指导意见》的要求，将主业处于关系国民经济命脉关键领域的国有企业划为商业类，将保障民生、提供公共产品的国有企业划分为公益类。具体的，将中国工业经济数据库中与社会民生相关的如电力、热力、燃气及水生产和供应业等划为公益类，其余行业划为商业类，分类计算并分析杠杆率。

总体来看，2001—2016年国有企业杠杆率总体水平略有上升，2001—2007年总体杠杆率水平略有下降，但在2008年开始呈现上升趋势，可能是因为受到国际金融危机的影响，到2011年前后杠杆率较为稳定。具体地看，商业类国有企业杠杆率整体略有上升，2001—2007年杠杆率持续下降，2008—2014年略有回升，2016年略有下降。公益类国有企业杠杆率总体呈现上升趋势，2001—2003年上升，2004年呈现下降趋势，下降幅度超过9%，随后继续上升，直至2014年呈现下降趋势。相应的，民营企业杠杆率和外商投资企业杠杆率总体低于国有企业。其中，民营企业杠杆率自2001年以来比较平稳，外商投资企业杠杆率在2001—2005年略有上升，2008年之后趋于稳定。

根据现状分析初步认为，2001—2016年，由于对外开放水平提高，市场竞争加剧，国有企业杠杆率总体上略有上升，其中商业类国有企业杠杆率和公益类国有企业杠杆率均呈现上升趋势；民营企业和外商投资企业杠杆率变化不大。

进一步的，为探讨不同所有制企业杠杆率是否存在显著差异，本章对国有企业、民营企业、外商投资企业进行方差分析,对公益类国有企业和商业类国有企业进行方差分析。

通过表2-2可知,F显著大于Fcrit,且P-value值远小于0.01,即在99%的情况下,国有企业、民营企业和外商投资企业这三类企业杠杆率存在显著差别。

表2-2 不同所有制企业杠杆率方差分析

组	求和	平均	方差		
民营企业	929.283606	58.0802254	0.52631785		
国有企业	943.53609	58.9710056	11.9297607		
外商投资企业	884.139065	55.2586916	1.33013235		
差异源	SS	MS	F**	P-value	F crit**
组 间	120.191028	60.0955142	13.0773092	3.3321E-05	5.1103179
组 内	206.793163	4.59540362			
总计	326.984191				

注:**表示在5%水平下显著。

通过表2-3可知,F显著大于Fcrit,且P-value值小于0.01,即在99%的情况下,国有企业和外商投资企业杠杆率存在显著差别。

表2-3 国有企业与外商投资企业杠杆率方差分析

组	求和	平均	方差		
国有企业	943.53609	58.9710056	11.9297607		
外商投资企业	884.139065	55.2586916	1.33013235		
方差分析**					
差异源	SS	MS	F**	P-value	Fcrit**
组 间	110.250203	110.250203	16.6291241	0.00030814	4.17087679
组 内	198.898395	6.62994651			
总计	309.148599				

注:**表示在5%水平下显著。

通过表2-4可知，F显著大于Fcrit，且P-value值小于0.01，即在99%的情况下，民营企业和外商投资企业杠杆率存在显著差别。

表2-4　民营企业与外商投资企业杠杆率方差分析

差异源	SS	MS	F**	P-value	Fcrit**
组　间	63.6884239	63.6884239	68.613124	3.0239E-09	7.56247609
组　内	27.846753	0.9282251			
总　计	91.5351768				

注：** 表示在5%水平下显著。

通过表2-5可知，F显著大于Fcrit，即在95%的情况下，商业类国有企业和公益类国有企业杠杆率存在显著差别。

表2-5　商业类和公益类国有企业方差分析

组	求和	平均	方差		
公益类	978.707185	61.1691991	13.2146613		
商业类	929.245592	58.0778495	24.9211273		
差异源	SS	MS	F*	P-value	Fcrit*
组　间	76.4515365	76.4515365	4.00943783	0.0543575	2.88069452
组　内	572.036828	19.0678943			
总　计	648.488364				

注：* 表示在10%水平下显著。

总体来看，国有企业和外商投资企业、民营企业的杠杆率均存在显著差别，商业类国有企业和公益类国有企业杠杆率也存在显著差别。

（二）不同区域国有企业杠杆率

为讨论不同区域的国有企业杠杆率水平是否存在差异，本章运用中国工业经济数据库分区域对国有企业杠杆率进行计算整理（见表2-6）。

表 2-6 2001—2016 年不同区域国有企业杠杆率

单位:%

年份	华北	东北	华东	中南	西南	西北
2001	60.61	60.09	54.81	61.01	60.26	64.58
2002	59.46	60.62	55.80	60.92	60.01	63.84
2003	60.29	58.86	56.17	61.16	59.98	62.49
2004	49.11	57.69	56.15	59.69	60.46	63.07
2005	51.34	58.28	56.27	59.65	59.41	59.31
2006	52.45	55.88	56.72	57.09	60.00	58.24
2007	53.13	58.90	56.98	56.69	59.32	56.55
2008	59.23	59.41	58.85	58.65	61.43	56.39
2009	60.42	62.51	58.78	60.73	62.64	58.24
2010	59.14	61.59	58.45	62.19	64.12	58.66
2011	60.37	62.28	59.54	63.15	64.14	59.19
2012	61.16	62.71	59.27	62.07	65.14	60.01
2013	62.97	63.81	60.03	62.20	65.77	61.09
2014	63.48	62.81	59.23	61.67	64.84	61.77
2015	62.11	63.79	58.84	61.50	66.10	63.12
2016	61.58	63.37	58.76	60.83	65.19	63.63

注：本表是作者根据中国工业经济数据库分地区整理所得。

分区域看，不同区域国有企业杠杆率存在差别。具体来看，华北地区 2001—2016 年国有企业杠杆率水平变化不大，略有上升，2001—2004 年杠杆率持续下降，并在 2004 年达到最低值，后呈现持续上升趋势，2016 年略微下降。东北地区 2001—2016 年国有企业杠杆率水平呈现上涨趋势，2001—2006 年杠杆率水平呈下降走势，并在 2006 年达到最低值，之后持续上升。华东地区 2001—2016 年国有企业杠杆率水平呈上升趋势，约上涨 4%，2001—2013 年持续上涨，并在 2013 年达到峰值，涨幅超过 5%，2014 年后略有下降。中南地区 2001—2016 年国有企业杠杆率水平变化不大，略有下降，2001—2007 年持续下降，并在 2007 年达到最低值，2008—2011 年持续上涨，涨幅也超过 5%，但在 2012 年后开始下降。西南地区 2001—2016 年国有企业杠杆率水平呈上升趋势，总涨幅接近 5%，2001—2007 年基本稳定，略有下降，2008

年开始持续上升，到 2015 年到达峰值，2016 年有所回落。西北地区 2001—2016 年国有企业杠杆率水平略有下降，但波动较大，2001—2008 年持续下降，并在 2008 年达到最低值，下降超过 6%，2009—2016 年持续上升，截至 2016 年上涨超过 5%。总体来看，各地区杠杆率水平大都呈现先降后升的趋势，2008 年前后杠杆率水平较低，随后上升，与全国趋势大抵一致，可能是因为国际金融危机的影响。其中，华北、东北、华东、西南地区国有企业杠杆率均呈现上升趋势，且东北、西南、西北地区国有企业杠杆率较高，华东地区国有企业杠杆率偏低，可能与华东地区开放程度更大、市场竞争激烈有关。

进一步的，为研究华北、东北、华东、中南、西南、西北几大区域国有企业杠杆率是否存在显著差异，本章对各区域国有企业杠杆率进行方差分析。

通过表 2-7 可知，F 显著大于 Fcrit，P-value 明显小于 0.05，即在 95% 的情况下，各区域国有企业杠杆率存在显著差别，可以认为我国六大区域杠杆率水平不一。

表 2-7 各区域国有企业杠杆率方差分析

SUMMARY					
组	求和	平均	方差		
华北	936.830169	58.5518856	19.7221209		
东北	972.601791	60.7876119	5.87439473		
华东	924.653111	57.7908194	2.61220508		
中南	969.203	60.5751875	3.29966802		
西南	998.801696	62.425106	6.49358311		
西北	970.173835	60.6358647	7.0748703		
方差分析*					
差异源	SS	MS	F*	P-value	F crit*
组间	225.859783	45.1719565	6.0126603	7.6041E-05	2.31568924
组内	676.152633	7.51280703			
总计	902.012415				

注：*表示在 10% 水平下显著。

(三) 不同行业国有企业杠杆率

为讨论不同行业间国有企业杠杆率水平是否存在差异，本章运用中国工业经济数据库分行业对国有企业杠杆率进行计算整理。在进行行业选取时，本章仅选取了采矿业，制造业，电力、热力、燃气及水生产和供应业这三大类行业进行比较。此外也在每类行业中选取了具有代表性的细分行业进行分析，其中采矿业中选取煤炭开采和洗选业，制造业中选取烟草制造业、纺织业和文教体育用品制造业，电力、热力、燃气及水生产和供应业中选取燃气生产和供应业（见表2-8）。

表 2-8　2001—2016 年不同行业国有企业杠杆率

单位:%

年份	采矿业	煤炭开采和洗选业	制造业	烟草制造业	纺织业	文教体育用品制造业	电力、热力、燃气及水生产和供应业	燃气生产和供应业
2001	51.34	63.52	60.48	50.58	73.14	55.60	58.81	44.33
2002	48.75	56.68	60.74	46.50	73.82	60.79	60.21	46.93
2003	47.26	55.67	60.26	42.11	72.95	57.67	62.05	47.24
2004	49.64	60.98	59.76	36.98	75.93	58.56	53.58	44.23
2005	49.21	62.13	59.40	32.77	72.73	50.45	54.92	46.43
2006	50.07	61.97	58.27	30.77	66.79	47.94	55.62	52.15
2007	51.22	62.87	57.74	24.66	67.11	48.01	56.78	57.79
2008	50.50	61.04	59.25	23.35	67.87	50.59	62.71	55.96
2009	53.70	61.15	60.22	23.73	62.24	51.53	63.86	70.48
2010	52.26	59.80	60.44	23.88	63.21	49.64	64.75	56.29
2011	54.93	60.19	60.94	24.00	62.07	49.82	65.45	57.60
2012	54.86	60.42	61.09	24.79	62.22	61.85	65.75	58.92
2013	57.96	65.18	62.07	25.17	62.86	59.04	65.32	58.55
2014	58.90	67.06	61.84	21.28	60.91	59.06	64.07	55.88
2015	61.23	70.41	62.38	25.26	59.11	55.18	61.62	54.04
2016	62.16	71.99	61.69	25.47	58.90	58.40	61.11	55.61

分行业看，不同行业间国有企业杠杆率存在差别。具体来看，采矿业 2001—2016 年国有企业杠杆率水平呈上升趋势，增幅超过 10%，2001—2005 年杠杆率持续下降，2006 年开始持续上升。煤炭开采和洗选业的杠杆率与采矿业一样保持上升趋势，增幅超过 8%，2001—2003 年杠杆率呈下降趋势，2004—2009 年持续上升，2010—2011 年略有下降，2012—2016 年杠杆率增长幅度较大。制造业 2001—2016 年国有企业杠杆率水平基本稳定，略有上升，2001—2007 年持续下降，2008 年开始上升后相对稳定。烟草制造业国有企业杠杆率下降明显，约下降 25%，2001—2009 年迅速下降，2010—2016 年略有上升，相对稳定。纺织业 2001—2016 年国有企业杠杆率水平也呈明显下降趋势，降幅约 14%，每年持续稳定下降。文教体育用品制造业 2001—2016 年国有企业杠杆率水平略有上升，涨幅近 3%，2004—2007 年呈现明显下降趋势，2012 年杠杆率上升明显，涨幅超过 10%，2013—2016 年持续下降。电力、热力、燃气及水生产和供应业 2001—2016 年国有企业杠杆率水平略有上涨，2001—2003 年呈现上升趋势，2004 年杠杆率水平骤降，随后稳定增长，2015 年杠杆率水平又有所下降。燃气生产和供应业 2001—2016 年国有企业杠杆率水平上升明显，涨幅超过 11%，2001 年以来呈现持续上升态势，2015 年当年有所下降。总体来看，不同行业国有企业杠杆率水平不同，但采矿业、制造业以及电力、热力、燃气及水生产和供应业杠杆率水平均有不同程度上升，其中采矿业涨幅最大；除烟草制造业外，各行业国有企业杠杆率仍处于较高水平，烟草制造业杠杆率下降幅度最大。

进一步的，为探讨采矿业，制造业，电力、热力、燃气及水生产和供应业这三类产业国有企业杠杆率是否存在显著差异，本章对这三类产业国有企业杠杆率进行方差分析。

通过表 2-9 可知，F 显著大于 Fcrit，P-value 明显小于 0.01，即在 99% 的情况下，采矿业，制造业电、力、热力、燃气及水生产和供应业这三类行业国有企业杠杆率存在显著差别。

表 2-9 不同行业国有企业杠杆率方差分析

组	求和	平均	方差
采矿业	853.99	53.374375	20.9634929
制造业	966.57	60.410625	1.7155396
电力、热力、燃气及水生产和供应业	976.61	61.038125	16.0860029

方差分析**

差异源	SS	MS	F**	P-value	Fcrit**
组间	579.39005	289.695025	22.419303	1.7554E-07	5.1103179
组内	581.475531	12.921679			
总计	1160.86558				

注：** 表示在5%水平下显著。

二、研究设计

（一）数据来源

本章企业数据来源于2001—2016年中国工业经济数据库中的年度数据，数据可得性较高，来源可靠，可信度较好，易于分析。通过数据库分注册类型选取规模以上工业企业资产总计和负债合计等指标，选择国有企业分类项，根据行业项目筛选数据。同时根据《外商投资产业指导目录》（以下简称《指导目录》）对产业进行划分，根据比对2002年和2011年修改版《指导目录》，分析不同产业类别允许外商投资变化情况，衡量特定行业市场竞争水平，可操作性强，可行度较高。结合《关于深化国有企业改革的指导意见》和《关于国有企业功能界定与分类的指导意见》两类指导意见，确定公益类和商业类国有企业标准，分类讨论国有独资形式企业和国有联营企业，结合其所处行业，确定商业类国有企业和公益类国有企业的具体范围。

（二）竞争程度衡量

根据理论机制分析可知，如果国有企业不存在预算软约束条件，外资管制放松会使得更多企业加入行业，加大行业内竞争程度，因此本章采用外资管制放松政策衡量竞争程度。

1995年6月，国家计划委员会、国家经济贸易委员会等共同发布了《指导外商投资方向暂行规定》，之后根据该规定制定了《外商投资产业指导目录》，《指导目录》根据所处行业开放程度将外商投资项目划分为鼓励、允许、限制和禁止四类，因此通过《指导目录》的类别划分可以衡量开放程度，进而衡量市场竞争程度。国家计划委员会2002年大幅度调整了《指导目录》，进一步放松外资管制，取消允许类，大部分并入鼓励类，鼓励更多的外资进入。随后分别在2004年、2007年、2011年及2015年修订《指导目录》，将外商投资限制性措施减少至93条，2017年又进一步修订《指导目录》，进一步减少限制性措施至63条。由于2002年《指导目录》调整较大，且本章数据来源于2001—2016年，因此本章通过对比2002年和2011年的《指导目录》中某一行业所处类别是否发生变化，将国有企业所处行业划分为外资开放程度增大行业、外资开放程度减小行业、外资开放程度不变行业三类。

2002年版和2011年版《指导目录》中均包括鼓励外商投资类、限制外商投资类和禁止外商投资类三类，分类相同。具体来看，鼓励外商投资类目中，农、林、牧、渔业类基本没有变化，共11项相同。采矿业中（2002年版《指导目录》为采掘业），2011年版比2002年版减少了2项，共9项相同。制造业包括类目较多，也是两版《指导目录》中相差较大的类目，食品类中，2011年版将2002年版"食品加工业"分为"农副食品加工业""食品制造业"和"饮料制造业"三类，并增加了1项，共6项相同；"烟草加工业"更名为"烟草制品业"，并减少1项，共1项相同；纺织业增加4项；"皮革、皮毛制品业"更名为"皮革、皮毛、羽毛（绒）及其制品业"，并增加高档皮革加工及废物综合利用2项，共2项相同；木材加工等制造业无变化，共2项相同；造纸及纸制品业减少高级纸生产项目1项，共1项相同；石油加工及炼焦业减少2项，共1项相同；"化学原料及化学品制造业"更名为"化学原料及化学制品制造业"并减少6项，共19项相同；医药制造业类减少中药材加工生产等3类，共12项相同；化学纤维制造业增加了2项，共3项相同；塑料制品业无变化，共3项相同；非金属矿物制品业增加建筑垃圾再生利用等14项，共9项相同；删除黑色金属冶炼类目；有色金属冶炼类目减少稀土等2项，共2项相同；金属制品业类增加节镍不锈钢品制造1项，共1项相同；"普通机械制造业"更名为"通用设备制造业"并增加高精度固件制造等15项，共7项相同；专用设备制造业类增加氢能制备、地震台站等36项，共42项相同；交通运输设备制造业类增加游艇设计制造、海洋工程装备等6项，共18项相同；电气机械及器材制造业类增加太阳能空调、高技术绿色电池制造等11项，共4项相同；"电子及通信设备制造业"更名为"通信设备、计算机及其他电子设备制造业"，并增加网络设备开发及制造等3项，共29项相同；仪器仪表及文化、办公用机械制造业类增加电影机械制造等6项，共8项相同；"其他制造业"更名为"工艺品及其他制造业"，并增加废弃电器回收处理等2项，共2项相同；电力、煤气及水的生产及供应业增加1项，共8项相同；"水利管理业"更名为"水利、环境和公共设施管理业"，并增加3项，共1项相同；交通运输、仓储和邮政业增加1项，共13项相同；批发和零售业增加农村连锁配送等2项；取消房地产业；增加租赁和商务服务业6项；取消社会服务业；科学研究、技术服务和地质勘查业增加3项，共12项相同；教育业分为教育和文化、体育娱乐业两类，共增加职业技能培训等3项，共1项相同；卫生体育等社会福利业无变化，共1项相同。

限制外商投资类目中，2011年版农、林、牧、渔业类无变化。采矿业增加2项；制造业中，食品加工业减少1项碳酸饮料生产，增加1项生物液体燃料生产；烟草制造业无变化；取消对于纺织业2项的限制；印刷及复制业无变化；石油加工及炼焦业无变化；化学原料及化学制品制造业增加硼镁铁矿石加工等3项；医药制造业减少注射器等生产1项；化学纤维制造业减少氨纶等1项；取消对于橡胶制品业的1项限制；有色金属冶炼及压延加工业增加2项，原均为鼓励外商投资类；通用设备制造业类减少1项；专用设备制造业减少1项；增设交通运输设备制造业类，增加1项；通信设备制造业无变化；电力、煤气及水的生产和供应业增加了电网建设1项，原属于禁止类。交通运输、仓储和邮政业无变化；批发和零售业减少对外贸易公司等2项；金融业减少外汇经纪1项；房地产行业增加房地产二级市场交易1项；科学研究业增加摄影服务1项；教育、文化业增加大型主题公园建设、娱乐场所经营等4项；取消卫生、体育和社会福利业，减少2项。

禁止外商投资类目中，农、林、牧、渔业类目基本没有变化。采矿业中，增加了"钨、钼、锡、锑、萤石勘查、开采"1项，原属于限制类；制造业中，食品加工业、医药制造业、有色金属冶炼等均无变化；增加电器机械及器材制造业类，增加1项；电力、煤气及水的生产和供应业无变化；空中运输、仓储和邮政业无变化，增加了国内快递业务内容；取消对于金融、保险业的限制；租赁和商务服务业增加社会调查项1项；文化、体育和娱乐业减少录像放映公司等2项；增加科学研究业，增加人体干细胞技术开发、电子地图编制等2项；增加水利、环境和公共设施管理业，增加自然保护区建设、野生动植物资源开发等2项。

总体来看，有228个类目外资开放程度不变，在156个外资开放程度变动行业中，138个类目外资开放程度增大，18个类目外资开放程度减小。

(三) 计量模型设定与变量定义

本章通过对市场竞争进行操作性定义，以《指导目录》的变化情况为指标使得市场竞争可量化，通过构建理论模型、计量模型，探究国有企业高杠杆率的可能成因，探讨市场竞争对于国有企业杠杆率的影响；并基于国有企业分类改革思想，将国有企业分为公益类和商业类，探索不同类别国有企业杠杆率是否存在差异，以及影响因素是否不同、市场竞争对于两类国有企业杠杆率的影响是否有显著差异。基于2002年和2011年《指导目录》调整情况构建双重差分模型，并通过SPSS

软件进行数据分析，具体模型构建如下：

$$Debt_{eit} = \alpha + \beta_1 Treat_i + \beta_2 year + \beta_3 Treat_i \times year + \varepsilon_{eit} \quad (2-6)$$

式（2-6）中，e 代表企业，i 代表企业所处行业，t 代表年份，$Debt_{eit}$ 代表杠杆率；$Treat_i$ 指外资管制放松对行业 i 的影响，若行业的外资开放程度增大则赋值为 1，若行业的外资开放程度不变则赋值为 0。$year$ 代表外资开放程度变化年份，由于 2011 年对《指导目录》进行了修改，因此本章参照 Lu 等的研究处理，将 2011 年以前年份赋值为 0，2011 年以后年份赋值为 1。$Treat_i \times year$ 为对外开放程度变化分组和时间的虚拟变量，ε_{eit} 为随机干扰项，具体包括行业国有企业占比、行业关税税率等。α、β_1、β_2、β_3 为待估计参数，其中 β_3 即双重差分估计量。根据模型讨论市场竞争程度对于国有企业杠杆率是否存在显著影响，并分析影响方向，验证假设。

此外，还需要验证双重差分模型是否适用于该类研究。具体的，通过对中国工业经济数据库中的国有企业样本进行划分，将外资开放程度增大的国有企业组视作处理组，外资开放程度不变的国有企业组视作对照组，外资开放程度缩减的国有企业做剔除处理。对处理组和对照组两组样本的国有企业杠杆率做平行趋势检验，即检验在市场竞争环境变化之前，两组国有企业杠杆率是否存在差异。若在《指导目录》政策实施之前不存在差异，说明可以采用双重差分法进行分析，若在之前就存在差异，则不能排除模型估计得到的结果是由于前期差异变动导致的。具体模型构建如下：

$$Debt_{eit} = \alpha + \beta_{t1} Treat_i + \beta_{t2} year + \beta_{t3} Treat_i \times year + \varepsilon_{eit} \quad (2-7)$$

其中各项指标与双重差分模型中代表的含义一致，β_{t1}、β_{t2}、β_{t3} 为待估计参数。通过分析讨论估计参数进行平行趋势检验。

进一步的，为探讨市场竞争程度对国有企业杠杆率的影响是否与国有企业分类改革背景相关，对商业类国有企业和公益类国有企业的影响方向是否不同，或者影响程度是否存在差异，构建模型如下：

$$Debt_{eit} = \alpha + \theta_1 Treat_i + \theta_2 year + \theta_3 classf_i + \theta_4 Treat_i \times year + \theta_5 Treat_i \times classf_i + \theta_5 year \times classf_i + \theta_6 Treat_i \times year \times classf_i + \varepsilon_{eit} \quad (2-8)$$

其中，$classf_i$ 用以识别国有企业所处类别，若国有企业属于公益类企业，则赋值为 0；若属于商业类企业，则赋值为 1。θ_1、θ_2、θ_3、θ_4、θ_5、θ_6 为待估计参数，其中 θ_6 即为关注的参数，为让待估计参数 θ 无偏，需使 $Treat_i$ 与随机干扰项 ε_{eit} 无关。

通过模型讨论市场竞争程度对国有企业杠杆率的影响，及其对不同类别国有企业杠杆率的影响程度等，还需要对市场竞争环境变化年份与市场竞争程度增大行业进行安慰剂检验，以检验是否有其他难以观测的因素影响市场竞争对国有企业杠杆率的影响结果。具体的，在 2001—2016 年随机抽取年份作为固定年份，依据 2011 年版《指导目录》，随机选取某一行业作为固定行业，抽取相应的国有企业作为处理组，运用双重差分模型进行回归，进行安慰剂检验，分析随机政策对模型估计系数的冲击效应。

三、实证分析

（一）计量结果分析

在双重差分模型中，市场竞争加大对国有企业杠杆率有显著的正向影响，即市场竞争加剧，推高国有企业杠杆率，假设 2 成立。从估计系数上看，市场竞争增大使得国有企业杠杆率平均提高 1.72%，即由于国有企业存在政策性负担和预算软约束，能取得更多政策性补贴和贷款，进而推高企业杠杆率水平（见表 2-10）。

表 2-10 双重差分模型分析结果

模型	B	标准误差	t	显著性
（常量）	57.331	0.611	93.863	0.000
$Treati \times year$	1.716	0.574	2.987	0.003

注：因变量为杠杆率（adj. $R^2 = 0.012$）。

(二) 对不同类别国有企业杠杆率的影响

为探讨市场竞争程度对商业类国有企业和公益类国有企业杠杆率的不同影响，本章根据《关于深化国有企业改革的指导意见》，结合中国工业经济数据库中的行业类目对国有企业进行划分，将保障民生、提供公共产品的国有企业划分为公益类，具体包括电力、热力、燃气及水生产和供应业，文教体育用品制造业，废弃资源和废旧材料回收加工业，交通运输设备制造业等几大类；将其余行业划分至商业类国有企业，进行具体分析。进一步的，对商业类国有企业和公益类国有企业分别进行分析，探讨市场竞争程度变化对其杠杆率的影响，最后对两类国有企业运用双重差分模型进行分析（见表2-11）。

表2-11 不同类别国有企业双重差分模型分析

模型		B	标准误差	t	显著性
	（常量）	53.525	0.845	63.33	0.002
	$Treati \times year \times classfi$	-3.28	0.476	6.911	0.001
商业类	（常量）	60.317	0.614	98.201	0.000
	$Treati \times year$	0.193	0.571	3.378	0.007
公益类	（常量）	47.040	1.35	33.729	0.000
	$Treati \times year$	7.138	1.36	5.129	0.001

注：因变量为杠杆率（adj. R^2 = 0.065；adj. R^2 = 0.017；adj. R^2 = 0.02）。

根据表2-11可知，对于不同类别的国有企业，市场竞争对其杠杆率的影响程度存在显著差异，即市场竞争程度上升对商业类国有企业杠杆率的影响比公益类国有企业低3.28%。可能原因是，《指导目录》修改后竞争性领域企业增多，导致相应行业企业临界生产率提高，且由于《关于深化国有企业改革的指导意见》提出商业类国有企业要增强市场竞争力，因此商业类国有企业将更加注重核心技术研发、产业升级等，以提高生产率，适用行业竞争趋势，所以其杠杆率相较于公益类国有企业上升幅度较小。

随着市场竞争程度加大，商业类国有企业杠杆率平均上升0.19%，公益类国有企业杠杆率平均上升7.14%，即当公益类国有企业平均杠杆率为47.04%时，市场竞争程度加大对其杠杆率的影响程度达到15.18%（7.14%/47.04%）。公益类国有企业杠杆率上升程度明显高于商业类国有企业（约7%）。可能原因为，随着外资进入，市场开放程度增大，国有企业由于预算软约束和政策性负担，获得的补贴和资金明显增多，因此杠杆率上升。但由于实行分类改革，不同类别国有企业的改革方向与发展方向不同，公益类国有企业更多承担提供公共物品及公共服务的职能，在市场竞争程度扩大时，国有企业难以达到相应的生产率需求，为了保证市场稳定，需要给公益性国有企业更多的资金，帮助其进行创新性改造，提高生产率。然而，商业类国有企业通过混合所有制改革、融资等形式满足了资金需求，促进创新和技术改造，且随着时间推移，商业类国有企业杠杆率会呈现稳定态势。故而，在市场竞争程度加大时，公益类国有企业杠杆率明显增高，且增速快于商业类国有企业，假设3成立。

（三）平行趋势检验

为了避免国有企业杠杆率在《指导目录》修改前，即市场竞争程度变化前便存在显著差异，本章对国有企业杠杆率进行了平行趋势检验，选取2011年修订版《指导目录》发布前的国有企业杠杆率数据进行分析。由于《指导目录》于2011年12月发布，因此也将2011年当年纳入分析范围。进一步的，本章对商业类国有企业和公益类国有企业进行平行趋势检验，探究市场竞争程度变化前不同类别国有企业杠杆率的变化趋势。

根据表2-12可知，在平行趋势检验中，t值为1.310，远小于1.69，即国有企业杠杆率不随时间变动发生变化，排除时间因素对杠杆率的影响。由此可知，双重差分模型适用于讨论市场竞争与国有企业杠杆率之间的关系。具体来看，针对商业类国有企业，t值为0.338；针对公益类国有企业，t值为1.368，均小于1.69，结果不显著。因此，无论对于商业类国有企业还是公益类国有企业，其杠杆率均不会随着时间的变化而发生变化，即双重差分模型适用于讨论市场竞争与不同类别国有企业杠杆率之间的关系。

表2-12　平行趋势检验结果

模型		B	标准误差	t	显著性
	（常量）	58.477	0.439	133.056	0.000
	$Treati \times year$	1.424	1.087	1.310	0.190
商业类	（常量）	60.318	0.614	98.201	0.000
	$Treati \times year$	0.193	0.571	0.338	0.736
公益类	（常量）	47.039	1.395	33.729	0.003
	$Treati \times year$	7.138	5.219	1.368	0.596

注：因变量为杠杆率（adj. R^2 = 0.031；adj. R^2 = 0.012；adj. R^2 = 0.174）。

（四）安慰剂检验

为了检验市场竞争效应对于国有企业杠杆率的影响是否还与其他因素相关，本章对《指导目录》修改年份与市场竞争程度增大行业进行安慰剂检验。具体的，在2002—2011年随机抽取一年作为市场竞争程度变化年份，并进行回归，得到估计系数。

根据表2-13可知，在安慰剂检验中，估计系数为3.343，t值为1.060，不能拒绝安慰剂检验系数为0的假设，即通过安慰剂效应回归模型估计的系数与双重差分模型显著不同，因此可以排除市场竞争程度以外的因素对国有企业杠杆率、不同类别国有企业杠杆率的影响效应。可以认为双重差分模型中探讨的国有企业杠杆率变化是由于市场竞争效应变化引起的。

表2-13　安慰剂检验结果

模型	B	标准误差	t	显著性
（常量）	59.303	2.114	28.046	0.000
$Treati \times year$	3.343	3.152	1.060	0.296

注：因变量为杠杆率（adj. R^2 = 0.003）。

四、结果讨论

根据上述分析可以发现,由于外商投资环境变化引起的市场竞争程度增大对国有企业杠杆率有正向影响,且对于商业类国有企业和公益类国有企业杠杆率的影响趋势不同。市场竞争程度加大对公益类国有企业杠杆率影响明显大于商业类国有企业。

(1)外商投资环境变化导致市场竞争程度明显增大,即假设1成立。

通过对比2002年版和2011年版《外商投资产业指导目录》,分析鼓励外商投资类、限制外商投资类和禁止外商投资类三大类的差别,发现共有228个类目外资开放程度不变,156个类目外资开放程度存在变动,其中有138个类目外资开放程度增大,18个类目外资开放程度减小。总体来看,更多行业对外开放程度增大,更多外商进入市场,外商投资范围扩大,竞争效应使得外资大量进入国内市场,导致国内市场竞争加剧,国内企业市场占有量减少,利润降低,市场集中度下降;反竞争效应使得外资企业扩大优势,提升其在国内的竞争优势,行业占有率提高,市场集中度增高。外资进入能够大大提高产业结构升级速度,促使本土产业结构由劳动密集型转向资本、技术密集型,推动高新技术的发展,加快了本土产业转型的速度,优化了制造业产业结构。外资进入引起的正向技术溢出效应使得本土企业通过雇用外资企业的熟练工人,提高技术和资源的使用效率,提高自身劳动生产率;外资进入引起的负向技术挤出效应使得外资企业为了提高市场占有率,进行知识产权保护,导致本土企业生存环境更为严峻,市场竞争趋于激烈。

(2)市场竞争程度与国有企业杠杆率存在正相关关系,即假设2成立。市场竞争加剧使得国有企业杠杆率平均提高1.72%。

当特定行业外资管制放松时,更多外商投资进入,行业内企业数量增多,市场竞争加剧,企业单位生产利润降低。如果不存在预算软约束,外商管制越严格,企业生产的临界盈利水平越低;反之,外商管制越放松，企业生产的临界盈利水平越高，产能不佳、效率低的企业就会被市场淘汰。然而，由于国有企业承担着稳定就业、保障经济增长等政策性负担，因此国有企业存在预算软约束，即当国有企业存在经营困难时，能够获得补贴，以维持正常运营。故而，随着市场竞争程度的加大，市场对国有企业生产率的要求提高，因此国有企业会通过扩大负债提高技术改造、科研创新的比重，使得杠杆率水平增高；且由于国有企业存在政策性负担和预算软约束，能取得更多政策性补贴和贷款，获得贷款的利率低于市场利率，会扩大国有企业的贷款需求，进一步推高国有企业杠杆率。但随着市场竞争程度趋于稳定，生产力水平提高，"僵尸企业"的市场出清，产能优胜劣汰工作的推动，倒逼国有企业提高生产率，国有企业市场竞争优势增大，杠杆率上升趋势会被抑制。

（3）市场竞争程度加大对公益类国有企业杠杆率的影响程度大于商业类国有企业，即假设3成立。市场竞争程度上升对商业类国有企业杠杆率的影响比公益类国有企业低3.28%，且随着市场竞争程度加大，商业类国有企业杠杆率平均提高0.19%；公益类国有企业杠杆率平均提高7.14%。

依据《关于深化国有企业改革的指导意见》，商业类国有企业要进行混合所有制改革，提高市场竞争力，以管资本为主，公益类国有企业要做好公共物品和公共服务的质量保证，当外商的管制放松引起行业内企业数量增多时，市场竞争加大，对国有企业的生产率水平提高要求，竞争性领域企业增多，迫使国有企业通过技术改造等形式提高生产率水平。商业类国有企业受到的外资冲击更大，为了应对市场挑战，需要加快技术创新、提高生产率，其受到的预算软约束也更小，因此负债率会逐渐趋于稳定，市场竞争程度对于杠杆率水平的影响也更小。公益类国有企业由于其主营业务大都处于与民生息息相关的领域，所处行业市场竞争程度不激烈，在外资进入、市场竞争扩大的情况下，对其生产率水平的要求提高，对边界盈利能力的要求也提高，然而由于政策性负担作用，出于保运转、保基本民生考虑，银行贷款、补贴等仍会向公益类国有企业倾斜，以确保其能够正常提供公共产品和公共服务，其技术改造、提高生产率的压力略小。因此公益类国有企业会通过获得预算软约束，以低于市场利率的水平获取资金，进一步推高杠杆率，其杠杆率变化水平受市场竞争变化情况的影响较商业类国有企业更大。因此，随着市场竞争程度的加剧，商业类国有企业会由于生产力提高，生产效益变好，生产利润增加，市场竞争优势增强，杠杆率也趋于稳定，要稳定商业类国有企业杠杆率需要保持良好的营商环境，确保市场竞争有序；公益类国有企业则由于政策性负担等导致杠杆率仍处于较高水平，要稳定杠杆率需要探索更合理的资金监管机制。

该结论可帮助我们更好地理解市场竞争与国有企业杠杆率之间的关系，也有助于理解商业类国有企业和公益类国有企业的差别，以及对市场竞争程度变化的响应程度。依据该结论，不同类别国有企业对市场竞争程度变化的响应存在较大差别，商业类国有企业的改革方向、监管模式等与公益类国有企业存在显著不同，因此，在稳定企业杠杆率的机制方面，也需要考虑市场竞争程度变化对其的影响，并结合改革目标、改革方式及监管模式等提出更有针对性的政策建议。此外，由于各地国有企业杠杆率存在显著差别，市场竞争程度变化对企业杠杆率的影响是否不同也值得进一步探讨。

第五节 研究结论与展望

一、基于区域分类讨论

尽管外资参与程度和市场竞争程度不断加大，会推高国有企业杠杆率，但中国地区间发展较为不平衡，各地区市场开放水平不同，市场竞争程度不同，外资企业活跃程度也不同，外资进入主要集中于东部地区，而中西部地区外资企业相对较少，因此有必要进行区域分类，探讨市场竞争对不同地区国有企业杠杆率的影响程度。本章针对国有企业进行区域分类，探讨市场竞争程度对不同区域国有企业杠杆率的影响。

根据表2-14可以发现，市场竞争程度加大对不同区域国有企业杠杆率的影响不同，除西北地区影响不显著外，其他几大区域市场竞争加剧均会推高当地国有企业杠杆率水平。原因为，西北地区较为偏远，外资投入水平不高，即使放开外商投资管控，当地市场竞争程度变化也不大，因此对国有企业杠杆率没有显著影响。

表2-14 分区域讨论结果

区域	模型	B	标准误差	t	显著性
华北	（常量）	56.867	1.127	50.417	0.000
	$Treat \times year$	5.391	2.017	2.672	0.018
东北	（常量）	59.646	0.524	113.867	0.000
	$Treat_i \times year$	3.652	0.937	3.900	0.002
华东	（常量）	57.139	0.397	144.086	0.000
	$Treat_i \times year$	2.087	0.709	2.941	0.011
中南	（常量）	60.085	0.516	116.420	0.000
	$Treat_i \times year$	1.570	0.923	1.701	0.011
西南	（常量）	61.069	0.461	132.583	0.000
	$Treat_i \times year$	4.339	0.824	5.267	0.000
西北	（常量）	60.051	0.782	76.836	0.000
	$Treat \times year$	1.873	1.398	1.340	0.202

对其他五大区域来说，随着市场竞争程度增大，外商投资水平提高，行业竞争力加大，对国有企业杠杆率均有显著影响。五大区域中，市场竞争变化对华北地区国有企业杠杆率水平影响最大，变化系数为5.391，即随着市场竞争程度变大，华北地区国有企业杠杆率平均上升5.391%；西南地区其次，变化系数为4.339，即随着市场竞争程度变大，西南地区国有企业杠杆率平均上升4.339%；对中南地区和华东地区影响程度较小，变化系数分别为1.570和2.087，即随着市场竞争程

度变大，中南地区国有企业杠杆率平均上升1.570%，华东地区国有企业杠杆率平均上升2.087%。可能原因为，《指导目录》修改后，市场竞争程度加大，外资进入使得国有企业杠杆率提高，但由于华东、中南等地区原有市场竞争程度较其他地区更大，企业已经通过技术改造、升级等提高生产率和盈利能力，企业杠杆率水平逐渐趋于稳定。《指导目录》再次放松后，尽管市场竞争加剧，但对于该地区国有企业的冲击仍小于其他地区，因此华东、中南等地区国有企业杠杆率变动程度也较低。所以，在进行国有企业改革时，不仅要考虑分类进行，也要考虑根据不同区域国有企业的特点分区域推进。

二、国有企业稳杠杆机制

国有企业杠杆率受市场竞争程度影响，且商业类和公益类国有企业受影响的程度不同，不同区域受影响的程度也不同，要稳定国有企业杠杆率，需要分类、分区域讨论。

（1）针对商业类国有企业，由于市场竞争程度扩大会减缓其杠杆率上升的趋势，且随着外资涌入，市场竞争程度加剧，其杠杆率会逐渐趋于稳定。因此，需要加快对商业类国有企业的市场化改革进程，实施公司股份制改革制度，实现股权多元化，加快其技术改造，发展优势产业，提高生产率和市场竞争力，做好国有资本的监管工作，加强公司层面的监管，加强对于经营业绩的考核，剪断商业类国有企业的预算软约束，切实提高市场竞争力。营造更加公平开放的营商环境，加快破除对民营企业、外商投资企业的不合理限制，加快对有违内外资企业一视同仁政策措施的应废尽废，加快建立对政策措施、文件的公平竞争审查制度，全面落实市场准入负面清单制度，进一步缩减竞争领域的负面清单，促使竞争性领域市场更加开放，市场竞争程度更大。

（2）针对公益类国有企业，由于市场竞争对其杠杆率的影响趋势较为明显，要加快公益类国有企业改革，鼓励采取国有独资形式，严格限定主营业务范围，切实保障公共物品和公共服务提供，做好国家安全保障工作，减轻市场竞争程度加大对公益类国有企业的冲击。严格监管公共物品提供质量和效率，重点考核服务水平，引入投诉举报、第三方评估机制，倒逼公益类国有企业提升服务能力和水平，提供更加优质的公共产品。完善国有企业研发投入税费抵扣政策，鼓励加强技术改造和技术创新，减弱预算软约束的影响，提高生产水平和盈利能力，稳定杠杆率水平。

（3）不同区域的国有企业杠杆率不同，且对于市场竞争程度变化的反应不同。华北、东北、西南等地区受市场竞争程度加大的冲击影响较大，要加强对外商投资的监管，破除对外资企业的各类限制，防止限制竞争行为，避免地区保护主义，营造更加公平开放的企业经营环境，促进国有企业转型升级。华东、中南等地区受市场竞争程度变化的影响较弱，要进一步完善市场准入负面清单制度，打破行业壁垒，鼓励国有企业加大创新科技研发投入，鼓励国有企业加大对新能源汽车、新材料等新兴产业的投入，加快转型升级，将负债率维持在合理水平。西北地区要进一步加大对外开放水平，吸引外资进入竞争领域行业，建立完善国有企业债转股机制，盘活国有资产。

三、局限性与展望

本章通过构建双重差分模型，以现代资本结构的权衡理论为理论基础，以 Christiano 的理论框架为模型，以 2001—2016 年中国工业经济数据库中的年度数据为数据来源，通过比对 2002 年和 2011 年修改版《指导目录》，分析不同产业类别允许外商投资变化情况，衡量特定行业市场竞争水平，探讨市场竞争对国有企业杠杆率的影响。结合国有企业分类改革视角，将国有企业划分为商业类和公益类两类，采用模型分析探索市场竞争是否是国有企业杠杆率的影响因素，及其对商业类和公益类国有企业的影响是否存在显著差异。进行平行趋势检验和安慰剂检验，提高分析的可信度，并就市场竞争对国有企业杠杆率的影响进行分区域讨论。

尽管本章分类、分区域就市场竞争对国有企业杠杆率的影响展开探讨，但未分区域对商业类和公益类国有企业的影响机制展开更为细致的讨论，也未对地方国有企业和中央企业的运营模式、行业类别等展开细致讨论，未考虑市场竞争对地方国有企业、中央企业杠杆率的影响差别。由于《外商投资产业指导目录》在2017年进行了修订，本章将其行业调整情况作为市场竞争的衡量方式，实际上，关税调整、贸易自由度、《优化营商环境条例》等宏观因素均能在一定程度上影响市场竞争程度，民营资本进入也会影响市场竞争程度，这些都有待下一步研究。此外，本章主要采用实证方法探讨市场竞争对国有企业杠杆率的影响，并就影响机制展开一定分析，但未通过模型证实在市场竞争程度加剧的情况下，预算软约束、政策性补贴、技术创新等对国有企业杠杆率的影响路径，具体路径有待继续分析讨论。

第三章 基于金融科技的杠杆约束

金融科技是科技创新与金融创新在交互作用下不断融合成的一个新研究领域，融资约束会影响企业的投资行为，提高金融科技水平可以抑制企业的投资不足。本章构建了更全面的金融科技指数，采用现金—现金流敏感性检验模型分析了我国企业普遍存在的融资约束，实证分析了金融科技对企业投资不足的抑制作用，发现金融科技发展水平越高，越能够有效缓解企业面临的融资约束，对企业投资不足的抑制作用越大。通过构建中介效应检验模型，发现了融资约束在金融科技影响企业投资不足中的路径作用。

在我国金融领域改革逐步推进、金融资源有效配置的过程中，金融科技成为金融业转型升级的新引擎和提高金融服务实体经济能力的关键制度选择。同时，金融科技涉及金融服务供需主体和传统金融机构等多个交叉的市场主体，为资源合理配置提供了保证，这可以解决我国实体经济发展中存在的"脱实向虚""重虚轻实"问题，提高金融服务实体经济发展的能力，政府需要对其发展进行资金和政策上的合理引导和监管。因此，打造金融科技融资新生态、构建金融科技的信息共享平台和重塑金融科技创新监管体系刻不容缓。

第一节 绪论

一、科技创新与金融创新系统要素的有效匹配与互动耦合

从全球经济发展的历程来看，一个国家经济增长的动力主要源于科技创新与金融创新及两大创新系统要素的有效匹配与互动耦合。科技创

新与金融创新在交互作用下不断融合成一个新研究领域，即金融科技。中国人民银行在其发布的《金融科技发展规划（2019—2021年）》中强调金融科技应发展赋能作用，提高金融行业服务的质量与效率，推动实体经济保持健康可持续的发展态势。金融科技的持续升温，是因为其可以助推传统金融业降低风险、提高金融效率，从而提升经济增长质量和效益。

企业要利用融资资金选择投资项目、设定投资规模，达到最优投资水平的决策点。可见，投资对经济质量和效益的推动，是以有效率投资作为前提的，在我国的非效率投资中，投资不足与投资过度比较常见。从微观层面，从企业的角度来看，抑制企业投资不足行为是供给侧结构性改革的内容之一。

目前，我国正处于经济转型时期，微观层面上对企业投资不足的抑制可助推实体经济的发展。然而我国企业发展却面临着严重的融资约束问题，大量非国有企业、小微企业融资需求大，但却几乎被排除在基础金融服务体系之外。中小企业数量庞大，是我国市场经济的主要参与者，但是其高经济贡献率与低金融支持率的矛盾一直存在。随着金融科技的快速普及，各大金融科技平台相继推出个性化金融产品、灵活化金融服务手段，以及综合化金融服务和便捷化金融服务等，积极向企业提供贷款。企业可以缓解自身的融资约束问题，抑制投资不足。金融科技的持续升温，可助推传统金融业降低风险、提高金融效率。

在我国金融科技持续升温的背景下，本章主要探讨金融科技对企业融资约束和投资不足的影响作用，并通过构建中介效应检验模型，发现了金融科技对企业投资不足的传导机制。

二、基于金融科技的融资与投资研究的价值

针对金融科技、融资约束、企业投资不足影响的研究包括理论参考和现实指导两个方面。理论参考方面，目前大多数文献分析金融科技的内涵逻辑、运行模型，或是对金融科技效率、绩效进行研究，或是立足

于金融科技与企业创新、全要素生产率或者宏观经济增长的关系研究，较少研究金融科技与企业融资约束、投资不足之间的关系。从融资约束、企业投资不足的角度来看，大量文献考察了会计稳健性、信息透明度、管理者能力、超额现金持有、产业政策等对融资约束和企业投资不足的影响。本章创新性地将金融科技、融资约束、企业投资不足结合在一起，探讨金融科技对企业融资约束与投资不足的影响，发现了金融科技对企业投资不足的传导机制，拓宽了理论框架，具有重要的理论参考价值。首先，沿用零壹财经对金融科技指数的构建方法并加以相应的调整，下设三个指标，为金融科技发展研究提供了较为全面的指标体系。其次，发现了金融科技对融资约束的缓解作用。最后，通过构建中介效应检验模型发现了金融科技对企业投资不足的传导机制。

现实指导方面，2013年至今，我国金融科技创新革命的生命周期处于爆发阶段，而金融科技本身所具备的巨大潜力能深刻变革现有的金融业格局。金融科技是涵盖数字化创新和技术驱动的商业驱动模式。这些创新在给金融业带来颠覆性改变的同时，也带来相应的技术风险、更强的系统风险和监管风险等，本章的研究有助于企业基于自身情况合理规划融资方案，有助于监管者把控金融科技发展的规律，从金融监管体系的角度，转变现有的金融监管思路，为我国企业的持续发展营造健康的金融环境。最后，由于信息不对称现象、委托—代理成本及外部交易成本，我国企业大部分都存在投资不足的问题。对于如何抓住金融科技发展的契机，缓解企业面临的融资约束问题，抑制企业投资不足，本章具有参考性意义。

三、国内外相关文献成果借鉴

（一）金融科技的相关文献成果

国内外学者对金融科技的探讨主要集中在本质特征、指数测算、功能价值及风险与监管等方面。

1. 金融科技本质特征

巴曙松等（2016）认为，金融科技是将科学技术应用于金融行业，服务于普罗大众，降低行业成本，提高行业效率的技术手段。国际证监会组织将金融科技认定为商业模式和技术的创新。皮天雷等（2018）认为，金融科技包含众多的新兴科技，并且可以给金融行业带来金融创新。

2. 金融科技指数测算

第一类由上市金融科技公司的股价指数来衡量。包括以深交所上市的与金融科技相关的企业为样本反映的香蜜湖金融科技指数和包含49家科技金融公司的纳斯达克金融科技指数。第二类采用指数构建法来衡量。北京大学互联网金融研究中心课题组将互联网金融划分为六大板块，分别构建业务广度和业务深度指数，最后综合合成互联网金融指数。刘园等（2018）采用因子分析法搜集金融科技相关热词，构建了我国的金融科技指数。谢姗姗（2018）在《我国金融科技的就业效应研究》一文中利用三级指标综合测算金融科技指数，一级指标分别为金融业务流程创新、金融产品创新、金融模式创新和金融创新环境。金融业务流程创新的下属指标为投资方式的创新和融资方式的突破；金融产品创新的下属指标为银行金融产品创新和保险业务创新；金融模式创新的下属指标为金融机构市场化改革和金融机构专业化程度；金融创新环境的下属指标为新型金融机构数量、地区创新物质条件和金融信息扩散程度。乔海曙等（2019）在《金融科技发展动力指数研究》一文中测算了金融科技综合动力指数。

3. 金融科技功能价值

Ma和Liu（2017）指出，金融科技会影响金融支付、融资、贷款、投资、金融服务及货币运行。粟勤和魏星（2017）从金融科技的包容效应角度出发，研究发现金融科技可以有效扩大金融服务覆盖率。李杨和程斌琪（2018）通过研究发现金融科技驱动了中国的经济增长。谢治春等（2018）利用案例分析法，设计了两个维度对样本银行进行分析，发现了金融科技影响下的不同商业银行的数字化战略转型之路。邱晗等（2018）通过探讨金融科技发展对银行行为的影响，发现金融科技的发展改变了负债端结构。庄雷（2019）采用行为博弈和信用行为模型，发现金融科技可以利用其区块链技术打造新的数字信用共治模式和现代信用体系。王栋和赵志宏（2019）研究发现金融科技的发展提升了创新研发效率和创新成果转化率。唐松等（2019）利用空间面板杜宾模型对 31 个省（自治区、直辖市）的面板数据进行实证检验，研究发现金融科技借助技术优势，以及衍生的新业务和新业态助力全要素生产力的提高。姜增明等（2019）研究发现金融科技利用其先进的技术优势为商业银行风险管理带来了新的解决手段。赵成国等（2019）研究发现在金融科技的大背景下，供应链金融的生态门槛标准降低、分工合作加强、创新协同提升和共生边界系统拓宽。汪可（2019）研究发现金融科技与商业银行风险承担之间的关系呈 U 型趋势。刘孟飞和蒋维（2020）研究发现金融科技发展促进了中国银行业盈利能力的提高，但是阻碍了其成本效率的提高。张斌彬等（2020）研究发现，金融科技的发展能够抑制企业的杠杆率水平，而且这种抑制作用在高杠杆企业中更为显著。金宏飞等（2020）分析发现大银行利用金融科技增加了对中小企业的贷款，提升自身风险水平的同时对中小银行产生了挤出效应。保健云（2020）认为，金融科技尤其是区块链技术加快了法定数字货币的研发，推动了人民币国际化的进程。Hasan 等（2020）从地区差异和包容性角度出发，认为金融科技可以助力我国普惠金融的发展。

4. 金融科技风险与监管

金融科技风险方面，李文红和蒋则沈（2017）认为，金融科技会挑战传统银行的盈利能力，增加操作风险和整体风险水平。孙国峰（2017）认为，金融科技加强了传统金融的脱媒风险、金融系统性风险和技术风险，同时数据的不恰当使用导致信息安全风险。Demertzis（2017）认为，金融科技会利用大数据、云计算、智能算法支持的新商业模式对金融中介机构造成巨大的冲击，降低成本并且有潜力改善消费者体验，政策制定者需要考虑追求什么样的监管框架。谢姗姗（2018）

认为，金融科技会促进系统性金融风险的产生，金融监管会降低系统性风险水平。Tomiσ（2019）认为，金融科技公司的存在会对现有金融机构的传统商业模式造成破坏。同时，金融服务的数字化还涉及一些风险，如新产品可能会有复杂性、不透明性、难以理解性和风险性，使消费者承担合同前信息义务，金融科技公司也存在相关的复杂监管问题。此外，金融科技在网络安全、消费者保护和隐私方面也面临挑战。方意等（2020）利用加速器机制和反馈机制，从互联网借贷业务、人工智能业务和数字货币三个视角对金融科技业务和技术两个层面进行金融科技风险分析。研究结果表明，P2P业务会对传统金融领域造成风险溢出，人工智能技术只能对外生风险进行审慎监管，私人数字货币容易形成资产价格泡沫。谷政等（2020）认为，金融科技有利于提升金融风险管理的针对性。

金融科技监管方面，Treleaven（2015）考察了英国金融行为监管局的做法，认为监管机构应该利用大数据方法创立金融科技监管的开源平台，实现行业报告的标准化及建立一个具有前瞻性的国际监管标准机构。罗福周等（2018）针对我国金融科技的发展背景提出构建金融科技信息共享平台、完善金融科技融资渠道、完善金融科技服务体系和培养高端金融科技人才四项金融科技发展措施。李杨和程斌琪（2018）认为，可以从传播"一带一路"金融合作发展新理念和推动形成金融外交新格局入手发展我国的金融科技。杨东（2018）认为，在传统的金融监管之外，需要构建依靠大数据、人工智能、区块链等技术的科技监管体系，从而创新监管方式，维护金融稳定。刘继兵和李舒谭（2018）对比分析了我国金融科技的纵向发展与横向发展，认为可以从顺应消费者个性化需求、建立金融科技柔性监管体系、加大科技投入力度、推动金融市场创新改革四个方面推动中国金融科技的发展。李有星和王琳（2019）从行政监管层面和自我监管层面，认为应该借助"监管沙盒"并建立"吹哨人"机制来规范我国金融科技的合理监管路径。徐晓莉和杜青雨（2019）借鉴国外的金融科技监管经验，提出我国应引入协同监管机制、创新监管方式、重视金融科技企业的自我发展。唐潜宁（2019）从社会可接受视角对我国金融科技的功能进行重新定位，认为金融科技发展路径要从加强顶层设计路径、构建创新导向与氛围、差异化金融科技创新、重塑金融科技创新监管四个维度发力。

（二）金融科技与融资约束的相关文献成果

Dong He 等（2017）指出金融科技公司有潜力改善已经存在的成本结构，提供具有信任性、稳定性、安全性和透明性的金融科技创新服务与产品。Douglas 等（2020）认为可以利用金融科技建立数字身份、简化的开户、电子 KYC 系统和可互操作电子系统，以支持更广泛的融资和投资渠道。

国内大部分文献是从互联网金融角度对企业的融资约束问题进行考察的。吴俊霖（2017）考察了互联网金融对中小企业融资约束的影响，发现互联网金融的发展可以有效缓解中小企业融资约束问题。魏成龙等（2019）讨论了区块链技术对供应链金融的重塑作用，认为加入区块链技术的供应链金融降低了手工操作的烦琐程度，极大地提升了交易效率，将核心企业的信用渗透到各级供应商和分销商，打破信息孤岛的局面，覆盖了更多长尾端用户。Andreas 和 Matthew（2019）讨论了金融科技在抵押借贷行业中扮演的角色，研究发现金融科技可以在不增加贷款风险的情况下更快地处理抵押贷款，对需求冲击做出更灵活的反应。陈文琪（2018）使用 VECM 模型论证了金融科技有效解决了企业的融资困难。李春涛等（2020）在研究金融科技促进企业创新时，发现其中的一条渠道为金融科技对企业融资约束的缓解。

（三）金融科技与投资不足的相关文献成果

Kankariya（2019）通过对印度境内的投资行为进行调查，认识到机器人咨询的重要性及零售客户投资行为趋势模式的变化，分析发现数字咨询已经取代了传统的咨询做法及典型的纸质记录，进一步改变了投资的情况。Palladino（2019）认为，利用创新的金融科技——区块链技术建立一个公共投资平台和一个公共投资账户，可以使人们普遍获得投资机会，促进新的财富机会和资本市场内权利的再平衡。

国内有关金融科技与投资不足的文献很少，有少数几篇文章研究了金融科技与投资效率之间的关系。刘园等（2018）认为，金融科技与企业投资效率呈 U 型关系，在发展初期降低企业投资效率，在加以相应的监管后有助于企业投资效率和风险承担水平的提升。庄雷和王烨（2019）认为，金融科技创新引导了消费升级与产业升级，并带来投资的多元化及投资效率的提高。通过金融科技对实体经济增长的实证分析，发现金融科技对三大产业的影响均显著，尤其是对第二产业（以制造业为核心的实体经济）影响最大。

（四）融资约束与投资不足的相关文献成果

Jaffee 和 Russel（1976）提出债权人急于控制信息劣势带来的风险，导致企业的融资成本上升，引发投资不足。Stiglitz 和 Weiss（1981）从信贷配给现象进行分析，认为即使企业有充足的资金，也可能出现投资不足。Fazzari 等（1988）发现融资约束使投资—现金流敏感性与企业投资呈现正相关关系。连玉君和程建（2009）研究发现，融资约束越大，上市公司投资水平就越低。李红和谢娟娟（2018）基于融资约束这一假定，实证研究了金融发展与投资效率有显著的正相关关系。也有研究从不同角度对投资不足进行分析，从股东—债权人冲突角度研究投资不足，Jensen（1986）提出存在资产替代的情况下，由于股东所承担的责任有限，其有强烈的动机将筹集的资金用于高风险、高收益的项目。此时债权人会进行信贷配给或者要求更高的风险回报以限制股东进行投资行为，导致企业出现投资不足。童盼和陆正飞（2005）研究发现股东与债权人之间的冲突会引发投资不足问题。从管理者代理问题角度研究投资不足，Holmstrom 和 Weiss（1985）认为，企业经理人的努力付出往往难以被量化，而投资结果又会受到一些客观因素的影响，企业经理人可能为了规避风险而放弃投资项目，引发投资不足。Aggarwal 和 Samwick（2006）认为，投资项目会增加管理者的私人成本，因此管理者自身成本过高也有可能导致投资不足。从控股股东代理问题角度研究投资不足，

John 和 Nachman（1985）认为对于控股股东来说，公司的留存收益若用于投资项目，利益为所有股东共享远远不如将留存收益用于为自己谋福利，这会引起投资不足。周春梅（2011）实证研究发现，控股股东存在将资源转移至母公司或者其他关联方的行为，造成用于投资项目的资金减少，引发投资不足。窦炜等（2011）研究证实控股大股东与投资不足扭曲程度之间呈正相关关系。从信息不对称角度研究投资不足，Vogt（1994）指出企业如果因为信息不对称受到融资约束问题的影响，很可能发生投资不足。张功富和宋献中（2009）以我国301家工业类上市公司为研究样本，研究发现由于存在信息不对称现象，大多数公司的实际投资水平只有最优投资水平的46.31%，即存在投资不足现象。

（五）相关文献成果借鉴

从已有文献梳理来看，大多数学者对金融科技的研究集中在企业创新与企业全要素生产率，对金融科技与融资约束之间的研究较少，且大部分是对互联网金融与融资约束之间的关系研究。仅有一篇文章考虑了金融科技与实体企业投资效率之间的关系，但是没有文献考虑金融科技与投资不足两者之间的关系及传导机制。

基于以上分析，下文借鉴现有研究，利用因子分析法，同时对零壹财经金融科技指数的编制方法加以相应的改进与调整，进而构建金融科技指数，考察了金融科技对企业融资约束的影响作用。同时基于理查森投资效率模型并构建中介效应检验模型，实证检验金融科技与企业投资不足的关系及传导机制，最后提出相关政策建议。

四、研究内容、方法与创新

（一）研究内容

本章从金融科技的视角出发研究其如何影响企业融资约束、投资不足及其影响投资不足的传导机制。

第一，阐述和介绍了研究背景、研究意义、研究内容、研究方法及研究思路，同时回顾了国内外的相关文献和研究现状，绘制了框架图。

第二，理论基础与研究假设。通过融资理论、投资理论及金融相关理论阐述了三个方面的问题，即融资行为与企业投资行为不可分离、融资约束会使企业偏离最优投资水平及金融科技会作用于企业的融资约束。在理论分析的基础上，提出了金融科技影响融资约束和投资不足的作用机制，以及融资约束作为中介的作用机制，根据作用机制提出了相应的研究假设。

第三，金融科技指数的测算方法。为了反映研究期间金融科技发展的具体情况，同时考虑到数据的可得性，沿用零壹财经金融科技的指数测算方式和思路并做出了相应的完善和调整。金融科技指标下设三个一级指标，分别为金融科技投融资指数、金融科技社会认知指数与金融科技社会产出指数，采用文本发掘法和因子分析法，综合合成金融科技指数。

第四，实证研究设计。利用现金—现金流敏感性检验模型检验金融科技对融资约束的影响。利用理查森投资效率模型检验金融科技对企业投资不足的影响。通过构建中介效应检验模型检验融资约束的路径作用。

第五，实证结果分析。通过对各个变量进行描述性统计分析、相关性检验及回归结果分析，发现了金融科技对融资约束的缓解作用、金融科技对投资不足的抑制作用及融资约束在金融科技影响企业投资不足中起到的路径作用，验证了本章提出的研究假设。

第六，研究结论与政策建议。本部分内容阐述了本书的主要研究结论，并从打造金融科技融资新生态、构建金融科技信息共享平台、重塑金融科技创新监管体系三个方面提出了相应的政策建议。

(二) 研究方法

本章主要采用了规范分析、实证分析和比较分析等研究方法，还参考了因子分析、相关性等分析方法。规范研究方法方面，通过阅读大量文献，梳理金融科技、投融资相关经典理论，依据理论推导和逻辑推理提出研究假设，为进一步探寻金融科技对融资约束的影响作用及金融科技对企业投资不足的传导机制奠定了理论基础。数理实证研究可以有效地固定影响因素，从本质上把握复杂社会经济问题的内在关系。

本章首先利用因子分析法构建了金融科技发展指数，然后通过相关数据的整理和分析，借助 STATA15.0 统计分析软件构建面板数据，对描述性统计分析、相关性分析、多元回归分析进行了实证分析。

（三）框架图

本研究的逻辑思路为金融科技—融资约束—投资不足。基于以上逻辑思路，本章研究的框架如图 3-1 所示。

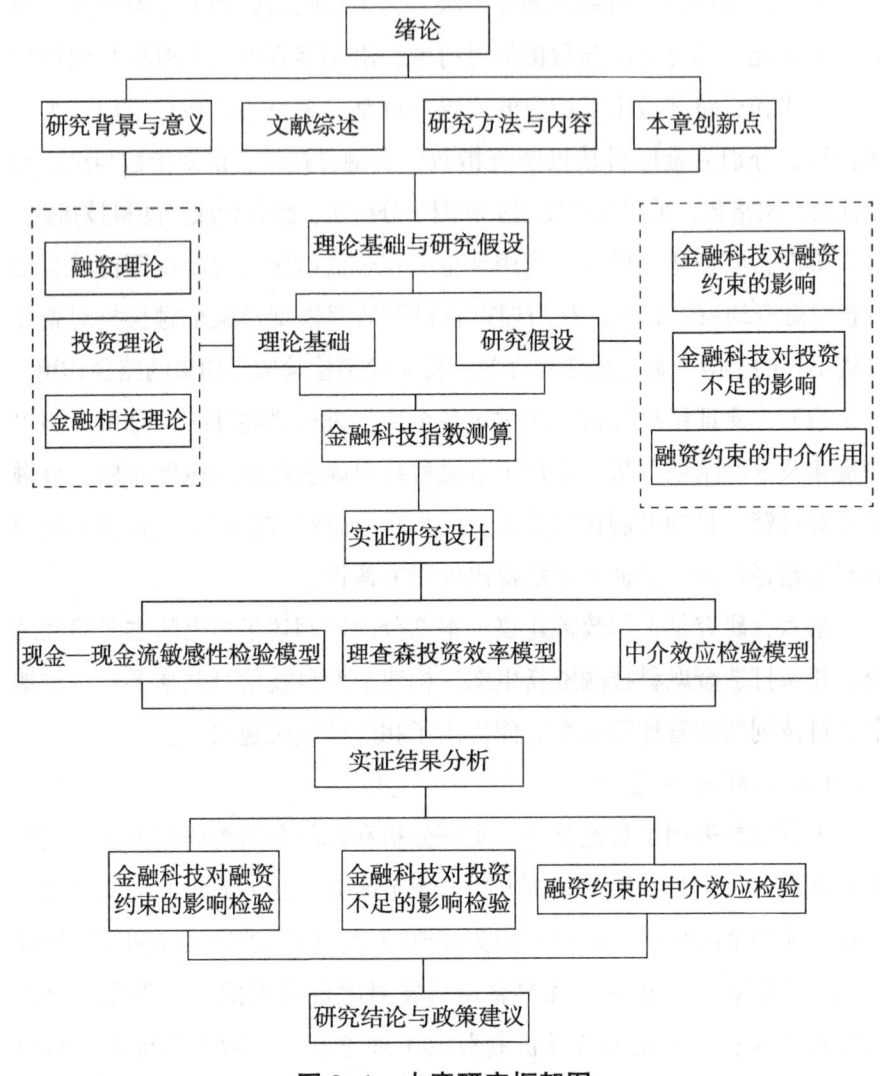

图 3-1 本章研究框架图

（四）创新点

（1）构建了金融科技指数。金融科技指标下设三个一级指标，分别为金融科技投融资指数、金融科技社会认知指数与金融科技社会产出指数。

（2）采用新颖的现金—现金流敏感性检验模型实证分析金融科技对企业融资约束的影响，发现了我国企业普遍存在融资约束现象，而金融科技的发展对企业融资约束具有一定程度的缓解作用，并对异质性企业进行对比分析，发现与国有企业相比，这种缓解作用在民营企业中更为显著。

（3）考察了金融科技对企业投资不足的影响，利用理查森投资效率模型的负残差的绝对值来衡量投资不足，实证分析金融科技对企业投资不足的抑制作用。并对异质性企业进行对比分析，发现与国有企业相比，这种抑制作用在民营企业中更为显著。

（4）目前金融科技影响企业投资不足的路径研究较少，因此本章深入挖掘了金融科技影响企业投资不足的影响路径，扩充了金融科技影响投资不足的相关研究。

第二节 理论基础与研究假设

一、理论基础

（一）融资理论

融资理论主要包括 MM 理论和优序融资理论。MM 理论认为在完美的资本市场上，企业的市场价值与企业的资本结构无关。换句话说，就是企业的投资行为和融资行为可以完全分离。然而在非完美的资本市场上，投资行为与融资行为不可分离。企业在融资时若面临融资约束，必定会影响企业的投资活动。优序融资理论认为企业融资的顺序应该是内部盈余、债务融资和股权融资。因此，若是企业可以通过金融科技平台进行债务融资，便不必选择股权融资。

1. MM 理论

美国的 Modigliani 和 Miller 在 1958 年提出了 MM 理论，也被称为无税条件下的 MM 理论。他们认为，在不考虑企业所得税的情况下，企业的市场价值仅由预期收益来决定。修正的有税的 MM 理论认为，负债的利息可以在税前扣除，降低企业的资本成本，从而增加企业的正向现金流。修正后的 MM 理论仍然存在未考虑个人所得税的情况，米勒模型理论将个人所得税纳入修正后的 MM 理论，认为个人所得税在某种程度上抵消了个人从投资中得到的利息收入，个人所得税会降低企业的价值。MM 定理认为在完美的资本市场上，企业的市场价值与企业的资本结构无关，即企业的投资行为和融资行为可以完全分离。

然而在现实生活中，企业进行投融资行为时，投资活动与融资活动并不能完全分离。只要企业的内部融资与外部融资行为并存，不同融资行为的融资成本就存在差异，企业在进行投资活动时就面临融资约束。而融资约束限制了企业的投资活动，进而影响企业的投资效率。兰强（2015）分析指出，金融发展能够缓解企业面临的融资约束问题。而金融科技的发展是金融发展内容的一部分，基于金融科技手段打造的新型融资平台致力于将企业的投资行为与融资行为相分离，使得融资方不会因为缺乏资金而限制投资活动。

2. 优序融资理论

优序融资理论指出，当企业为新项目进行融资时，首先考虑内部的盈余；其次是债务融资；最后才考虑股权融资。优序融资理论是基于外部投资者与内部经理人之间存在信息不对称的背景产生的，由于外部投资者往往掌握较少的信息，不了解公司的实际类型和经营前景，此时若管理层通过发行新股来进行融资，企业的股票价值会被市场低估。管理层此时会采用内部融资，而当企业必须依赖外源融资时，发行低风险公司债券可以忽略信息不对称引起的成本，不会使企业的价值降低。企业需要储备现金流或者举借少量债务，以应对自身的融资需求，因此高利润留存率和低负债率是拥有高融资能力的表现。企业进行负债融资活动时，由于企业规模、股权性质等多种因素会面临不同程度的融资约束。陈学胜等（2012）分析指出，在中国的资本市场上，规模小的企业比规模大的企业面临更大程度的融资约束，非国有企业比国有企业面临更大程度的融资约束。金融科技针对规模小，股权性质为非国有的企业匹配相应的融资平台与融资工具，当企业需要为新项目进行融资而内部盈余并不能满足融资需求时，就可以选择金融科技融资平台，而不必发行高风险的债券或者股票，融资约束得以缓解。

（二）投资理论

投资理论主要包括信息不对称理论与委托—代理理论。信息不对称现象的存在使得企业会出现融资难、融资贵的现象，造成企业投资不足。委托—代理问题的存在使得企业的投资行为会偏离最优化水平。因此，金融科技可以作用于信息不对称与委托—代理现象，影响企业的投资行为。

1. 信息不对称理论

在市场经济活动中，信息发挥的作用是不可估量的。信息不对称理论认为，信息在传递过程中会出现隐瞒、遗漏或者滞后，总有一方人员处于信息优势地位，一方处于信息劣势地位，占优势的一方会利用信息优势谋求自身利益最大化。因此，在非完美的资本市场上，由于存在道德选择和逆向风险，债权人会提高贷款利率或设置贷款限额来弥补信息劣势带来的风险，这就很可能导致企业出现融资贵的现象。

信息不对称现象通常会引起信贷配给，一方面表现为债权人的资金总量有限，可能会出现信贷需求总量大于信贷供给；另一方面表现为由于无法了解债务人的真实经营状况等信息，有一部分债务人的贷款申请可能会被拒绝。因此，信息不对称现象引起的信贷配给是企业融资难的关键因素。

金融科技助力实现利率市场化，影响存贷款利率和金融资产定价，金融机构在发放贷款时不能随意提高贷款利率，企业融资贵现象会得到缓解。金融科技融资平台利用大数据、云计算等技术将企业投融资数据及真实经营信息数据汇集，形成针对企业的全面征信评估指标，金融机构可以借此衡量企业的信用水平和还款能力，有效控制逆向选择和道德风险，信贷配给引起的企业融资难现象会得到缓解。

2. 委托—代理理论

委托—代理理论是为了深入研究企业内部信息不对称问题而发展起来的，以非对称信息博弈论为基础，主要包括股东—债权人冲突与股东—管理层冲突。Jensen 和 Meckling 认为存在资产替代的情况下，由于股东所承担的责任有限，他们有强烈的动机将筹集的资金用于高风险、高收益的项目。此时债权人会进行信贷配给或者要求更高的风险回报以限制股东的投资行为，导致企业出现投资不足。现代企业的所有权和经营权是普遍相分离的，企业委托人将企业经营权交给专业代理人，这使得股东和管理者之间构成了一种委托—代理关系。但是由于委托人和代理人的效用函数并不完全相同，这就可能出现代理人追求自身工资、津贴、闲暇等的最大化而不顾委托人的财富最大化，管理者可能会做出偏离企业利益最大化目标的投资决策。

利用金融科技的核心技术对企业的资信水平进行评估，进行贷后管理，可缓解股东—债权人冲突。企业股东在聘用经理人或者经理人利用融资资金进行项目投资时，可以将经理人个人信息和投资项目信息放入以金融科技打造的新型信息评估体系，做到项目资金来源和去向透明可控，避免管理层为了自身利益做出偏离企业利益最大化的决策，缓解股东—管理层冲突。

（三）金融相关理论

通过对金融中介理论、金融功能理论与金融创新理论三者的阐述及对金融科技作用的分析，发现金融科技在多个维度上与金融中介理论、金融功能理论及金融创新理论高度适配。因此，金融科技可以作用于融资约束，从而影响企业投资。

1. 金融中介理论

金融中介形成的主要因素可以从交易成本、信息不对称、风险性三个方面来进行阐述，通常也可表述为市场的不完全性和市场摩擦的存在。金融中介因为规模经济的优势节约了交易成本，而交易成本大多数与信息不对称相关联。因为要了解贷款所要投入项目的可能收益或是在贷出后监管其使用和风险，这都要付出一定的信息成本。金融中介在节约成本方面具有规模经济的优势，风险交易和风险管理也成为银行的中心职能。银行为特定的风险管理客户群提供服务，通过风险交易将风险消除、分散转移或是予以治理。

基于金融中介理论的视角，金融机构利用金融科技可以实现新型金融业务模式。金融业提供的金融产品和金融服务本就无须进行实体配送，数字化程度很高。因此，金融业与金融科技具有很强的相互包容性，利用金融科技来降低交易成本、信息不对称和风险性就成了顺理成章的事情。从交易成本角度来看，金融机构节省了资金投入的运营成本。从服务覆盖率角度来看，金融科技可以使客户突破时间和地域的约束，因此客户群体更加广泛，覆盖部分传统金融业的服务盲区。从效率角度来看，金融科技业务主要通过计算机、人工智能来处理，操作流程快速化和标准化，可提升用户的满足感。因此，金融科技与金融中介理论在多个角度上高度适应。

2. 金融功能理论

Merton 和 Bodie 提出了金融功能框架。金融功能理论聚焦的核心问题是金融系统格局的不同。基于金融功能观的视角，支持金融科技高速发展的信息技术化水平有助于资本在时间和空间上进行转移；金融服务的高效率使得清算和支付结算的效率大大提高；在风险管理业务中运用金融科技，有助于进一步提高风险管理水平；股份公司、银行、投资基金等利用金融科技可以快速大量地积聚小额资金和短期资金来细分股票所有权和债权；金融领域内的各类价格信息对于投资决策和经营决策至关重要，金融科技对这些金融信息的形成与发布有促进作用。因此，金融科技与金融功能理论在多个角度上高度适应。

3. 金融创新理论

金融创新的概念由熊彼特的创新理论衍生而来，有宏观层面、中观层面和微观层面的金融创新。金融科技虽然是新生事物，而且对金融业造成了重大的冲击，但是金融科技并不能带来宏观层面上的金融创新。中观层面的金融创新主要指技术创新，技术经济的范式主要包括导入期和开展期，金融科技在刚刚出现时，并不能对传统金融行业造成重大影响。只有在导入期结束之后，在大量金融科技资本与技术进入爆发增长阶段，其对传统金融行业的革新作用才不断显现。技术创新完成之后，金融产品也不断进行创新，相应的，金融制度也不断进行适应和调整。而微观层面的金融创新主要是指金融工具的创新。

金融科技主要可以作用于金融创新的中观和微观层面。例如人工智能技术可以通过图像识别系统、自然语言处理和语音识别技术推动金融工具的创新，提升用户的满足感，提升金融机构的综合服务能力。区块链技术让上链小微企业获得信用支持，其所使用的金融工具利用金融科技进行创新。大数据技术构建新型的数字化风险防控体系，对金融市场交易双方进行深度信息挖掘，智能化处理资金借贷，在贷前评估风险，贷中控制风险，贷后削弱风险，对金融服务流程进行创新。

本章通过梳理融资理论说明融资约束会影响企业的投资行为，而且由于信息不对称和代理问题的存在，企业会偏离最优投资水平。最后，通过梳理金融相关理论说明金融科技与金融中介理论、金融功能理论、金融创新理论都高度适应，在经济发展中具有重要作用，可以作用于企业的融资约束问题。本章建议通过提高金融科技水平来缓解企业发展所面临的融资约束，进而抑制企业的投资不足。

二、研究假设

（一）金融科技对融资约束的影响

MM 理论认为，代理问题和信息不对称问题导致企业面临融资约束，影响了企业的结构调整和优化升级。目前我国大部分企业都面临着不同程度的融资约束问题，其中中小企业数量庞大，是我国市场经济的主要参与者，但是其金融支持率很低，大部分被排除在基础金融服务体系之外。中小企业高经济贡献率与低金融支持率的矛盾一直存在，同时我国金融科技处于爆发式的增长阶段，助推了金融业转型升级。

目前，制约我国企业融资问题的关键有三个方面：一是企业贷款抵押不足，难以从银行业金融机构进行贷款；二是企业融资渠道主要是担保融资，但是担保公司收取的手续费和担保金比例高，导致企业融资成本高；三是金融服务的程序烦琐，企业的融资效率低。针对企业在融资方面存在的三类问题，金融科技给出了更多的可能性。金融科技主要通过拓宽融资渠道、降低融资成本和提高融资效率三个方面缓解企业面临的融资约束。

（1）金融科技的发展可以拓宽融资渠道。企业在为投资项目进行融资时，不再仅局限用传统融资渠道，也可以利用金融科技平台进行资金融通，而且这类平台可以满足大量长尾用户的资金需求。例如腾讯打造了区块链供应链金融平台——微企链。微企链是一个开放式供应链金融平台，上链核心企业与一级供应商基于真实的贸易背景形成应收账款，需要先经过资产网关对链下资产进行初步审核。应收账款先要经过确权登记，然后数字化上链，再将数字债权凭证提供给供应商，每一级供应商可将该数字凭证拆分和转让以满足自身的融资需求。

（2）金融科技的发展能够降低融资成本。金融科技可以建立企业与银行之间的信息桥梁，通过建立有价值的、全面的企业数据库向银行提供真实有效的客户信息。同时帮助银行丰富其金融产品数据库，以便企业在寻求资金的过程中可以辨析出更为适合的金融服务产品。

（3）金融科技的发展能够提升融资效率。与互联网金融相比，金融科技更侧重于利用其先进的技术支持提升企业的融资效率。Andreas等（2019）讨论了金融科技在抵押借贷行业中扮演的角色，研究发现金融科技可以在不增加贷款风险的情况下更快地处理抵押贷款，对需求冲击做出更灵活的反应。在企业信贷的过程中，金融科技端对端地处理在线抵押贷款，整个融资过程的劳动密集度降低，全面提升企业的融资效率。基于以上分析，提出以下研究假设：

H1a：金融科技可以有效缓解企业面临的融资约束。

国有企业的规模大、实力雄厚，因此与民营企业相比，其更容易获得政府、金融机构及外部投资者的资金支持。对国有企业来说，金融科技可以加快传统的信贷流程，提高贷款的发放效率。同时建立金融科技风控模型，智能监控资金流向，可提升金融风险防范能力。而民营企业，尤其是中小微企业的融资需求很难得到满足，对于其面临的融资难、融资贵问题，金融科技能够发挥自身优势进行解决。大量涌现的金融科技平台更集中于为资金支持率低的民营企业服务，数据显示，更多的民营企业更倾向于利用金融科技平台进行融资活动。例如国家开发银行推出的"开鑫贷"高效对接资金供求方的金融需求，推出新的金融科技产品和服务，实现精准获客，为各类中小微企业提供融资贷款，践行了国家政策中的普惠金融理念。"道口贷"作为金融信息服务中介机构，以金融科技手段为支撑，将自动化、智能化、数据化和电子化作为特色，为民营企业提供融资贷款。中小企业区块链融资平台采用区块链技术，让大量上链中小企业可以以真实的应收账款数据为依据更容易地获得融资贷款。基于以上分析，提出以下研究假设：

H1b：金融科技对民营企业融资约束的缓解作用相对于国有企业会更明显。

（二）金融科技对投资不足的影响

金融科技是金融业转型的关键变量，国内各类银行及金融机构纷纷布局日渐成熟的金融科技，大量企业已经开始利用金融科技进行融资，金融科技平台也使得投资方式变得多元化。金融业发展服务实体经济的一个重要方面是实际有效投资，那么，企业利用金融科技进行投融资活动是否会抑制企业的投资不足？刘园等（2018）研究了金融科技对投资效率的影响，而投资效率涉及投资不足与投资过度，因此对本章有一定的借鉴意义。由于金融科技可以看作互联网金融的延续，而互联网金融在后期风险增大，所以金融科技在发展初期会降低实体经济企业的投资效率，后期有助于实体经济企业投资效率的提高。企业的非效率投资行为包括投资过度与投资不足，沿用上述学者的结论，金融科技在后期有助于提高投资效率（对投资过度行为与投资不足行为均有矫正作用），而时间节点就在2013年，因此基于本章选取的年度数据区间，我们认为金融科技可以抑制企业投资不足。因此，提出如下假设：

H2a：金融科技能够抑制企业投资不足。

连玉君和程建（2007）在研究融资约束与企业投资不足之间的关系时发现，融资约束越严重的企业越容易产生投资不足行为。张功富和宋献中（2009）以沪深工业类上市公司为研究样本，研究发现融资约束的存在是产生投资不足的主要原因。民营企业无法获得资金进行投资，因此容易造成投资不足。基于以上分析，提出以下研究假设：

H2b：金融科技对民营企业投资不足的抑制作用相对于国有企业会更明显。

（三）融资约束在金融科技对投资不足影响中的中介作用

如果说金融科技能够抑制投资不足，那么接下来需要考虑的问题是：金融科技是通过什么传导机制来作用于投资不足的？MM理论表明，在信息完美、无交易费用等一系列严格假设条件下的资本市场上，内源资金与外源资金无差异，可完全替代，企业不会受到融资约束的限制。企业总能够以与内源资金相同的成本筹集到外源资金，满足投资支出需求，从而设定最优的投资规模并投在具有潜力的项目上，实现有效率投资。而现实中的资本市场是非完美的，企业内部人比投资者拥有更多的有关公司价值的信息。此时，投资者逆向选择，会要求更高的风险回报，导致企业融资成本上升，面临融资约束。连玉军和程建（2007）研究发现融资约束较为严重的企业表现出投资不足。我们沿用以上学者的分析得出如下结论：融资约束程度越高，企业越表现出投资不足的倾向。

本章认为金融科技通过融资约束来作用于投资不足，可从以下三方面进行分析。

（1）金融科技的发展能够丰富融资工具、拓宽融资渠道。金融科技信贷将寻求投资机会的投资者和有资金需求的融资者汇聚到统一的平台上，利用长尾理论将大量小众的需求汇聚，形成规模经济，因此金融抑制能够得到有效缓解。金融科技的发展使得企业可以从其他渠道融资，信贷总量得以提升。以"供应链金融+金融科技"为例，传统的供应链金融由于信息不对称及人工操作烦琐，只能对一级供应商或者经销商提供融资服务。供应链金融加入区块链、人工智能、大数据和云计算等元素之后，一个智能的供应链生态圈便形成了。大量上链企业通过区块链技术破解了与融资机构的信息不对称问题，金融机构可以实现对整个上链企业的资金流与物流的管理，将不可控风险转化为可控风险。如此一来，大量长尾企业的融资渠道得以拓宽。

（2）利用金融科技融资能够降低融资成本。贷款利率等于资金成本、运营成本、风险溢价及银行目标利润率之和。运营成本、风险溢价和目标利润率需要银行依据情况准确制定，以便降低企业实际贷款利率，金融科技给出了更多的可能。

（3）金融科技的发展能够分散风险。从借贷利率角度进行分析，与传统借贷机构相比，金融科技借贷的利率分布更为分散，企业借贷资金承担的风险较小；从项目风险评估的角度进行分析，金融科技运用大数据、人工智能、区块链技术，有助于企业评估投资项目的优劣，甄别投资项目中存在的潜在风险，智能感知异常交易。银行也可利用大数据风控等技术，综合分析企业的财务状况和偿债能力，完善信贷风险管理，防止资金流向高风险企业。由此可见，金融科技对投资不足的影响主要是通过融资约束这一中间机制实现，所以提出如下假设：

研究假设 H3：融资约束在金融科技影响投资不足中起到中介作用。

第三节　金融科技指数测算

一、构建金融科技指数的思路

通过对已有金融科技指数测算方法的综合梳理，本章认为目前已有文献中将金融科技上市公司股价指数作为金融科技指数过于微观，以沿用互联网金融指数的方法构建的金融指数测算方法过于片面。因此，结合本章研究的问题，考虑数据可得性等因素，本章认为沿用零壹财经对金融科技指数的测算方式和思路更为合理。借鉴魏成龙和郭琲楠（2020）对金融科技指数的构建方法，为了反映研究期间金融科技发展的具体情况，同时考虑到数据的可得性，对零壹财经金融科技的指数测算方式做出了相应的调整。金融科技指标下设三个一级指标，分别为金融科技投融资指数、金融科技社会认知指数与金融科技社会产出指数。由于不能区分三者确切的权重，我们认为三者权重相当，大致均为33%。金融科技投融资指数由融资笔数与融资金额来衡量，两者的权重分别为50%。用百度搜索指数来衡量金融科技社会认知指数，采用文本挖掘法搜集金融科技关键词，利用因子分析法构建金融科技社会认知指数。金融科技社会产出指数包含银行业、保险业与证券业的产出，我们选择移动支付占比与互联网保费渗透率分别代表银行业和保险业的产出，由于证券业的数据无法搜集，暂且舍去。构建金融科技指数的数据来源于埃森哲报告、百度搜索指数、互联网信息报告（见表3-1）。

表 3-1　金融科技指数构建成分表

	一级指数	一级指数占总指数权重（%）	二级指数	二级指数占上级指数权重（%）
金融科技指数	金融科技投融资指数	33	融资笔数	50
			融资金额	50
	金融科技社会认知指数	33	百度搜索指数	100
	金融科技社会产出指数	33	移动支付占比	50
			互联网保费渗透率	50

二、金融科技指数的合成

对于金融科技社会认知指数的构建，本章采用因子分析法，借鉴郭品、沈悦对互联网金融指数的构建方法，以运用文本挖掘技术构建的指数作为金融科技社会认知指数的代理变量。首先我们借鉴2017年世界经济论坛对金融科技的商业模式的分类，将其主要应用分为支付结算、存贷款及资本筹集、投资管理和市场设施。由于金融科技极大地扩充了互联网金融的边界，因此从概念角度出发，我们将互联网金融也归类于金融科技关键词的原始词库中。在业务模式上，金融科技的关键词词频与互联网金融有较多的重合部分，但是金融科技也有其独具特色的代表性关键词，其后端技术主要有大数据、人工智能、区块链、云计算、物联网。从概念、业务模式与后端技术三个角度切入寻找金融科技的关键词词频，对于构建金融科技社会认知指数而言更加全面综合。表3-2显示了从概念、业务模式与后端技术三维角度出发总结的金融科技社会认知指数的关键词。

表3-2　金融科技原始词库

		金融科技关键词
概念		金融科技、互联网金融
业务模式	支付结算	第三方支付、移动支付、在线支付、数字货币、比特币
	存贷款及资本筹集	网络贷款、众筹、P2P
	投资管理	互联网理财、互联网保险
	市场设施	电子银行、网银
后端技术		大数据、云计算、人工智能、物联网、区块链

三、金融科技指数的构建

选取2012年1月至2018年12月，包括上述19个金融科技关键词的百度搜索指数为数据分析基础，得到1596个分析样本。首先对数据进行Z-Score标准化处理，然后运用因子分析法，利用少数综合指标反映原来的 19 个金融科技关键词的信息，构建金融科技社会认知指数。对预处理之后的 19 个金融科技关键词的相关系数矩阵进行分析，19 个金融科技关键词之间存在较强的相关性，因此运用因子分析法对原有指标进行降维，用少数综合指标反映原来 19 个金融科技关键词的相关信息是合理的。因子分析法 KMO 检验显示结果为 0.863（KMO 值处于 0.8~0.9，很适合因子分析），而且 Bartlett 值为 0.000，通过了巴特利特球形检验（见表 3-3）。

表 3-3 因子分析特征值及占比情况

成分	初始特征值 合计	方差的（%）	累积（%）	提取平方和载入 合计	方差的（%）	累积（%）
1	9.631	50.691	50.691	9.631	50.691	50.691
2	3.826	20.137	70.827	3.826	20.137	70.827
3	1.225	6.450	77.277	1.225	6.450	77.277
4	1.055	5.553	82.830	1.055	5.553	82.830
5	0.730	3.839	86.670			
6	0.488	2.569	89.238			
7	0.426	2.244	91.482			
8	0.336	1.769	93.252			
9	0.244	1.283	94.535			
10	0.232	1.220	95.755			
11	0.193	1.018	96.773			
12	0.157	0.826	97.599			
13	0.117	0.616	98.216			
14	0.086	0.451	98.667			
15	0.075	0.395	99.062			
16	0.061	0.319	99.381			
17	0.051	0.270	99.650			
18	0.045	0.237	99.887			
19	0.021	0.113	100.000			

将特征值大于 1 作为提取主因子的标准，本章提取了 4 个因子，累计方差贡献率达到了 82.83%，可以代表原有 19 个金融科技关键词的绝大部分信息。然后利用回归法估计因子的得分系数矩阵，分别计算各个月的四个主成分得分情况，最后以因子的方差贡献率为依据确定因子的权重，构建金融科技社会认知指数，将月度数据转换为年度数据。按照上述金融科技指数三大指标确定的权重，计算 2012—2018 年金融科技指数（见表 3-4）。

表 3-4 金融科技综合指数

年份	金融科技综合指数
2012	0.05
2013	0.13
2014	0.37
2015	0.57
2016	0.67
2017	0.81
2018	0.91

第四节 实证研究设计

一、金融科技影响融资约束的实证研究

（一）样本选择与数据来源

本章选取 2012—2018 年我国沪深两市 A 股上市企业为研究样本，剔除 ST 企业、PT 企业、金融业和房地产业，并且对连续变量进行 Winsorize（缩尾）处理。所涉及的财务数据均来自国泰安数据库和 Wind 数据库，采用 STATA15.0 进行统计分析。

（二）检验模型与变量定义

投资—现金流敏感性检验模型以投资支出作为因变量，通过实证检

验来发现固定资产投资、在建工程建设和长期投资的增量对内部现金流的依赖程度，如果两者之间存在显著的正相关关系，则说明企业面临着融资约束问题。这种做法忽视了投资与现金流之间存在的内生性问题，这就导致采用投资—现金流敏感性来检验融资约束会存在一定的偏差。Almeida 等（2004）提出了新颖的现金—现金流敏感性模型，验证了如果企业存在融资约束问题，其出于对未来经营和投资所需资金的预期，会持有一定的现金。非融资约束企业不具有现金流敏感性，本章构建了现金—现金流敏感性检验模型，其中 $\Delta Cash$ 为现金持有量的变动额，以现金流作为判断融资约束是否存在的依据。为了检验金融科技对企业融资约束的影响，另外加入了金融科技指数与企业自由现金流的交乘项。具体如下：

$$\Delta Cash = \beta_0 + \beta_1 CF_{i,t} + \beta_2 CF_{i,t} \times Fintech_{i,t} + \beta_3 Fintech_{i,t} + \beta_4 Growth_{i,t} + \beta_5 Size_{i,t} + \beta_6 Lev_{i,t} + \beta_7 Age_{i,t} + \beta_8 R_{i,t} + \Sigma Industry + \Sigma Year + \varepsilon_{i,t} \quad (3-1)$$

其中，模型中的因变量 $\Delta Cash$ 为企业现金持有量的变动值。自变量内部现金流 CF 为经过总资产标准化处理的净利润、固定资产折旧、无形资产摊销之和。对模型中系数 $\beta 1$ 进行考察，如果公司没有融资约束，$\beta 1$ 应该不具有弹性。如果公司面临融资约束，$\beta 1$ 应该显著为正。融资约束问题越严重，$\beta 1$ 会相应增大。对系数 $\beta 2$ 进行考察，金融科技可以通过拓宽融资渠道、降低融资成本和提高融资效率三个方面缓解企业面临的融资约束。因此，我们预测 $\beta 2<0$，金融科技可以有效缓解企业面临的融资约束。具体变量定义如表 3-5 所示，模型控制行业效应和年份效应。

表3-5 变量定义与计量

变量符号	变量名称	变量说明
$\Delta Cash$	现金持有量变动值	（本年末货币资金和短期投资之和/年初总资产）/（上年末货币资金和短期投资之和/年初总资产）

续表

变量符号	变量名称	变量说明
CF	自由现金流	（净利润+固定资产折旧+无形资产摊销）/年初总资产
Fintech	金融科技	金融科技指数
Growth	成长性	主营业务收入增长率
Size	企业规模	总资产的自然对数
Lev	负债水平	总负债/总资产
Age	公司年龄	年度减去公司的上市年度加上1的自然对数
R	年度超额回报率	考虑现金红利再投资年度回报率减去综合A股市场年度回报率（流通市值加权）
Industry	行业	行业虚拟变量
Year	年度	年度虚拟变量

二、金融科技影响投资不足的实证研究

（一）样本选择与数据来源

本章选取2012—2018年我国沪深两市A股企业的微观年度数据为研究样本，由于模型中部分指标是滞后一期的，因此包括一部分2011年的数据，所涉及的财务数据均来自国泰安数据库和Wind数据库。

（二）检验模型与变量定义

为了检验金融科技对投资不足的影响，将投资不足作为被解释变量，金融科技作为解释变量，设定如下模型：

$$Under\_INV_{i,t} = \alpha_0 + \alpha_1 Fintech_{i,t} + \alpha_2 Growth_{i,t} + \alpha_3 Size_{i,t} + \alpha_4 Cash_{i,t} + \alpha_5 Lev_{i,t} + \alpha_6 Age_{i,t} + \alpha_7 R_{i,t} + \alpha_8 SBD_{i,t} + \alpha_9 PID_{i,t} + \Sigma Industry + \Sigma Year + \delta_{i,t} \quad (3-2)$$

如果 α_1 的系数显著为负，表明金融科技与投资不足负向相关，金融科技发展水平的提高会抑制企业的投资不足，假设H2a得到验证。其中解释变量金融科技（Fintech）沿用上文测算的金融科技指数。投

资不足（Under_INV）借鉴以下的Richardson投资效率模型来度量。

$$Invest_{i,t} = \lambda_0 + \lambda_1 Growth_{i,t-1} + \lambda_2 Size_{i,t-1} + \lambda_3 Cash_{i,t-1} +$$
$$\lambda_4 Lev_{i,t-1} + \lambda_5 Age_{i,t-1} + \lambda_6 R_{i,t-1} + \lambda_7 Invest_{i,t-1} +$$
$$\Sigma Industry + \Sigma Year + \varepsilon_{i,t} \quad (3-3)$$

第一步，利用模型（3-3）回归分析估算企业的最佳投资水平。其中，投资支出（Invest）=（购建固定资产、无形资产和其他长期资产所支付的现金+购买子公司及其他营业单位所支付的现金-处置子公司及其他营业单位所收到的现金）/年初总资产。

第二步，将上述回归中拟合的投资水平的负残差值筛选出来，来衡量投资不足。$\varepsilon_{i,t}$为模型的随机误差项，其取值范围在-1~1之间。其绝对值越大，说明该企业越偏离最优投资水平；其绝对值越接近于零，说明企业越接近于最佳投资水平。参考已有文献及理查森投资效率模型，选取影响投资不足的控制变量，包括Growth（成长性）、Size（企业规模）、Cash（现金持有量）、Lev（负债水平）、Age（公司年龄）、R（年度超额回报率）、SBD（董事会规模）和PID（独立董事比例），并控制年度（Year）效应和行业（Industry）效应。具体变量定义如表3-6所示，模型控制行业效应和年份效应。

表3-6 变量定义与计量

变量符号	变量名称	变量说明
Under_INV	投资不足	通过模型（3-3）得到的负残差值的绝对值
Fintech	金融科技	金融科技指数
Growth	成长性	主营业务收入增长率
Size	企业规模	总资产的自然对数
Lev	负债水平	总负债/总资产
Cash	现金持有量	货币资金和短期投资之和/年初总资产
Age	企业年龄	年度减去企业的上市年度加上1的自然对数
R	年度超额回报率	考虑现金红利再投资年度回报率减去综合A股市场年度回报率（流通市值加权）
SBD	董事会规模	董事会总人数的自然对数

续表

变量符号	变量名称	变量说明
PID	独立董事比例	独立董事人数/董事会总人数
Industry	行业	行业虚拟变量
Year	年度	年度虚拟变量

三、融资约束中介作用的实证研究

(一) 样本选择与数据来源

本章选取 2012—2018 年我国沪深两市 A 股上市企业为研究样本，所涉及的财务数据均来自国泰安数据库和 Wind 数据库，采用 STATA15.0 进行统计分析。

(二) 检验模型与变量定义

为了检验融资约束在金融科技对投资不足影响中的中介作用，将融资约束（FC）作为中介变量。其中，本章采用 Hadlock 和 Pierce (2010) 构建的 SA 指数来衡量融资约束（FC）。$SA = -0.737 \times Size + 0.043 \times Size^2 - 0.04 \times Age$，$Size$ 和 Age 分别为企业规模和企业年限。结合模型（3-2），设定如下中介效应检验模型：

$$FC_{i,t} = \beta_0 + \beta_1 Fintech_{i,t} + \beta_2 Growth_{i,t} + \beta_3 Size_{i,t} + \beta_4 Cash_{i,t} + \beta_5 Lev_{i,t} + \beta_6 Age_{i,t} + \beta_7 R_{i,t} + \beta_8 SBD_{i,t} + \beta_9 PID_{i,t} + \Sigma Industry + \Sigma Year + \varphi_{i,t} \quad (3-4)$$

$$Under\_INV_{i,t} = \gamma_0 + \gamma_1 Fintech_{i,t} + \gamma_2 FC_{i,t} + \gamma_3 Growth_{i,t} + \gamma_4 Size_{i,t} + \gamma_5 Cash_{i,t} + \gamma_6 Lev_{i,t} + \gamma_7 Age_{i,t} + \gamma_8 R_{i,t} + \gamma_9 SBD_{i,t} + \gamma_{10} PID_{i,t} + \Sigma Industry + \Sigma Year + v_{i,t} \quad (3-5)$$

第一步，对不添加融资约束（FC）的模型（3-2）中金融科技（$Fintech$）与投资不足（$Under\_INV$）的回归系数 α1 进行检验，若 α1 显著，进行第二步检验；若 α1 不显著，立即停止中介效应检验。

第二步，对模型（3-4）中金融科技（$Fintech$）与融资约束

(FC)的回归系数β1和模型（3-5）中融资约束（FC）与投资不足（Under_INV）的回归系数y2进行检验，若其至少有一个不显著，则进行Sobel检验；若其都显著，进行第三步检验。

第三步，对模型（3-5）中金融科技（Fintech）与投资不足（Under_INV）的回归系数y1进行检验，若y1显著，则中介效应显著；若y1不显著，则完全中介效应显著。具体的中介效应检验步骤如图3-2所示。

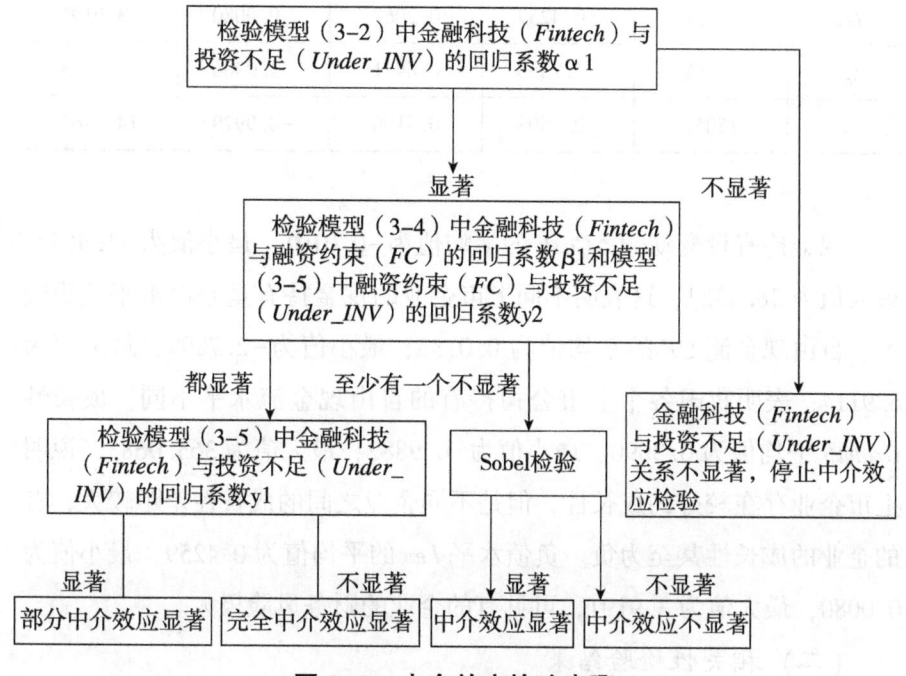

图3-2 中介效应检验步骤

第五节 实证结果分析

一、金融科技对融资约束的影响检验

（一）描述性统计结果

各变量描述性统计结果如表3-7所示。

表 3-7 各变量描述性统计结果

变量	样本数	均值	标准差	最小值	最大值
$\Delta Cash$	15051	-0.0101	0.4284	-1.4642	38.4324
CF	15051	0.0733	0.1258	-2.7809	6.9114
$Fintech$	15051	0.5437	0.2999	0.0500	0.9100
$Growth$	15051	0.3090	4.1453	-0.9882	363.0683
$Size$	15051	22.2294	1.2707	17.6413	28.5200
Lev	15051	0.4259	0.2062	0.0080	3.9191
Age	15051	2.2556	0.6481	1.0986	3.3673
R	15051	0.0508	0.5109	-0.9929	14.9767

现金持有量变动额 $\Delta Cash$ 的平均值为 -0.0101，最小值为 -1.4642，最大值为 38.4324，这表明不同上市企业的现金持有量差额水平差距较大。自由现金流 CF 的平均值为 0.0733，最小值为 -2.7809，最大值为 6.9114，表明我国各个上市公司持有的自由现金流水平不同。成长性 $Growth$ 平均值为 0.3090，最小值为 -0.9882，最大值为 363.0683，说明上市企业存在较好的成长性，但是不同企业之间的成长性差距较大，有的企业的成长性甚至为负。负债水平 Lev 的平均值为 0.4259，最小值为 0.0080，最大值为 3.9191，可见有的企业的财务风险极大。

（二）相关性检验结果

变量的 Pearson 相关系数矩阵如表 3-8 所示。

表 3-8 显示了各个变量间的相关性系数，从表中可以看出各个变量之间的相关系数绝对值的最大值为 0.4609，由于其绝对值均未超过 0.5，所以变量之间不存在多重共线性。企业现金持有量变动额与企业自由现金流显著正相关，初步表明我国企业面临着融资约束问题。

表 3-8 变量的 Pearson 相关系数矩阵

变量	$\Delta Cash$	CF	Fintech	Growth	Size	Lev	Age	R
$\Delta Cash$	1							
CF	0.2978***	1						
Fintech	0.0075	-0.0267***	1					
Growth	0.2472***	0.3566***	0.0172**	1				
Size	0.0317***	0.0635***	0.1333***	0.0197**	1			
Lev	0.0117	-0.1895***	-0.0184**	0.0246***	0.4609***	1		
Age	0.0504***	-0.0483***	0.1348***	0.0183**	0.3190***	0.3252***	1	
R	0.0667***	0.1432***	-0.1413***	0.0332***	-0.0783***	-0.0384***	-0.0749***	1

注：***、** 分别表示在 1%、5% 水平下显著。

(三) 现金—现金流敏感性检验模型的回归结果

1. 金融科技对融资约束影响的基准结果回归分析

金融科技对融资约束影响的基准结果回归分析如表3-9所示。

表3-9　金融科技对融资约束影响的基准结果回归分析

变量	$\Delta Cash$
CF	1.4905***
	(0.3517)
$CF \times Fintech$	-0.9814**
	(0.4484)
$Fintech$	0.0993***
	(0.0318)
$Growth$	0.0157*
	(0.0088)
$Size$	-0.0091*
	(0.0050)
Lev	0.1075**
	(0.0520)
Age	0.0323***
	(0.0062)
R	0.0200**
	(0.0093)
$\_cons$	-0.0838
	(0.1051)
$Obs.$	15051
$R-squared$	0.1250
行业	控制
年份	控制

注：***、**、*分别表示在1%、5%、10%水平下显著，括号内显示聚类标准误。

表3-9列示了以现金—现金流敏感性为检验模型的回归结果，自由现金流 CF 与现金持有量变动额 ΔCash 的系数在 0.01 的水平上显著正相关，这说明现金—现金流敏感性模型的检验结果支持了我国企业普遍受到融资约束影响的论断。主要是由于我国资本市场发展相对滞后，许多企业融资渠道不畅，信息透明度不高。自由现金流 CF 与金融科技指数 Fintech 的交叉变量 CF × Fintech 的回归系数为 -0.9814，在 0.05 的水平上显著负相关，这说明金融科技的发展有效地缓解了企业面临的融资约束问题，从而支持了研究假设 H1a。现金持有量变动额 ΔCash 与金融科技指数 Fintech 的回归系数为 0.0993，而且在 0.01 的水平上显著正相关，这说明金融科技水平越高，企业的货币资金及短期投资之和越高，这可能是因为企业的融资约束得到了缓解，金融支持率变高。现金持有量变动额 ΔCash 与成长性 Growth 的回归系数为 0.0157，在 0.1 的水平上显著正相关，这说明成长性越好的企业，现金持有量的变动额会越大。现金持有量变动额 ΔCash 与企业规模 Size 的回归系数为 -0.0091，在 0.1 的水平上显著负相关。现金持有量变动额 ΔCash 与负债水平 Lev、公司年龄 Age、年度超额回报率 R 的回归系数均显著正相关，具有统计学意义。

2. 金融科技对融资约束影响的进一步考察：异质性企业对比分析

异质性企业对比分析结果如表3-10所示。

表3-10　异质性企业对比分析

变量	国有企业	民营企业
	ΔCash	ΔCash
CF	0.9241***	1.8309***
	(0.2438)	(0.4985)
CF × Fintech	-0.8827	-1.4337**
	(0.5689)	(0.6463)
Fintech	0.0811**	0.1438***

续表

变量	国有企业	民营企业
	(0.0380)	(0.0451)
$Growth$	0.0538***	0.0142*
	(0.0173)	(0.0087)
$Size$	−0.0076**	−0.0105
	(0.0029)	(0.0094)
Lev	0.0995**	0.0639
	(0.0426)	(0.0826)
Age	0.0175***	0.0351***
	(0.0046)	(0.0118)
R	0.0111	0.0265**
	(0.0070)	(0.0136)
_cons	−0.0129	−0.0822
	(0.0483)	(0.2074)
Obs.	5586	9465
$R-squared$	0.1376	0.1309
行业	控制	控制
年份	控制	控制

注：***、**、*分别表示在1%、5%、10%水平下显著，括号内显示聚类标准误。

从表3-10看出，民营企业样本数为9456，远远大于国有企业样本数5586。通过对比我们可以看出，在国有企业子样本中，自由现金流CF与现金持有量变动额$\Delta Cash$的系数为0.9241，在0.01的水平上显著正相关。在民营企业子样本中，自由现金流CF与现金持有量变动额$\Delta Cash$的系数为1.8309，在0.01的水平上显著正相关。这说明现金—现金流敏感性模型的检验结果支持了我国企业普遍受到融资约束影响的论断，而且与国有企业相比，民营企业受到的融资约束程度更高（1.8309>0.9241）。在国有企业子样本中，自由现金流CF与金融科技指数 Fintech 的交叉变量 CF × Fintech 的回归系数为-0.8827，但是不显著，这说明国有企业基本上不依赖金融科技进行融资活动。在民营企业子样本中，自由现金流 CF 与金融科技指数 Fintech 的交叉变量 CF × Fintech 的回归系数为-1.4337，在 0.05 的水平上显著负相关，这说明金融科技的发展有效地缓解了民营企业面临的融资约束问题。同时可以看出，自由现金流 CF 与金融科技指数 Fintech 的交叉变量 CF × Fintech 的回归系数绝对值在民营企业中更大（1.4337>0.8827），这说明金融科技对民营企业融资约束发挥的缓解作用更大，支持了研究假设 H1b。

（四）稳健性检验

稳健性检验部分替换了金融科技指数，采用乔海曙和黄荐轩（2019）在《金融科技发展动力指数研究》一文中测算的金融科技综合动力指数，其构建思路为：首先从金融科技发展供给与金融科技发展需求两个方面分别计算金融科技发展供给动力指数和金融科技发展需求动力指数，再合成金融科技综合动力指数（见表3-11）。

表3-11 稳健性检验

变量	基准回归结果	异质性企业对比分析	
	$\Delta Cash$	国有企业	民营企业
CF	2.3153***	1.8582***	2.6378***
	(0.5088)	(0.6613)	(0.6098)
CF × Fintech	-1.2882***	-1.1665*	-1.5744***
	(0.3555)	(0.6475)	(0.4300)
Fintech	0.1204***	0.1103***	0.1490***
	(0.0252)	(0.0426)	(0.0299)
Growth	0.0141	0.0567***	0.0124
	(0.0086)	(0.0175)	(0.0086)
Size	-0.0058	-0.0087***	-0.0042

续表

变量	基准回归结果	异质性企业对比分析	
	$\Delta Cash$	国有企业	民营企业
	(0.0052)	(0.0028)	(0.0100)
Lev	0.0798	0.1112***	0.0152
	(0.0540)	(0.0411)	(0.0872)
Age	0.0325***	0.0174***	0.0341***
	(0.0062)	(0.0047)	(0.0118)
R	0.0248***	0.0144*	0.0353**
	(0.0092)	(0.0080)	(0.0138)
_cons	-0.2236**	-0.0874	-0.2803
	(0.1104)	(0.0648)	(0.2103)
Obs.	15051	5586	9465
R-squared	0.1323	0.1413	0.1394
行业	控制	控制	控制
年份	控制	控制	控制

注：***、**、*分别表示在1%、5%、10%水平下显著，括号内显示聚类标准误。

从表3-11金融科技对融资约束影响的基准结果回归分析及在异质性企业中金融科技对融资约束影响的回归结果可以发现，我国企业目前面临着不同程度的融资约束问题，随着金融科技水平的发展，我国企业利用金融科技进行融资活动，融资约束问题得到了缓解。但是，由于国有企业信贷资金来源渠道众多，基本上不依赖金融科技进行融资活动。稳健性检验与实证回归结果基本一致，说明本章的研究结果具有一定的稳健性和有效性。

二、金融科技对投资不足的影响检验

（一）描述性统计结果

各变量描述性统计结果如表3-12所示。

表 3-12　各变量描述性统计结果

变量	样本数	均值	标准差	最小值	最大值
$Under\_INV$	9790	0.0376	0.0311	0.0001	0.3986
$Fintech$	9790	0.5437	0.2999	0.0500	0.9100
$Growth$	9790	0.1605	1.0879	-0.9882	82.6991
$Size$	9790	22.1005	1.2346	17.6413	28.5040
Lev	9790	0.4168	0.2134	0.0098	3.9191
$Cash$	9790	0.2075	0.4306	0.0001	38.4737
Age	9790	2.2583	0.6409	1.0986	3.3673
R	9790	0.0372	0.4860	-0.9929	5.6404
SBD	9790	2.1910	0.2336	1.3863	3.4012
PID	9790	0.3609	0.0919	0	1.6000

从表 3-12 可以看出，投资不足（$Under\_INV$）均值为 0.0376，最大值为 0.3986，而最小值为 0.0001，说明上市公司基本都存在非效率投资行为，但是不同企业间存在较大差异，有些企业存在严重的投资不足问题。金融科技（$Fintech$）均值为 0.5437，最小值为 0.0500，最大值为 0.9100，说明金融科技发展水平在不同年度之间的发展差距较大。成长性（$Growth$）均值为 0.1605，最小值为 -0.9882，最大值为 82.6991，说明上市企业存在较好的成长性，但是不同企业之间的成长性差距较大，有的企业的成长性甚至为负。企业规模（$Size$）均值为 22.1005，最小值为 17.6413，最大值为 28.5040，可见不同上市企业的规模不一。负债水平（Lev）均值为 0.4168，最小值为 0.0098，最大值为 3.9191，有的企业的负债水平过高，财务风险极大。现金持有量（$Cash$）均值为 0.2075，最小值为 0.0001，最大值为 38.4737，说明有些上市企业几乎不会持有现金，而有些上市企业会持有大量现金。年度超额回报率（R）的最大值为 5.6404，最小值为 -0.9929，有些上市企业的年度超额回报率为负数。董事会规模（SBD）均值为 2.1910，最小值为 1.3863，最大值为 3.4012，说明不同上市企业的董事会规模有差异。独立董事比例（PID）的最小值均为 0，表明有些上市企业未设置独立董事。

表 3-13　变量的 Pearson 相关系数矩阵

变量	Under_INV	Fintech	Growth	Size	Lev	Cash	Age	R	SBD	PID
Under_INV	1									
Fintech	0.117***	1								
Growth	0.054***	0.023***	1							
Size	-0.186***	0.107***	0	1						
Lev	-0.160***	-0.039***	0.008	0.433***	1					
Cash	0.028***	-0.029***	0.063**	-0.034***	-0.123***	1				
Age	-0.175***	0.119***	-0.019*	0.292***	0.320***	-0.055***	1			
R	0.016	-0.132***	0.0160	-0.099***	-0.039***	0.055***	-0.068***	1		
SBD	-0.071***	-0.014	-0.007	0.167***	0.161***	-0.044***	0.151***	-0.031	1	
PID	0.003	-0.038***	-0.005	0.071***	-0.023***	0.031	-0.007	0.015	-0.410***	1

注：***、** 分别表示在 1%、5% 水平下显著。

（二）相关性检验结果

变量的 Pearson 相关系数矩阵如表 3-13 所示。

表 3-13 使用 Pearson 相关性检验进行分析，可以看出各个变量之间的相关系数均较小，最大值为 0.433，因此我们可以认为两两变量之间不存在多重共线性问题。此外，对各个变量的 vif 值进行检验，结果显示 vif 值均远远小于 10，支持了前文变量之间不存在多重共线性的观点。

（三）金融科技对投资不足的影响的回归结果与分析

1. 金融科技对投资不足影响的基准结果回归分析

模型（3-3）的回归结果如表 3-14 所示。

表 3-14　模型（3-3）的回归结果

变量	模型（3-3）
	Invest
Growth_1	−0.0103***
	(0.0019)
Size_1	−0.0033***
	(0.001)
Lev_1	−0.0094*
	(0.0054)
Cash_1	0.0005
	(0.0057)
Age_1	−0.0124***
	(0.0012)
R_1	0.0231***
	(0.0030)
Invest_1	0.2657***
	(0.0130)
_cons	0.1660***

续表

变量	模型（3-3）
	(0.0175)
Obs.	15051
R-squared	0.1355
行业	控制
年份	控制

注：***、**、*分别表示在1%、5%、10%水平下显著，括号内显示聚类标准误。

本章首先利用模型（3-3）估算出企业的正常投资水平，以残差值的正负号为判断依据，选用残差值为负并取绝对值作为投资不足的样本。总样本数为15051，其中投资过度样本数为5261，投资不足样本数为9790。

模型（3-2）的回归结果如表3-15所示。

表3-15　模型（3-2）的回归结果

变量	基准回归结果	异质性企业对比分析	
	Under_INV	国有企业	民营企业
Fintech	-0.0038***	-0.0021	-0.0058***
	(0.0011)	(0.0015)	(0.0017)
Growth	0.0013	0.0028	0.0010
	(0.0010)	(0.0019)	(0.0009)
Size	-0.0034***	-0.0033***	-0.0027***
	(0.0003)	(0.0003)	(0.0006)
Lev	-0.0050***	-0.0045**	-0.0070**
	(0.0017)	(0.0019)	(0.0028)
Cash	0.0006	-0.0026	0.0007
	(0.0006)	(0.0029)	(0.0007)

续表

变量	基准回归结果	异质性企业对比分析	
	Under_INV	国有企业	民营企业
Age	-0.0066***	-0.0083***	-0.0041***
	(0.0006)	(0.0008)	(0.0009)
R	-0.0029***	-0.0033***	-0.0026***
	(0.0007)	(0.0010)	(0.0009)
SBD	-0.0053***	-0.0044**	-0.0002
	(0.0020)	(0.0021)	(0.0036)
PID	-0.0070	-0.0046	0.0017
	(0.0048)	(0.0045)	(0.0092)
_cons	0.1416***	0.1427***	0.1053***
	(0.0068)	(0.0078)	(0.0145)
Obs.	9790	4207	5583
R-squared	0.1305	0.1539	0.1103
行业	控制	控制	控制
年份	控制	控制	控制

注：***、**、*分别表示在1%、5%、10%水平下显著，括号内显示聚类标准误。

表3-15模型（3-2）的回归结果显示，金融科技（Fintech）与投资不足（Under_INV）的影响系数为-0.0038，在0.01的水平上显著负相关，说明金融科技指数每提高1个单位，投资不足减少0.0038个单位，即企业投资效率提高0.0038个单位。因此，回归结果初步验证了研究假设H2a。成长性（Growth）与投资不足（Under_INV）的影响系数为0.0013，但是不显著，说明成长性对投资不足没有显著影响。现金持有量（Cash）与投资不足（Under_INV）的影响系数为0.0006，但是不显著，说明现金持有量对投资不足没有显著影响。企业规模（Size）、企业年龄（Age）与投资不足（Under_INV）的影响系数分别为-0.0034和-0.0066，在0.01的水平上均显著负相关，

说明企业规模越大，企业年龄越大，投资不足越低，这可能是因为具有一定规模和年龄的企业更容易获得外来资金的支持并进行投资活动。负债水平（Lev）与投资不足（Under_INV）的影响系数为-0.0050，在0.01的水平上显著负相关，说明企业的负债水平越高，投资不足越低。年度超额回报率（R）与投资不足（Under_INV）的影响系数为-0.0029，在0.01的水平上显著负相关，说明存在年度超额回报率的企业投资不足较低，这可能是由于存在超额回报率的企业投资项目的收益略高。董事会规模（SBD）与投资不足（Under_INV）的影响系数为-0.0053，在0.01的水平上显著负相关，这说明董事会人数在一定程度上能对投资决策产生影响，董事会权利越分散，投资不足越低。独立董事比例（PID）与投资不足（Under_INV）的影响系数为-0.0070，但是并不显著，这可能是因为我国独立董事比例尚不能对企业的投资决策起到作用。

2. 金融科技对投资不足影响的进一步考察：异质性企业对比分析

与民营企业相比较，政府及金融机构更倾向于向国有企业提供信贷资源，同时外部投资者也因为国有企业具有产权优势、规模大、实力雄厚等特性更倾向于向其提供资金。那么，对于产权性质不同的企业，金融科技对投资不足的影响一样吗？

从表3-15可以看出，在国有企业子样本中，金融科技（Fintech）与投资不足（Under_INV）的影响系数为-0.0021，但是不显著，这表明，我国国有企业由于融资渠道众多，所受融资约束限制较少，基本上不依赖金融科技进行融资活动；在民营企业子样本中，金融科技（Fintech）与投资不足（Under_INV）的影响系数为-0.0058，在0.01的水平上显著负相关。说明金融科技指数每提高1个单位，民营企业子样本投资不足减少0.0058个单位。我们可以发现，民营企业子样本中金融科技（Fintech）与投资不足（Under_INV）的影响系数绝对值比国有企业子样本中金融科技（Fintech）与投资不足（Under_INV）的影响系数绝对值要大（0.0058>0.0021），这说明金融科技对民营企业投资不足的抑制作用更大。民营企业由于所受的融资约束程度更高，金融科技发展水平的提高对投资不足的抑制作用会更明显。因此，研究假设 H2b 得到验证。

（四）稳健性检验

在稳健性检验部分将金融科技指数换为深圳交易所的香蜜湖金融科技指数的年度开盘价。回归结果如表 3-16 所示。

表 3-16　金融科技对投资不足的稳健性检验

变量	基准回归结果	异质性企业对比分析	
	Under_INV	国有企业	民营企业
Fintech	-0.0032***	-0.0018	-0.0049***
	(0.0009)	(0.0013)	(0.0014)
Growth	0.0013	0.0028	0.0010
	(0.0010)	(0.0019)	(0.0009)
Size	-0.0034***	-0.0033***	-0.0027***
	(0.0003)	(0.0003)	(0.0006)
Lev	-0.0050***	-0.0045**	-0.0070**
	(0.0017)	(0.0019)	(0.0028)
Cash	0.0006	-0.0026	0.0007
	(0.0006)	(0.0029)	(0.0007)
Age	-0.0066***	-0.0083***	-0.0041***
	(0.0006)	(0.0008)	(0.0009)
R	-0.0029***	-0.0033***	-0.0026***
	(0.0007)	(0.0010)	(0.0009)
SBD	-0.0053***	-0.0044**	-0.0002
	(0.0020)	(0.0021)	(0.0036)
PID	-0.0070	-0.0046	0.0017
	(0.0048)	(0.0046)	(0.0092)
_cons	0.1637***	0.1551***	0.1395***
	(0.0095)	(0.0117)	(0.0171)

续表

变量	基准回归结果	异质性企业对比分析	
	Under_ INV	国有企业	民营企业
Obs.	9790	4207	5583
$R-squared$	0.1305	0.1539	0.1103
行业	控制	控制	控制
年份	控制	控制	控制

注：***、**、*分别表示在1%、5%、10%水平下显著，括号内显示聚类标准误。

从表3-16稳健性检验的回归结果可以看出，金融科技（Fintech）与投资不足（Under_ INV）的影响系数为-0.0032，在0.01的水平上显著负相关，说明金融科技指数每提高1个单位，投资不足减少0.0032个单位，即企业投资效率提高0.0032个单位。回归结果验证了研究假设H2a。在国有企业子样本中，金融科技（Fintech）与投资不足（Under_ INV）的影响系数为-0.0018，但是不显著。在民营企业子样本中，金融科技（Fintech）与投资不足（Under_ INV）的影响系数为-0.0049，在0.01的水平上显著负相关。说明金融科技指数每提高1个单位，民营企业子样本投资不足减少0.0049个单位，金融科技对投资不足的抑制作用显著。民营企业子样本中金融科技与投资不足的影响系数绝对值比国有企业子样本中金融科技与投资不足的影响系数绝对值要大，说明金融科技对民营企业投资不足行为的抑制作用更大，符合研究假设H2b，证实了稳健性。

三、融资约束的中介效应检验

（一）描述性统计结果

各变量描述性统计结果如表3-17所示。

表 3-17　各变量描述性统计结果

变量	样本数	均值	标准差	最小值	最大值
$Under\_INV$	9790	0.0376	0.0311	0.0001	0.3986
FC	9790	3.2198	1.3166	-0.6801	11.4038
$Fintech$	9790	0.5437	0.2999	0.0500	0.9100
$Growth$	9790	0.1605	1.0879	-0.9882	82.6991
$Size$	9790	22.1005	1.2346	17.6413	28.5040
Lev	9790	0.4168	0.2134	0.0098	3.9191
$Cash$	9790	0.2075	0.4306	0.0001	38.4737
Age	9790	2.2583	0.6409	1.0986	3.3673
R	9790	0.0372	0.4860	-0.9929	5.6404
SBD	9790	2.1910	0.2336	1.3863	3.4012
PID	9790	0.3609	0.0919	0.0000	1.6000

从各变量描述性统计结果表 3-17 可以发现，变量融资约束 FC 的均值为 3.2198，最大值为 11.4038，而最小值为 -0.6801，说明不同上市企业面临的融资约束水平差距较大。

（二）相关性检验结果

变量的 Pearson 相关系数矩阵如表 3-18 所示。

使用 Pearson 相关性检验进行分析，可以看出各个变量之间的相关系数均较小，最大值为 0.433，因此我们可以认为两两变量之间不存在多重共线性问题。此外，对各个变量的 vif 值进行检验，结果显示 vif 值均远远小于 10，支持了前文变量之间不存在多重共线性的观点。

表 3-18 变量的 Pearson 相关系数矩阵

变量	Under_INV	Fintech	FC	Growth	Size	Lev	Cash	Age	R	SBD	PID
Under_INV	1										
Fintech	0.117***	1									
FC	-0.112***	-0.042***	1								
Growth	0.054***	0.023***	-0.045***	1							
Size	-0.186***	0.107***	-0.118***	0	1						
Lev	-0.160***	-0.039***	0.043***	0.008	0.433***	1					
Cash	0.028***	-0.029***	-0.221***	0.063***	-0.034***	-0.123***	1				
Age	-0.175***	0.119***	0.297***	-0.019*	0.292***	0.320***	-0.055***	1			
R	0.016	-0.132***	0.018***	0.0160	-0.099***	-0.039***	0.055***	-0.068***	1		
SBD	-0.071***	-0.014	-0.014	-0.007	0.167***	0.161***	-0.044***	0.151***	-0.031***	1	
PID	0.003	-0.038***	-0.009***	-0.005	0.071***	-0.023***	0.031***	-0.007	0.015	-0.410***	1

注：***、**、*分别表示在1%、5%、10%水平下显著。

（三）中介效应检验结果

中介效应的回归结果如表 3-19 所示。

表 3-19　中介效应的回归结果

变量	模型（3-2） Under_INV	模型（3-4） FC	模型（3-5） Under_INV
$Fintech$	-0.0038***	-0.0146***	-0.0036***
	(0.0011)	(0.0045)	(0.0011)
FC			0.0081***
			(0.0027)
$Growth$	0.0013	-0.0004	0.0013
	(0.0010)	(0.0013)	(0.0011)
$Size$	-0.0034***	1.0686***	-0.0121***
	(0.0003)	(0.0028)	(0.0029)
Lev	-0.0050***	-0.0097	-0.0049***
	(0.0017)	(0.0070)	(0.0017)
$Cash$	0.0006	0.0002	0.0006
	(0.0006)	(0.0018)	(0.0006)
Age	-0.0066***	-0.0446***	-0.0063***
	(0.0006)	(0.0020)	(0.0006)
R	-0.0029***	0.0157***	-0.0031***
	(0.0007)	(0.0028)	(0.0007)
SBD	-0.0053***	0.0220***	-0.0055***
	(0.0020)	(0.0074)	(0.0020)
PID	-0.0070	0.0739***	-0.0076*
	(0.0048)	(0.0173)	(0.0049)
$\_cons$	0.1416***	-20.3703***	0.3060***
	(0.0068)	(0.0557)	(0.0563)
$Obs.$	9790	9790	9790

续表

变量	模型（3-2）	模型（3-4）	模型（3-5）
$R-squared$	0.1305	0.9945	0.1312
行业	控制		
年份	控制		

注：***、**、*分别表示在1%、5%、10%水平下显著，括号内显示聚类标准误。

融资约束作为中介因子的检验结果如表3-19所示，模型（3-2）中金融科技（Fintech）与投资不足（Under_INV）的影响系数α1为-0.0038，在0.01的水平上显著负相关，表明金融科技发展水平的升高会抑制企业的投资不足，第一步检验符合中介效应检验结果。接下来转入第二步的检验，模型（3-4）中金融科技（Fintech）与融资约束（FC）的影响系数β1为-0.0146，在0.01的水平上显著负相关。模型（3-5）中融资约束（FC）与投资不足（Under_INV）的影响系数y2（0.0081）在0.01的水平上显著，这说明面临融资约束越高的企业，其投资不足行为越严重。回归系数β1和回归系数y2均显著，第二步检验符合中介效应检验结果。接下来转入第三步检验，模型（3-5）中金融科技（Fintech）与投资不足（Under_INV）的影响系数y1在0.01的水平上显著为负，依据中介效应检验步骤可知，表3-19的回归结果符合部分中介效应显著的条件。金融科技的确通过缓解融资约束来影响投资不足，融资约束在金融科技影响投资不足中发挥了中介作用，研究假设H3得到验证。

（四）稳健性检验

在稳健性检验部分将金融科技指数换为深圳交易所的香蜜湖金融科技指数的年度开盘价。回归结果如表3-20所示。

表 3-20 中介效应的稳健性检验

变量	模型（3-2） Under_INV	模型（3-4） FC	模型（3-5） Under_INV
$Fintech$	-0.0032***	-0.0125***	-0.0031***
	(0.0009)	(0.0039)	(0.0009)
FC			0.0081***
			(0.0027)
$Growth$	0.0013	-0.0004	0.0013
	(0.0010)	(0.0013)	(0.0011)
$Size$	-0.0034***	1.0686***	-0.0121***
	(0.0003)	(0.0028)	(0.0029)
Lev	-0.0050***	-0.0097	-0.0049***
	(0.0017)	(0.0070)	(0.0017)
$Cash$	0.0006	0.0002	0.0006
	(0.0006)	(0.0018)	(0.0006)
Age	-0.0066***	-0.0446***	-0.0063***
	(0.0006)	(0.0020)	(0.0006)
R	-0.0029***	0.0157***	-0.0031***
	(0.0007)	(0.0028)	(0.0007)
SBD	-0.0053***	0.0220***	-0.0055***
	(0.0020)	(0.0074)	(0.0020)
PID	-0.0070	0.0739***	-0.0076*
	(0.0048)	(0.0173)	(0.0049)
_cons	0.1637***	-20.2840***	0.3275***
	(0.0095)	(0.0590)	(0.0564)
Obs.	9790	9790	9790
R-squared	0.1305	0.9945	0.1312
行业	控制		
年份	控制		

注：***、*分别表示在1%、10%水平下显著，括号内显示聚类标准误。

表 3-20 详细列示了将融资约束作为中介因子进行依次回归的稳健性

检验，模型（3-2）中金融科技（Fintech）与投资不足（Under_INV）的影响系数 $\alpha 1$ 为-0.0032，在0.01的水平上显著为负，表明金融科技发展水平的升高会抑制企业投资不足，第一步检验符合中介效应检验结果。模型（3-4）中金融科技（Fintech）与融资约束（FC）的影响系数 $\beta 1$ 为-0.0125，在0.01的水平上显著。模型（3-5）中融资约束（FC）与投资不足（Under_INV）的影响系数 $\gamma 2$ 在0.01的水平上显著为0.0081，回归系数 $\beta 1$ 和回归系数 $\gamma 2$ 均显著，第二步检验符合中介效应检验结果。模型（3-5）中金融科技（Fintech）与投资不足（Under_INV）的影响系数 $\gamma 1$ 在0.01的水平上显著为负，依据中介效应检验步骤可知，表3-20的回归结果符合部分中介效应显著的条件。金融科技的确通过缓解融资约束来影响投资不足，融资约束在金融科技影响投资不足中发挥了中介作用，稳健性得到证明。

第六节 研究结论与政策建议

一、主要结论

本章结合中国沪深两市A股市场上市企业2012—2018年的微观年度数据，实证检验了金融科技对企业融资约束和投资不足的影响，并探讨了金融科技影响投资不足的传导机制。主要内容包括：①发现了我国企业普遍存在融资约束现象，而金融科技的发展对企业融资约束具有一定程度的缓解作用，并对异质性企业进行对比分析，发现与国有企业相比，这种缓解作用在民营企业中更为显著。②实证分析金融科技对企业投资不足的抑制作用，并对异质性企业进行对比分析，发现与国有企业相比，这种抑制作用在民营企业中更为显著。③进一步的，金融科技对投资不足的影响通过融资约束发挥作用。中介效应检验的结果表明，金融科技通过缓解企业面临的融资约束来抑制投资不足，从而提升企业的投资效率。

二、政策建议

在我国金融领域改革逐步推进、金融资源有效配置的过程中，金融科技成为金融业转型升级的新引擎和提高金融服务实体经济能力的关键制度选择。同时，金融科技涉及金融服务供需主体和传统金融机构等多个交叉的市场主体，为资源合理配置提供了保证，这可以解决我国实体经济发展中存在的"脱实向虚""重虚轻实"问题，提高金融服务实体经济发展的能力，政府需要对其发展进行资金和政策上的合理引导和监管。结合本章的研究结论，笔者就如何利用金融科技解决企业投资不足问题提出以下三点政策建议。

（一）打造金融科技融资新生态

一是运用金融科技创新打造新型供应链金融。金融科技的快速发展使得信息整合不仅是从信息链的上游向下游累积的过程，供应链金融系统还可以对接核心企业 ERP 系统，及时准确掌握上下游中小企业的各类信息。供应链融资全流程线上化，链条式服务全方位赋能供应链上的企业。其中最典型的就是利用区块链打造的新型融资平台，这为金融生态体系带来了数字化和信息共享。引入区块链技术的供应链金融解决了传统模式下的几大痛点：全程线上操作，减少手工操作的烦琐环节，极大地提升了交易效率；信用打通，将核心企业的信用渗透到各级供应商及分销商，打破信息孤岛的局面，覆盖更多长尾端用户；供应链金融流程全程可视化，确保了贸易数据的真实性，提升了信息透明度，从而可进行穿透式的管理；智能合约约束还款行为，利用多方签名管控资金流向，控制操作风险。二是运用大数据实现精准定位客户。基于海量数据积累，运用大数据技术识别出不同金融生态定位的客户，引导金融资源合理配置到相匹配的企业。三是推出金融科技产品。要及时研发并推出以区块链、人工智能为主的金融科技新产品。从企业的角度来看，企业要提升自身信息管理、数字化能力和科技水平，在利用金融科技进行融资的过程中，应根据经营和财务情况确定融资规模，根据自身风险承担水平选择相匹配的金融科技机构,并恰当把握借助金融科技进行融资的尺度。

(二) 构建金融科技的信息共享平台

信息是关键,打破信息不对称局面后,很多问题会迎刃而解。利用金融科技助力企业的信息透明化需要做到以下几点:一是为企业的信用评级服务。信息共享平台要本着实事求是的原则,对企业真实的信用信息做出评级报告,要在保持自身独立性与信息披露之间找到平衡点。二是打造智能信息风控系统与智能催收系统。通过大数据风控及人工智能,对系统内的资金流向进行智能评估,提高甄别防范金融风险的能力,实现智能化风控。利用信息处理技术,智能识别出不同类型的借款人,为资金回笼建立智能催收系统。

(三) 重塑金融科技创新监管体系

网络攻击和网络故障的频繁发生,使得金融科技也带来了新的风险。金融业监管要适应金融科技的发展,而金融科技监管与传统金融监管既有交叉又有不同。如何制定监管体系才能使金融科技既可以保持创新活力又能最大限度地控制风险呢?如何设计金融科技创新试错容错机制,打造符合我国国情的金融科技创新监管机制呢?当前金融业监管与金融科技的快速发展并不适配,要实现监管与金融科技平衡发展,需要做到以下四点:①建立多层次的金融科技风险治理体系。由于金融科技模式下的跨市场产品与服务不断扩充,这就需要监管部门针对金融科技的特殊性,设立独具特色的金融科技监管协会,对金融科技产业的准入及退出标准,以及行业规范进行界定,对监管责权进行划分,加强动态监管。②从金融科技底层技术进行自我监管。通过设立健全的金融行业法律法规引导金融科技产业往正确规范的方向发展,这其中主要包括区块链、大数据、云计算、人工智能等金融行业标准,从源头规范金融科技产业的发展。③要重视金融科技产业的技术创新及高端人才培养问题。对于政府及金融机构而言,要增强金融科技产业发展的资金融通,培养一批具有先进技术的金融科技企业,形成区域规模经济。出现金融风险的很大一部分原因在于金融机构与计算机行业沟通不顺，金融科技不只是金融和科技的嫁接，因此培养兼具金融知识与互联网技术的复合型跨界金融人才迫在眉睫。一些高校或科研机构要建立金融科技人才培养机制，实施交叉学科的培养方案，为金融科技行业源源不断地输送人才。④加强金融监管的国际合作。英国提出了"监管沙盒"的金融科技监管新模式，英国政府制定政策扩大金融科技创新公司获得融资的机会并且推动其对新产品进行测试。不同国家对于金融科技的监管不尽相同，我国政府要在借鉴国际监管经验的基础上，营造宽严相济的金融科技环境，同国内外金融机构开展协同监管，参与全球化的金融科技监管建设。

第四章 基于杠杆的管理层收购

20世纪80年代，资本市场上出现了"杠杆收购"（Leveraged Buy-Out, LBO）的新并购形式。杠杆收购并购方式对企业界和金融界影响很大，它不仅带动、推进了新的并购高潮，而且在企业运行机制、资本结构、金融活动和资本法则等多方面产生了影响。投资银行利用这种并购方式使"小鱼吃大鱼"成为现实，并引发了20世纪80年代中后期的第四次并购浪潮。

2001年，中国资本市场的深圳方大（000055）和宇通客车（600066）等公司的股份转让公告，引发了人们对杠杆收购中的管理层收购（Managerment Buy-Out, MBO）的密切关注。当时这种并购方式承载着国有企业改制、国退民进战略、管理人员激励等制度使命，被寄予厚望。但是，由于实践操作过程不规范、信息不透明、财富转移和国有资产流失等问题和争议，2003年财政部等下达了《关于国有企业改革有关问题的复函》，明确规定：在相关法规制度未完善之前，对采取管理层收购（包括上市公司和非上市公司）的行为予以暂停受理和审批。2005年公布的《企业国有产权向管理层转让暂行规定》则直接叫停国有大型及国有控股企业的国有股份向管理层转让。尽管受到政策限制，国有企业的MBO冲动仍无法抑制，各种"曲线"或"隐性"MBO被创造性地用于绕开政策限制。双汇发展巧用杠杆，通过曲线MBO和杠杆收购美国万洲国际，成为世界最大的中国肉类品牌；而德隆团队因盲目运用资本杠杆，致使"资本神话"破灭，创始核心人物锒铛入狱。

第一节 杠杆收购的性质

一、杠杆收购的特点与优势

杠杆收购是通过增加收购公司的财务杠杆完成企业产权交易的一种并购方式。这种并购方式是收购公司通过举债获取卖主公司的产权，然后从卖主公司的现金流量中偿还负债。在举债收购中，多以猎物公司资产为担保筹集债务资本。

（一）杠杆收购的特点

杠杆收购必须考虑债务的偿还能力，采用这种大量举债的收购方式，必须要有足够的信心偿还债务和利息。因为利息支出可在税前所得扣除，因此可减少税负，所以企业的实际价值比账面价值要高很多。杠杆收购的目标企业大都是具有较高且稳定的现金流产生能力的企业，或者是通过出售或关停目标公司部分不盈利业务和经过整顿后可以大大降低成本，提高利润空间的企业。因为杠杆收购需要通过借债完成，因此目标企业本身的负债比率必须要低。杠杆收购一般具有以下特点。

1. 资本结构发生变化

使用债务杠杆进行并购的公司，其资本结构如倒三角，在该三角的顶层，是对公司资产有最高级求偿权的银行借款，约占收购资金的60%；中间层是被称为"垃圾债券"（Junk Bond）的夹层债券（Mezzanine Layes），占收购资金的30%；倒三角的底部为收购者的自有资金，约占收购资金的10%。这是由于公司在杠杆收购中引起的负债，主要由猎物公司资产或现金流量来支持和偿还，其次才是投资人的投资。

2. 企业产权交易中所涉人员的变化

杠杆收购之前的企业产权交易，由并购双方经理人员基于各自公司的需要直接达成交易；而杠杆收购需由交易双方以外的第三者充任"经纪人"，并由他们在并购交易的双方间起促进和推动作用。

（二）杠杆收购的优势

杠杆收购是20世纪80年代最引人注目的资本故事之一。其中一个得到广泛宣传的事件是吉布逊贺卡交易获得了巨额利润。该公司首先在1982年被私有化，一年半年之后重新上市，再次成为公众持股公司。由Wesray资本公司领导的管理团队于1982年以8000万美元从RCA手中购入吉布逊（只用了100万美元的自有资金）。该公司在18个月后再次上市的时候价格为2.9亿美元，这可能是得益于1982年开始的"牛市"，实际上公司本身并没有显著的变化。Wesray公司的一位负责人，前财政秘书威廉姆·西蒙的33万美元投资获得了价值6600万美元的现金和股票。杠杆收购成为20世纪80年代获利性最高的投资理念，它吸引了众多参与者，包括银行、保险公司养老基金和财力雄厚的个人。杠杆收购在20世纪80年代之所以兴盛，是因为其有着与生俱来的优势。

1. 极高的股权回报率（ROE）

杠杆收购使公司资本结构发生了重大改变，债务资本比率提高及股东权益比率下降增强了资本结构的杠杆效应。在杠杆收购实现后的头两年，由于杠杆效应，股权回报率相当高。但是，随着公司用每年产生的现金流偿付债务，公司的资本结构又发生了改变，债务资本比率逐年下降。尽管债务资本比率的回落减弱了资本结构的杠杆效应，但总体而言，杠杆收购下的股权回报率还是高于普通资本结构下的股权回报率。

杠杆收购中股权投资套现也加大了高股权回报率的可能。例如，某收购者以1亿美元的股权资本和9亿美元的债务资本收购一家价值10亿美元的公司。此时股东权益占总资本的比重为10%。两年后，若收购者在偿还了2亿美元债务的情况下，将原猎物公司以11亿美元价格出售，收购者在偿还剩余的7亿美元债务后，获得了4亿美元的净额。在不考虑货币时间价值的前提下，以猎物公司的1亿美元股本计，股本资本报酬率为400%。

2. 税收优惠

在杠杆收购的融资安排中，债务资本所占比重很高，甚至高达公司全部资本的 90%~95%。按税制规定，债务资本的利息费用在税前列支。因此，利息费用的存在相对减少了应税利润，公司的所得税也相应减少，这相当于政府间接地给予杠杆收购公司的补贴。

税法一般规定，如猎物公司在被并购前有亏损，这部分亏损可在以后不定期年度内递延，冲抵杠杆收购后公司各年产生的盈利，从而降低应税收益，产生税收的优惠。

在美国，税法的变动使杠杆收购的融资安排趋于债务化，20 世纪 70 年代后，美国将所得税率下调至 50%，而将资本利得税率上调至 35%，两者之间的税率差距缩小。这一税法上的变化导致股票交易不活跃，直接影响了股票的上市和发行，企业的融资渠道转向举债。这在某种程度上给杠杆收购的产生提供了条件。

二、杠杆收购的类型

在杠杆收购实务中，衍生出许多方式，如管理层收购、敌意杠杆收购等。下面以收购对象、收购者及收购态度为标准对杠杆收购进行分类。

（一）按收购者进行分类

按目标公司管理层是否参与对本公司的收购进行分类，杠杆收购可分为管理层收购和非管理层收购。

1. 管理层收购

管理层收购是指股权投资者与管理层一起组成一个收购集团，与目标公司或目标公司的母公司的董事会在友好气氛下洽商收购条款，商定后即实施杠杆收购。在管理层收购交易中，担任发起人的多为投资银行或投资公司，他们承担着集资、策划、交易谈判等工作。成功的管理层收购有赖于目标公司管理层与投资银行的友好合作。

管理层以一定的标准选择合适的发起人，这些标准主要有：发起人应拥有充足的资本、发达的证券销售网络、愿意赠予管理层更多的股权或赋予管理层廉价购买股权的优惠等。

投资银行对目标管理层的选择标准同样要求很高，这些标准主要有：管理层应投入较多资本，尽力经营公司；缩短公司融资期限，提高资金的流动性及效率。

目标公司管理层熟悉公司内在价值和潜力，当他们认为外部猎手公司或投资者的要约价格过低时，就会以比外部收购者更高的价格向股东发出收购要约，借杠杆收购之力赎出公司，转为私有。1987年美国的超级市场总公司正是被管理层杠杆收购而私有化的。

为保证管理层收购的顺利进行，投资银行和风险投资基金等股权投资者常赠予管理层一些股权，例如管理层只提供股本资本的5%，但却能得到10%的股权。这种做法一般是基于以下考虑：管理层收购的最终成功依赖于管理层在收购后的优秀管理，股权投资者希望由管理层经营一段时期后，将猎物公司再行出售套现，实现巨大投资收益。

对目标公司实施管理层收购在欧美国家并不少见。例如，1988年美国RJR纳比斯柯公司的管理层，由协利银行协助，以每股75美元的收购要约向RJR纳比斯柯公司股东发出收购通告。公司决策层打算收购后再出售部分资产来偿债，并已接洽卖方。KKR公司得此消息后，以每股90美元的价格参与收购竞争。随后，RJR公司的管理层宣布重新择期竞标。KKR公司的出价不断上升，并承诺收购的原公司大部分业务不出售，对员工提供更多的福利和保障。最后，KKR以每股109美元中标，成交额为251亿美元。至此，KKR以管理层杠杆收购RJR公司获得成功。

2. 非管理层收购

非管理层收购是指在杠杆收购交易中，公司管理人员没有直接参股的杠杆收购，但这并不意味着公司经理在并购中不发挥作用。20世纪80年代前，杠杆收购以非管理层收购形式居多，80年代以来，杠杆收购转而以管理层收购为主。

（二）按收购对象进行分类

杠杆收购对象有三种，分别是上市公司、私人公司和大公司拟出售的子公司或部门机构。

1. 上市公司

杠杆收购上市公司在欧美国家较为常见。这种收购的原因较为复杂，但有两种原因更为常见：一是公司内外的股权投资者期望借收购之机实现股东财富最大化。当股市对目标公司的估值偏低时收购者的欲望会增强。二是为使公司不落入带有敌意倾向的外部收购者之手，公司管理层会借杠杆收购之力赎出公司并私有化。当他们认为外部猎手公司或投资个体出价过低时，他们以高于外部收购者的出价向股东发出收购要约。美国麦锡百货公司和 RJR 烟草公司就是被杠杆收购并私有的两家上市公司。

2. 私人公司

杠杆收购私人公司的原因较为单一，从已发生的案例来看，其原因多为私人公司股东寻求套现。应该说，私人公司股东套现股份的途径不少，比如可以寻求公开招股上市和将公司售出套现。然而，这些途径均不完美。公开招股上市套现，股权仅具有部分流通性，抛售全部股份不仅受法律限制，而且会造成股价震荡；公司售出套现，私人公司的管理层会担心公司出售后独立性丧失而离职。为此，私人公司的管理层和部分股东可能会与投资银行联手，杠杆收购这家私人公司，管理层以此获得留任的机会，私人公司的股东也可以不菲的价格出售其持有的股权来套现。

3. 大公司拟出售的子公司或部门机构

杠杆收购大公司拟脱手的子公司或部门机构通常采用管理层收购法。当子公司或部门的管理层觉得子公司或部门的价值在母公司的出价之上时，他们会与投资银行等金融机构合作，杠杆收购该子公司或部门。鉴于管理层通过这种收购后有可能成为大股东，从而能尽心尽力地经营公司，这样的收购可避免收购对象遭受冲击。1982 年，吉布逊贺卡公司被其母公司美国无线电公司出售时，该公司管理层与收购方联手，杠杆收购了吉布逊贺卡公司。原吉布逊贺卡公司管理层同时又成为持股比例为 30%的股东。

(三) 按收购态度进行分类

杠杆收购中，可按猎手公司和猎物公司在收购中的态度分为善意杠杆收购和敌意杠杆收购。

1. 善意杠杆收购

善意杠杆收购时，猎手公司和猎物公司的董事会在友好气氛下洽商收购条款，达成统一意见后即实施杠杆收购。管理层收购属善意杠杆收购，收购集团均持善意收购的态度。

2. 敌意杠杆收购

敌意杠杆收购是指收购集团以强硬的态度，带有敌意地发动的杠杆收购。这种收购往往发生在纯粹由外部投资者组成的收购集团涉足的杠杆收购中。敌意杠杆收购是公开垃圾债券市场拓展的产物，垃圾债券的产生为敌意杠杆收购解决了筹资上的困难。著名的敌意杠杆收购案是梅萨石油公司杠杆收购海湾石油公司。1984 年，梅萨公司的领导者皮尔斯在德雷克尔投资银行的安排下，发行了 20 亿美元的高利率风险债券（垃圾债券），据此对市值 63 亿美元的海湾公司发动了敌意杠杆收购。由于种种原因，梅萨公司未能实现"小鱼吃大鱼"的梦想，但海湾公司被迫售予加州的标准石油公司。我国曾经发生的王石与姚振华的万科控制权之争，姚振华的宝能对万科的股权投资也属于此类的收购。

第二节　杠杆收购的发展

一、杠杆收购的兴起

杠杆收购是美国第四次并购浪潮中的标志性并购方式。这种方式始于 20 世纪 70 年代末到 80 年代初。它在美国的最初兴起有其特殊的原因。

(一) 解决第三次并购浪潮的遗留问题

20世纪60年代美国第三次并购浪潮产生的负效应，为杠杆收购提供了大量可收购的对象。在第三次并购浪潮中，许多大公司利用混合并购方式扩张，成为跨行业的综合性大公司。盲目并购非但没有产生经营和财务协同效应，而且造成因规模偏大而产生的低效。为提高股本收益率，减少经营和财务风险，在20世纪70年代末至80年代初，许多公司不得不出售以前收购的子公司，这为杠杆收购提供了机会。

(二) 税制的变动促成了杠杆收购

20世纪70年代末，美国调低了所得税率，并调高了资本利得税率的上限。这种税制（特别是资本利得税率）的变化，阻碍了股票市场的繁荣，股票的一级市场和二级市场均不活跃，因此，公司的筹资决策转向举债。这为以高债务为特征的杠杆收购提供了资金保证。

(三) 通货膨胀降低了杠杆收购的成本

在通货膨胀下，公司资产的名义价值超过其历史成本。根据1981年的《经济复兴税法》（ERTA），公司收购已经用过的资产，可以在较大基数基础上从头加速计提折旧，由此提高了节省税的幅度。此外，在债务利息率固定的前提下，通货膨胀降低了债务实际利息率，从而减轻了公司的实际债务成本。

(四) 金融机构的积极参与

20世纪70年代末到80年代初，美国政府放松了金融管制，金融机构之间竞争加剧。金融机构为减轻资金获得成本上升所带来的压力，努力寻求放款渠道，他们设置了专门的并购部门，策划杠杆收购交易。这样，并购交易所需资金得到了保障。据估计，并购交易所需资金的90%来自金融机构的贷款。

可以说，杠杆收购在20世纪70年代末至80年代初的兴起恰逢其时，杠杆收购的双方及资金的提供者均愿意接受这种收购方式。

对收购方而言，杠杆收购能使他们以较小的投资获得另一家公司的全部或部分产权，而且公司管理层通过杠杆收购也能成为公司的所有者。

对被收购方而言，由于公司整体经营战略的变化，其分支机构或子公司可能已不再适宜继续经营，为提高股本收益率，他们将子公司出售，杠杆收购能在市价之上为他们支付一笔溢价，被收购方也乐意为之。

对提供资金的金融机构而言，他们能从为杠杆交易提供贷款的过程中得到更高的收益。尽管此举增加了风险，但他们可以通过提高贷款利率或直接参股等作为补偿，也可事先对贷款对象进行必要的商业调查来降低贷款风险。

杠杆收购兴起时，颇具代表性的案例是1979年KKR公司杠杆收购了豪得乐实业公司。在这次收购中，美国的一些超级大银行、保险公司和养老基金等参与了融资和投资。KKR公司在此次收购中共筹资3.7亿美元。在杠杆收购兴起的那几年内，收购并不活跃，收购价格一般为EBIT的5倍以上，且收购过程烦琐、持续时间较长（3~6个月）。

二、杠杆收购的兴盛

20世纪80年代是杠杆收购的兴盛期。从1982年起，杠杆收购迅速活跃起来。在1982—1989年的8年时间内，杠杆收购的次数从1982年的148起升至1989年的371起，收购金额则由3.4亿美元增加为66.8亿美元。杠杆收购之所以成为那一时期收购的主旋律，有以下四方面的原因。

（一）投资银行深度介入

投资银行为收购者提供了极大的融资便利和支持，提高了收购的速度，扩大了收购的容量。美国德雷克塞尔投资银行及其投资银行家迈克尔·米尔根在1983年推出的"高度信心书"，给杠杆收购市场带来了革命性变化。这种"高度信心书"是投资银行有高度信心为收购者提供必需资金的安慰性声明，表明投资银行同意为杠杆收购项目包销夹层债券。"垃圾债券大王"米尔根的这种做法首先改变了公司的资本结构，一级银行贷款的比重由70%降至30%~40%，而附属债券或垃圾债券市场提供的资金由20%升至30%~40%；其次提高了杠杆收购交易的成功率，大大缩短了收购的时间；再次提高了融资能力，收购价格对EBIT的比率由5倍提高至6~8倍。

（二）杠杆收购高回报率的诱惑

高回报使得投资银行和投资公司纷纷从保险公司、商业银行及个人投资者处融资，建立专事杠杆收购的基金。在杠杆收购的高峰期1988年，约有250亿美元的收购基金在流动，且主要集中于KKR、美林公司、摩根士丹利等一些投资公司和投资银行内。私募与公开债券市场的兴起和发展、收购资金的充裕及投资银行的深度参与等，推动着杠杆收购市场的迅速膨胀。

（三）桥式贷款进一步提高了杠杆收购的速度

杠杆收购基金聚集的闲置资金需寻求出路，收购者间的价格竞争导致1986年"包销"（Bought Deal）方式的产生。投资银行为创造并购和有关承销业务的机会并从中获利，为收购公司提供了桥式贷款（Bridge Loan）。由于桥式贷款能迅速提供资金，因而抢在被购买公司反对买方报价之前或目标公司采取反收购策略而使收购代价更高之前完成交易，可增加交易成功的可能性，还能使投资银行赚取更多的并购咨询费和有关承销费。桥式贷款的使用，使交易时间大大缩短，甚至缩至一周，这是由德雷克塞尔投资银行发明的"高度信心书"支持的收购交易所不能做到的，"高度信心书"的做法需耗时1~3个月，且易遭到由其他收购基金支持的竞价者的袭击。

（四）杠杆收购的交易环境和条件良好

杠杆收购市场的扩大和竞争的加剧，致使收购价格对猎物公司息税前收益的比率逐级提高，1986年这一比率已高达8~12倍。收购成本的大幅度提高令收购者难以承担沉重的债务。投资银行又创新推出两种延期付款信用工具，即实物支付债券和递延息票债券。前者是指债券持有人得到更多的利息；而后者（亦称零息债券）是指在发行时不支付利息，投资者以低于票面的贴现价购买，几年后债券到期时可得到票面金额。这两种债券允许杠杆收购者将本息支付推迟至并购完成3~5年之后，从而大大减轻了收购公司即期付息的负担，也为杠杆收购提供了良好的交易环境和条件。

三、杠杆收购的受阻

进入20世纪90年代，杠杆收购的次数和金额均无法与80年代，尤其是和80年代后期相比，均呈下降趋势。1991年，美国的杠杆收购次数从1989年的371起锐减至112起，收购交易额也从1989年的66.8亿美元减少至5.5亿美元。

从杠杆收购的兴起之日起，投资银行的并购部在鼓励并协助企业进行杠杆收购时有一个信念，即杠杆收购能创造价值。通过杠杆收购，债券持有人的利益受到损害，而股东的股份价值得到了增值，存在着财富的转移现象。尽管大量实证研究均不能证明债券持有人的累积亏损等于或大于股东的累计获利，也不能绝对证明债券持有人在每次杠杆收购中均受损，但在杠杆收购中财富的转移是有可能的。股东股份资产增值的一部分原因是财富转移，而另一部分原因是效率的提高和税收收益、更好的信息服务及机会成本的减少。总之，成功的杠杆收购的确为母公司股东创造了额外收益，且并购后公司的经营也更完善了。然而，20世纪80年代过热的杠杆收购为90年代杠杆收购受阻埋下了伏笔。

20世纪80年代，过多的资金追逐过少的合格收购对象，收购价格和收购成本急剧上升，债务负担加重，这对债券市场带来不利影响，致使债券融资成本增加。杠杆收购致使公司管理层只集中注意短期利益和目标。过度的杠杆收购热掩盖了不少杠杆收购后公司的效率反而下降的情况。杠杆收购市场的脆弱在1987年10月的"股灾"中已有所体现。20世纪80年代末，"大牛市"终结时，市场终于急转直下。特别是"垃圾债券之王"米尔根因涉嫌操纵垃圾债券于1990年被捕后，其所在的投资银行破产了，其他投资银行也收缩杠杆收购业务，保险公司等金融机构亦纷纷从杠杆收购中撤资。在这种情况下，杠杆收购严重萎缩。1995年，随着整个收购兼并活动的复苏，杠杆收购的境况才有所改观。

第三节 杠杆收购的运作

一、成功的杠杆收购交易的基本条件

杠杆收购是一项复杂、高难度的交易，其达成需要投资银行、公司管理层，以及其他参与设计、融资、供资的机构充满自信，并对收购交易各方面进行敏锐而细致的观察。一般而言，成功的杠杆收购交易需具备7个基本条件：①公司管理层有较高的管理技能；②公司经营比较稳定；③公司负债较少；④公司的现金流量比较稳定；⑤公司资产的变现能力强；⑥公司在偿还并购债务期间，其资产不必进行更新改造；⑦投资银行的积极参与。

二、杠杆收购的基本流程

在杠杆收购需有经纪人参与时，交易经纪人既可由公司管理人员充任，也可由外部第三者来担当，交易经纪人在杠杆收购中起着举足轻重的作用。下面从交易经纪人角度描述杠杆收购的基本流程。

（一）筹划并购交易，为并购交易筹措资金

由于并购交易人具备筹资经验，且与债权人、投资者等保持着良好的私人关系，便于为杠杆收购交易进行筹划，能更好地获得交易资金。在杠杆收购中，常由投资银行给收购者一笔桥式贷款去购买股权，收购者取得控制权后，以目标公司名义发行大量债券筹款，来偿还桥式贷款。在美国，20世纪80年代流行的杠杆收购通常都通过投资银行安排桥式贷款，收购方只需出少部分自有资金，即可买下目标公司；目标公司以其资产为担保，向外举债，并通过投资银行发放高利率垃圾债券及商业本票，用筹款偿付桥式贷款。

（二）监督公司的经营

由于资本结构中债务占了较大比重，杠杆收购公司的债务压力巨大，加之杠杆收购具有高风险特性，债务资本的供应者均要求有较高的利率作为补偿，且有苛刻的条件。因此，若收购者经营不善，或收购前后计划出了纰漏，收购者极有可能被债务压垮。加拿大亿万富翁坎波通过杠杆收购弗德雷特百货公司后，就是因债务重压而破产的。为此，在杠杆收购后，常需要一位有管理经验的经纪人来监督公司经营，他们要为不习惯管理财务杠杆率高的企业做些辅助管理工作，帮助公司进行收购完毕后的重组和经营。重组的核心思想是卖掉市盈率或价格对现金流比率超过收购整个猎物公司形成的市盈率的各项资产、部门及子公司，或卖掉价格对现金流比率超过收购整个猎物公司形成的价格对现金流比率的各项资产、部门及子公司。经营的核心思想是迅速增加企业的销售收入、净收入，加大公司的现金流，从而加快偿还债务的速度，实现股东财富最大化。美国最著名的经纪公司 KKR 公司在购买别的公司后对其进行重组与经营的做法颇具代表性。例如，该公司 1972 年收购了胜家公司的一个制造地铁开关门装置的部门。KKR 为此出资 440 万美元，并向银行和保险公司贷款 3350 万美元，实施杠杆收购，债务资本占收购所需资金的 88%。杠杆收购完成后，管理人员悉心经营，营业额由 1973 年的 4600 万美元增加至 1977 年的 8600 万美元，净收入由 1973 年的 120 万美元增加至 1977 年的 600 万美元。公司偿债能力得到保障，1977 年只剩下 1070 万美元债务。KKR 公司最初收购价是每股 2.8 美元，1978 年他们以每股 33 美元将这家公司卖掉，6 年获利 12 倍多。

（三）股权投资套现

这是杠杆收购过程的尾声，也是收购者的撤资环节。股权投资的套现通常有以下两条途径：

第一，公开招股上市。通过杠杆收购完成并购后，对并购公司进行重组和经营，待条件成熟后，组织安排上市。这是每个杠杆收购投资者所追求的，他们可以通过二级市场以其投资额的几倍或几十倍套现。例如，美国前财政部长威廉·赛门组织的投资合伙集团在1982年杠杆收购了吉布逊贺卡公司后，经过一年半的重组和经营，1984年让吉布逊公司重新登记挂牌。赛门本人33万美元的投资变成了6600万美元。

第二，私下售给另一买家。将杠杆收购公司再出售是实现股权投资套现的另一条途径。特别是在股市萧条使杠杆收购公司几乎不可能上市的情况下，再出售套现就体现了方便、快捷的优势。例如，美国KKR公司于1975年与管理人员联手，杠杆收购了罗克威尔公司的一个制造过滤嘴、齿轮等部件的分厂，1980年将该厂售出，收益高达初始股权投资的20多倍。

杠杆收购的出现改变了欧美国家公司并购的历史，出现了"小鱼吃大鱼"的局面，它对企业机制、财务结构、法律形式等的影响深刻且久远。

第四节 杠杆收购的融资体系

杠杆收购者必须筹措到足够的资金，才能完成并购交易。整个筹资活动应以低资金成本和易降低今后的债务压力为依据。可以说，低融资成本和高偿债能力与成功的融资体系密不可分，成功的融资体系设计是杠杆收购取得最初成功和最终成果的基础条件之一。在杠杆收购的融资体系设计上，投资银行做出了重要的贡献。它们设计了多层次的融资体系，并为这个体系创新出许多前所未有的融资工具。

一、杠杆收购融资体系的特征

尽管每次杠杆收购的融资体系都会有所差异，但也有其共性。

（一）杠杆收购的融资渠道多样化

主要的筹资工具有银行借款、夹层债券和股权资本等。银行借款（亦称高级债务）是杠杆收购资本结构中的上层融资工具，该工具的投资者多为商业银行，其他金融机构也时有参与；夹层债券是杠杆融资体系中内容形式最为丰富多样的一族，包括桥式贷款、从属债券和延迟支付证券；股权资本包括优先股和普通股。

（二）债务资本所占比重大

杠杆收购的融资体系中，债务资本所占比重大，而以普通股形式表现的股权资本所占比重小。尽管这个结构并不确定，且事实上随债券市场景气度、整个经济和信贷的繁荣度，以及投资者对风险的态度而不断改变，但债务资本仍是融资体系中的主流。20世纪80年代末，在中型规模（0.5亿美元）的杠杆收购中，债务资本占95%左右；至90年代初，债务资本的比重有所下降，约占总资本的80%。

（三）融资体系的财务风险大

由于融资体系中债务资本大，因此财务杠杆系数大，债务压力大。在欧美一些国家，通过杠杆收购后因不堪债务重压而申请破产的企业不在少数。正是因为杠杆收购融资体系存在巨大的财务风险，所以许多收购方为规避风险，适当提高了股权资本的比重。

（四）创新融资工具的大量作用

杠杆收购融资体系中使用了大量的创新融资工具，例如垃圾债券、桥式贷款和从属债券、延迟支付证券等。这些创新融资工具的使用体现了投资银行的匠心。

二、杠杆收购融资体系形成的环境

杠杆收购融资体系的形成是经济和金融等因素作用的结果。

（一）通货膨胀影响

通货膨胀使公司实际债务负担减轻，理由是先前形成的债务本金和利息是固定的。以不变价格计算，通货膨胀减少了公司财务报表中的实际债务量和偿还成本。公司可通过举债获得通货膨胀带来的部分收益，致使债务负担转移。

(二) 税制变动影响

美国 20 世纪 50—60 年代的联邦所得税率与资本利得税率间差距较大，所得税率大大高于利得税率，极大地推动了股市的发展。70 年代后，税制变化的结果为，调低所得税率和调高利得税率，且两者差距缩小。这样，股票的一级和二级市场均不活跃，企业的融资渠道转向举债。另外，美国 1981 年的《经济复苏税法》（ERTA）又为杠杆收购提供了有利的环境，该法允许企业利用从银行借入的资金来购买公司股票，以实施雇员持股计划。

(三) 金融管制的放松

杠杆收购发展的时代正是美国政府对金融管制放松的年代，金融机构间的竞争导致资本成本增加。为摆脱高资金成本压力，银行及非银行机构努力寻找放款渠道。这为杠杆收购融资体系高债务的形成提供了便利。

(四) 投资银行并购业务的延伸

投资银行坚信，通过杠杆收购，债券持有人的利益会受到损害，而股东的股份价值会得到增值，财富由债券持有人转移到股东。这种财富的转移已被实证研究所证实。

三、杠杆收购融资体系的内容及安排

杠杆收购是走向私有化的途径之一。使用这种收购形式可使少数投资者因此获得公司未偿清股权的大多数或全部，但需用大量的收购资金。为此，新的融资工具相继产生，并随即投入使用。它们大多由投资银行操作，使用的主要工具为银行提供的收购贷款、夹层债券和股权资本。杠杆收购融资体系如表 4-1 所示。

表 4-1 杠杆收购融资体系

层　次	债权人/投资者	贷款/证券
高级债务	商业银行 以资产做抵押的债权人 保险公司 被兼并公司	周转信贷协议（无担保） 周转信贷协议（以应收账款和存贷做抵押） 固定资产贷款（以机器、设备不动产做担保） 优先票据（无担保）
夹层债券	保险公司 退休基金组织 风险资本企业 被兼并公司	优先从属票据 次级从属票据
股权资本	保险公司 风险资本企业 被兼并公司 私人投资者 公司经理人员	优先股 普通股

（一）高级债务层

高级债务（Senior Debt），即一级银行贷款，是杠杆收购融资结构中的上层融资工具。这种债务在融资结构中所占比例颇高，20世纪80年代为65%，90年代为50%。它的供资者多为商业银行，其他非银行金融机构，如保险公司、商业金融公司等也经常介入。高级债务之所以冠名"高级"，在于其供资方所面临的风险最低。一旦公司破产清算，供资方对收购得来的资产享有优先求偿权，而且商业银行等主要供资方对贷款额度的确立均持审慎态度。与供资者风险低相对应的是其收益率较低，高级债务的供资方所能获得的收益率一般在杠杆收购融资体系中居末位。

作为一级贷款主要供资者的商业银行以三种方式参与杠杆收购的供资：一是充当收购方一级贷款经办人。商业银行以此身份介入是杠杆收购成功的关键。为此，杠杆收购者和其财务顾问均愿意寻找著名的商业银行担任一级贷款经办人，借这些商业银行的资信，提高杠杆收购的资信度及成功概率，吸引其他投资者一起参与供资。经办银行除了负责筹集一级贷款外，也提供贷款，且是最大的供资者。二是参与杠杆收购的一级银行辛迪加贷款。大规模杠杆收购所需一级贷款的支撑力度大，为分散风险，一级贷款经办行会邀请其他商业银行组成银团，共同向杠杆收购者提供贷款。三是购买其他银行转售的一级贷款。这种参与方式是商业银行介入不深、风险最低的杠杆收购参与方式。

不管商业银行以何种方式参与杠杆收购的供资，它在提供一级银行贷款时应遵循三项规则：①按基准利率计算。例如，根据伦敦银行同业拆放利率（LIBOR）加上一个百分率定出贷款利率；②贷款期限最多不超过7年，平均贷款期不超过3~4年；③设定贷款额度，有效防范和控制风险。例如，按应收账款的80%、存贷的50%、厂房设备的25%设定贷款额度。商业银行为安全起见，在一些情况下，会提出诸如限制收购者发行其他债券和支付股息等一些附加的约束性条款。

（二）次级债务层

从属债券是指那些以夹层债券为表现形式的债务融资工具，也被称为居次债权。如果公司清算，居次债权的求偿权位于一级贷款之后。从属债券包括优先从属债券和次级从属债券等，它们是杠杆收购融资体系中内容形式最丰富的一族。

在典型的杠杆收购中，收购方常通过投资银行安排桥式贷款，买方只需出很少一部分自有资金，即可买下目标公司；目标公司以其自身资产做担保，向外举债，并在投资银行安排下，发放垃圾债券及商业本票筹资，偿还桥式贷款。

1. 桥式贷款

桥式贷款是指投资银行以利率爬升票据等形式向收购者提供由投资银行自有资本支持下的贷款，期限一般为180天，并可根据收购者要求展期180天。该贷款的利率设计多取爬升式，例如，第一季度利率为基准利率加500个基点，以后每个季度加25个基点。这种爬升式利率设计有效地加快了收购者的还款速度。投资银行在提供此贷款时先按1%计收承诺费，然后按桥式贷款的实际支付金额加收1%左右的附加费用。

桥式贷款由收购者日后发行垃圾债券或收购完成后出售部分资产、部门所得资金偿还。尽管如此，投资银行发放桥式贷款仍承担着巨大风险。为达成杠杆收购交易，策划收购的投资银行不惜代价发放单笔金额巨大的桥式贷款，这些占投资银行净资产较高比重的桥式贷款的成本和风险的变动，易使投资银行业绩和财务表现大起大落。

2. 从属债券

从属债券的期限多在 8~15 年，它的清偿次序排在一级银行贷款之后。从属债券又可据求偿权的先后分为高级从属债券和次级从属债券。

高级从属债券的利率一般高出一级贷款 200 个基点。其利息按期计付，但其本金则在筹资后的几年才开始偿还。该债券通常有提前收回条款，债券发行者可以行使早赎权，但一般须向投资者支付一个溢价（以总债券面额的一定百分比计付）。次级从属债券因求偿权后于高级从属债券，投资者相对承担了更高的风险，因此次级从属债券的利率高出高级从属债券 50 个基点。次级从属债券期限较高级从属债券更长，其本金的偿还在高级从属债券之后。次级从属债券也有提前收回条款，该条款的行使与高级从属债券一致。

3. 延迟支付证券

延迟支付证券是在约定的期限内不支付现金利息或股息，过了约定期按发行时债务契约中拟定的条件支付现金利息，或股息的债务融资，或优先股融资。将延迟支付证券导入杠杆收购，可大大减轻收购者的债务压力。具体而言，一是可以通过延迟支付来减轻收购交易完成后头几年的现金利息负担；二是可以使收购者易筹集到求偿权靠前的一级贷款和夹层债券。延迟支付证券最常用的两种形式为零息债券和实物支付债券。

（1）零息债券是指在发行时不支付利息，而以低于面值的很大折扣折价出售的债券。投资者以低于票面的贴现价购买，几年后债券到期时可得 100% 的票面金额。零息债券的求偿权在一级银行信贷和其他从属债券之后，因此其期限较长。与之相对应的风险也更高，这在零息债券发行价和其面值差价中暗含的利息率之高上已得到充分体现（零息债券暗含的利率高出次级从属债券 100 个基点）。正是由于其暗含的利率高，因此当市场利率波动时，该债券的内在价值会发生波动，从而使其价格表现出较为剧烈的波动。

（2）实物支付债券是指债券到期时，以同类证券代替现金支付的债券。以同类证券做支付的证券可以是债券，也可以是优先股。以同类证券做支付的优先股提供给投资者高达 15%~20% 的股息率，但这些股息以优先股做支付工具，而非现金。以同类证券做支付的债券也是如此，通常在一个预先约定的年限到来之前，利息以同类债券做支付，过了这个年限，发行者才以现金付息和还本。在所有的垃圾债券中，实物支付债券风险最大且潜在收益也最大。RJR 公司收购案中涉及的零息债券和实物支付债券高达 110 亿美元。延迟支付证券尽管能减轻收购者头几年的债务压力，但其强烈的"利滚利"色彩很可能使收购者因陷入更大的债务压力而绝望。美国 KKR 下属的希恩布罗公司正是实物支付债券的牺牲品。

（3）从属债券（夹层债券）既可以采用私募，也可公开发售。私募常由少数投资机构如保险公司、养老基金会及其他投资者私下认购。由于所购债券期限长、流通性差，私募债券持有者一般会得到比公募债券持有者更高的利息。同样，发行者在销售夹层债券时，多赠予无表决权的普通股以吸引投资者。这样，私募债券购买者所得的回报率比同期国债高出约 1000 个基点。私募夹层债券的利率通常在供资方做出购买承诺时予以确定。另外，私募发行的发行成本低、速度快，因为它可免去注册成本和专职调查。

公开发行则通过高风险债券市场进行。在公开发行过程中，投资银行提供自始至终的服务。担任承销商的投资银行同时又是杠杆收购的策划者和发起人。在公开发行流程中，投资银行在公开市场上做市商，使债券流通性较私募大大提高，公募夹层债券购买者因债券流通性的提高而比私募夹层债券购买者承担的风险更小，因此，发行者不必以赠予股权作为诱惑。公募夹层债券的发行价和利率视实际发售日的市场条件（如市场利率）而定，这对杠杆收购者不利，因为在收购交易期间到债券公开发售日之间市场利率有变动的可能。作为公募夹层债券的承销商，投资银行承销毛利大约为发行总额的3.5%，承销佣金丰厚，但要提供足够的服务，甚至做出充任债券上市后做市商这一承诺。

(三) 股权资本层

股权资本证券是杠杆收购融资体系中居于最下层的融资工具，因为股权资本证券的求偿权在夹层债券之后。股权资本证券包括优先股和普通股。普通股是整个融资体系中风险最高、潜在收益最大的一类证券。由于杠杆收购股权资本证券一般不向其他投资者直接出售，而只供应给在杠杆收购交易中发挥重要作用的金融机构或个人。因此，股权资本的供应者多为杠杆收购股权基金、经理人员、一级贷款和夹层债券的贷款者或供资方。在很多情况下，杠杆收购后形成的公司其控股权落在充任发起人的投资银行或专事杠杆收购的投资公司手中。

(四) 融资的创新

收购方若按以上杠杆融资体系和其中的融资工具安排杠杆收购资金，则猎手公司的合并资产负债表上的资产负债比重会过高，这对杠杆收购的顺利完成不利。为此，投资银行在实际操作中进行了创新，发明了表外工具。就杠杆收购而言，表外工具是指致使杠杆收购中的高债务暂不在猎手公司资产负债表上列示的融资方式。该工具的机制为：针对被母公司控股超过50%以上的子公司均需进行报表合并的要求，投资银行想办法绕开这一要求，使猎手公司在收购完成时对猎物公司或猎物公司的控股公司（Holding Company）不具有50%及以上的控股权，从而使猎物公司或其控股公司的报表无须并入猎手公司报表，待经营一段时间并清偿杠杆收购所欠的一部分债务后，猎手公司再设法提高股权，并进行合并报表。很显然，在猎手公司将所负债务置于表外时，通常由投资银行暂时接管猎物公司或其控股公司的大部分股权，猎物公司及其控股公司的负债亦暂归于投资银行项下。

运用表外工具完成杠杆收购的成功之作为英国比萨公司（Beazer）对美国科伯公司（Koppers）的收购。在此次收购案中，雷曼投资银行是整个交易的策划者和经办者，奈特威斯特投资银行也参与了交易。整个交易的融资体系如图4-1所示。

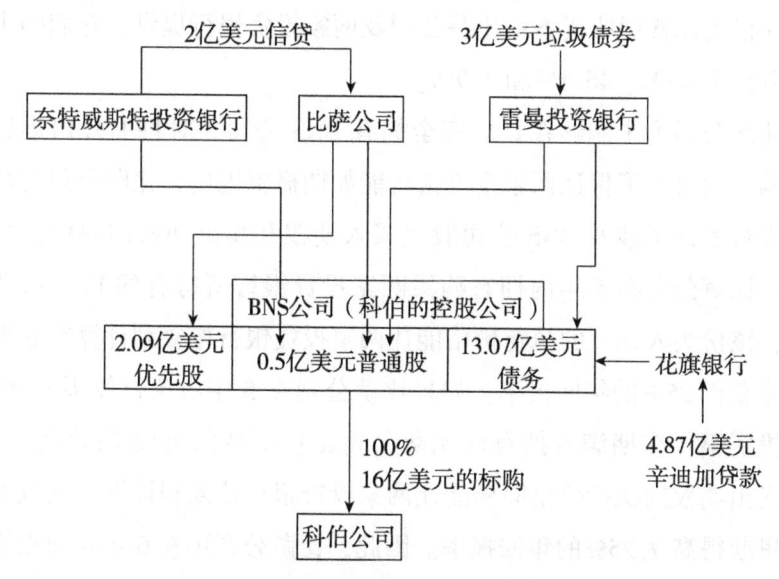

图4-1 应用表外工具的杠杆收购融资结构

数据来源：作者根据公开年报、半年报和季报数据整理而来。

由图4-1可见，比萨公司和雷曼、奈特威斯特两家投资银行合建了名为BNS的控股公司，它们分别拥有49%、46.1%和4.9%的BNS公司投权。BNS公司是比萨公司使用表外工具的载体，比萨公司借助这一表外工具，在其合并资产负债表上隐去了13.07亿美元的债务。该债务唯有当比萨公司日后拥有BNS公司50%及以上股权后才显现在比萨公司的合并资产负债表上。BNS公司的资本总额为15.66亿美元，其中债务资本为13.07亿美元，股权资本为2.59亿美元，股权资本中的普通股和优先股又分别为0.5亿美元和2.09亿美元。BNS公司收购科伯公司的资金来源不一，其中13.07亿美元的债务资本由雷曼公司和花旗银

— 199 —

行提供，雷曼公司提供了 5 亿美元过渡贷款（该贷款通过在美国发行 3 亿美元的垃圾债券得到了再融资），花旗银行提供了 8.07 亿美元的银团贷款（其中 4.87 亿美元为其他银行的辛迪加贷款，其利率为基础利率外加 1.5 个百分点）。BNS 公司 2.09 亿美元优先股资本由比萨公司提供，该资金得到了奈特威斯特投资银行 2 亿美元信贷支持；而 BNS 公司 0.5 亿美元普通股资本由比萨公司及两家投资银行提供，它们的出资比例分别为 49%、46.1%和 4.9%。

比萨公司为了能够在日后完全拥有 BNS 公司，对科伯公司进行彻底收购，同时为了保证两家投资银行能如期撤资退出，比萨公司与两家投资银行签订了涉及 BNS 公司股票买入期权和卖出期权的协议。协议规定：比萨公司在 5 年内拥有购买两家投资银行所持有的 BNS 股票的权利，该份买入期权的执行价格能让两家投资银行按复利计算在股票持有期里获得 25%的年回报率。如果比萨公司在 5 年内未行使买入期权，两家投资银行在期满后拥有向比萨公司出售所持的 BNS 股票的权利，该份卖出期权的执行价格同样能让两家投资银行按复利计算，在股票持有期里获得高达 25%的年回报率。因此，比萨公司可在 6 年时间里不将 BNS 公司的资产负债状况纳入资产负债表内，但过了期限，它将 100%地接收 BNS 公司的资产及负债。

在实际操作中，仅在收购了科伯公司几个月后，比萨公司便放弃了表外工具，通过花旗银行安排的再融资将这次杠杆收购的债务显示在资产负债表上，因此节省了大量的利息成本。

第五节　管理层收购（MBO）

一、管理层收购的性质

（一）ESOP、MBO、ESO 基本概念

员工持股计划（Employee Stock Ownership Plans，ESOP），在国外

指由公司内部员工个人出资认购本公司部分股份，并委托公司工会的持股会（或信托机构等中介组织）进行集中管理的产权组织形式。与之相关的一个概念是 ESOT，指员工持股基金会。这两个机构相辅相成，如果一个公司决定要采用员工持股计划的话，它必须两者都采纳。ESOP 是关于员工持股的一些技术、操作上的文件，包括谁有资格获得这些股票、股票如何进行分红等。ESOT 是一个法人实体，有自己的章程，有上诉的权利及责任，可以从事借贷业务，也可以去购买。ESOT 由两类人管理：一类是 ESOP 的受托人，由受托人来管理基金，受托人是由公司的董事进行委派的，这些受托人在法律上代表资产的所有者；另一类是管理方，即职工持股计划委员会，其成员也是由公司的董事进行指派。它的职能是对员工持股受托人的行为进行指导。ESOT 是由美国国内税收部门所批准的一种合格的基金会，可得到政府在税收上的减免支持，有两大好处：一是 ESOT 本身可以免除一些税收；二是员工作为 ESOT 的受益人，可以延期支付税款。操作过程是：由 ESOT 的受托人和员工持股计划委员会制订出一些运作的制度上报给美国的国内税收部门，税收部门发给公司一个确认函作为批准。

狭义来讲，MBO 即 Management Buy-Out，在这里，Management 的含义是经理、管理人员，可以统称为"管理者"，Buy-Out 是指通过购买一个公司的全部或大部分股份（Shares）来获得该公司的控制权情形。所以，MBO 的含义是管理者为了控制所在公司而购买该公司股份的行为。MBO 译成中文是"管理层收购"，也有人翻译为"经理层收购"和"经理层融资收购"。

随着 MBO 在实践中的发展，其形式也在不断变化，在实践中又出现了另外几种 MBO 形式：①由目标公司管理者与外来投资者或并购专家组成投资集团来实施收购，这样可使 MBO 更易获得成功；②管理层收购与员工持股计划或员工控股收购相结合，通过向目标公司员工发售股权，进行股权融资，从而免交税收，降低收购成本。

随着所有权和经营权的分离，企业所有者对企业日常经营活动的介入越来越少，对企业管理层的依赖也就越来越大。因此，通过管理层股份激励方案来对管理层进行有效股份激励，就成为企业所有者的必然选择。而由于股票期权通常是授予公司经理层的，因此经济学界也将其通称为经理股票期权或高级管理人员期权，我们认为称为管理者股票期权更为贴切。

ESO（Executive Stock Option）是公司股东（或董事会）给予管理者的一种权利，持有 ESO 的高级管理人员可在规定时期内行权，以事先确定的行权价格购买本公司的股票，在行权前，ESO 持有者没有收益，在行权后，ESO 持有者获得潜在收益（股票市价与行权价之差），管理者可以自行选择适当时机出售所得股票以获取现金收益，它比现金方式的奖励有更大的股份激励作用，且能把未来收益与企业发展和股市紧密结合起来。高级管理人员股票期权股份激励是目前实行的最重要的一种长期股份激励方式，期权本身不能转让。

（二）管理层收购（MBO）与杠杆收购（LBO）的关系

在资本市场相对成熟的西方发达国家，MBO 是 LBO（Leveraged Buy-Out）杠杆收购的一种。杠杆收购是一种利用高负债融资，购买目标公司的股份，以达到控制、重组该目标公司的目的，并从中获得超过正常收益回报的有效金融工具。通常组织杠杆收购的投资者有：①专业并购公司及专门从事并购业务的投资基金公司；②对并购业务有兴趣的机构投资者；③由私人控制的非上市公司或个人；④能通过借债融资收购的目标公司内部管理人员。

只在第四类情况下，即只有当运用杠杆收购的主体是目标公司的管理者或经理层时，LBO 才演变成 MBO，即管理者收购。

（三）管理层收购（MBO）的主要特征

管理层收购（MBO）主要有以下五个方面的特征：

第一，MBO 一般是在投资银行的总体策划下完成的，是通过企业的资本运作实现的。MBO 操作中不仅涉及国家或企业所有者、管理者、员工等各方面的利益，而且涉及企业定价、重组、融资、上市等资本运作事项,其中涉及众多的财务、法律等问题。由于 MBO 操作的复杂性很高,所以 MBO 在国外都是在投资银行的总体策划下完成的。

第二,MBO 的主要投资者是目标公司内部的经理和管理人员,他们往往对本公司非常了解,并有很强的经营管理能力,他们通常会设立一家新的公司,并以该新公司的名义来收购目标公司。通过 MBO,他们的身份由单一的经营者角色变为所有者与经营者合一的双重身份。

第三,MBO 主要是通过借贷融资来完成的,因此,MBO 的财务结构由先偿债务、后偿债务与股权三者构成,这样目标公司的管理者要有较强的组织和运作资本的能力,融资方案必须满足贷款者的要求,也必须为权益持有人带来预期的价值,同时这种借贷具有一定的融资风险性。

第四,MBO 的目标公司往往是具有巨大资产潜力或存在"潜在的管理效率空间"的企业,投资者通过对目标公司股权、控制权、资产结构及业务的重组,达到节约代理成本、获得巨大的现金流入,并获得超过正常收益回报的目的。

第五,MBO 完成后,目标公司可能由一个上市公司变为一个非上市公司。一般来说,这类公司在经营了一段时间以后,又会寻求成为一个新的上市公司并且上市套现。另一种情况是,当目标公司为非上市公司时,MBO 完成后,管理者往往会对该公司进行重组整合,待取得一定经营绩效后再寻求上市,使 MBO 的投资者获得超常的回报。

二、管理层收购的运作

(一) MBO 的收购主体要求

MBO 的收购主体自然是管理层,至于什么样的管理者才有资格进行 MBO 收购,这在法律上是有规定的。管理层收购中收购主体是否符合法律要求是收购行为有效性的关键,任何管理者在进行 MBO 收购之前都必须首先考虑自身是否符合 MBO 收购主体的资格要求。在我国,管理层收购中的收购者必须是原企业的从业人员,主要为原企业的高级管理人员。同时,收购的管理者不是我国法律、法规禁止进行商业营利活动的自然人。我国对MBO主体资格的要求具体有以下六点。

1. 收购主体必须是原企业的员工，主要为原企业的高级管理人员

在管理层收购中，鉴于目前小型国有企业和集体企业经营上的困难，一些地方政府和行业管理部门有一些优惠性的措施。同时管理层收购会涉及企业的核心商业秘密，如果不是原企业管理人员则不能享受优惠政策和获取相应秘密。

2. 法律、行政法规禁止从事商业营利的人员不能作为收购的主体

按照《企业法人的法定代表人审批条件和登记管理暂行规定》，国家公务员、军人，以及审判机关、检察机关在职干部等特殊人员禁止从事商业营利活动。如果这些特殊身份人员，在特殊身份没有辞去之前，利用管理层收购的方式收购了企业，则这种收购是无效的。

3. 法律规定的其他不能参加收购的人员

根据我国《公司法》和《企业法人的法定代表人审批条件和登记管理暂行规定》，对于在原企业被吊销营业执照的法定代表人，自吊销执照之日起三年内，因管理不善，企业被依法撤销或宣告破产的企业负有主要责任的法定代表人，刑满释放人员、劳教人员在期满和解除劳教三年内，被司法机关立案调查的人员，都不能作为MBO的主体。

4. 隐名收购不受法律保护

在管理层收购过程中，可能因一些客观原因，管理者不愿公开自己的收购者身份，而利用自己的同事或亲朋好友的名义实施收购，又通过委托协议等形式与同事或亲朋好友约定收购的资金由管理者提供，收购完成后，管理者成为收购企业的实际控制者。对于这种隐名收购的行为，我国的法律不予保护。一方面，企业收购完成后，收购者须经工商变更手续后才真正成为企业的投资者，未经工商登记记载为投资者的人（自然人、法人），不能以企业投资者的身份对企业的投资主张权利。另一方面，管理者委托他人进行企业收购，属于委托投资。按照中国人民银行的规定，能从事委托投资业务的只有经中国人民银行批准的信托投资公司，自然人无权进行委托投资。因此，管理者和他人就收购企业而签订的委托合同是一个无效合同。在隐名收购的情况下，如名义收购者和实际收购者发生法律纠纷，法律将保护名义收购者的权利。

5. 职工持股会是目前的一种过渡性的收购主体

管理层通过职工持股会收购企业，是现阶段管理层收购中的一种过渡形式。通过设立职工持股会，改造企业法人的治理结构，使企业逐步完成现代企业制度的改造是我国一些地方政府、行业部门的试点政策。职工持股会设立、运作的方式至今尚未形成法律性规定，但国家工商总局公布的《公司登记管理若干问题的规定》指出，职工持股会或者其他类似的组织已经办理社团法人登记的，可以作为公司股东。

6. 股份合作制是一种特殊形式的管理层收购

股份合作制虽不能认为是管理层收购的形式之一，但通过股份合作制的形式，管理者可以成为企业股东并管理经营企业。股份合作制这一企业形式，反映了企业制度中资合与人合的双重特点，作为一种企业形式，目前尚未被我国公司立法和企业立法所确认，还仅停留在政策试点阶段。设立股份合作制企业，各地的政策都规定必须经当地经济体制改革委员会或相应主管机构的批准，并完成工商登记手续。

（二）MBO 的三种常见操作方式

1. 收购上市公司

这类 MBO 的目标为股票在证券交易所上市的公司，通常公司被收购后即转为私人控股，股票停止上市交易，所以又称为"非市场化"。根据不同的目的，收购上市公司又可以分为以下四种类型：

第一，基层经理人员的创业尝试。20 世纪 80 年代，创业精神的复苏极大地刺激了管理者的创业意识，促使他们试图改变自己的工薪族地位，创建自己的企业。MBO 为管理者实现企业家理想开辟了一条新途径。他们基于对自己经营的企业发展潜力的信心，以高于股票市场价的价格从原股东手中收购股票，使自己以所有者的身份充分发挥管理才能，获取更高利润。这类 MBO 没有外部压力的影响，完全是管理者的自发收购行为。

第二，作为对实际或预期敌意收购的防御。当上市公司面临敌意袭击者的进攻时，MBO 可以提供有效而又不具有破坏性的保护性防御。经理人员以 MBO 形式购回企业股票，已发展成一种越来越被广泛采用的新颖的金融技术。

第三，作为大额股票转让的途径。许多上市公司只有一小部分股权流通在外，其余股票则为一些机构投资人或大股东所把持。当他们打算退出公司而转让股票时，让其在交易所公开卖出是不现实的，而且让大量股票外流也会影响公司的稳定，于是 MBO 就成为实现转让的最好选择。还有一些为家族所控制的上市公司，当业主面临退休而找不到合适的继承人时，利用 MBO 可解决继承问题而不必将控制权交与外人。

第四，公司希望摆脱有关上市公司制度的约束。各国针对上市公司一般都有严格的法律法规，以约束其行为，保障股东的利益，特别是透明度和公开披露信息方面的要求十分严格。一些经理人员认为这些制度束缚了他们的手脚、束缚了企业的发展，于是以 MBO 方式退出股市，转成非上市公司。

2. 收购集团的子公司或分支机构

在 19 世纪末和 20 世纪 20 年代的两次购并浪潮中产生了横向一体化的企业及纵向一体化的康采恩，在 20 世纪 60 年代世界第三次购并浪潮中又诞生了庞大的混合联合企业集团。进入 20 世纪 80 年代，一些多种经营的集团逆向操作，出售其累赘的子公司和分支机构，甚至从某特定行业完全退出，以便集中力量发展核心业务，或者改变经营重点，将原来的边缘产业定为核心产业，从而出售其余部分业务（包括原核心业务），这时候最愿意购买的人，往往是最了解情况的内部管理者。出售决策做出后，卖主要选择具体的买主，选择的重要因素之一是各方出价的高低。外部购买者出价的依据是目标企业的资本结构、经营活动及与自身业务的协调程度,而内部购买者则拥有关于企业潜力的详细信息。但出价高低并非卖主考虑的唯一因素,以下三种情况会增强管理者购买的竞争能力:

第一,卖主出于非财务目标的考虑。若卖给第三者会损害卖主的形象,或希望尽快平稳地脱手时,卖主往往更愿意选择MBO。

第二,管理者已拥有目标公司很大比例的股份,或掌握了不为卖方和外部竞争者所知晓的重要内幕消息。当然,管理者亦需正确估计其专业技能及地位所赋予的讨价还价能力,若优势不大,则应慎重考虑是否参与竞争,否则一旦收购失败,他们可能很快会被解雇。

第三,与集团分离后,新独立的企业与原母公司还保持一定的贸易联系(作为原料供应商或客户)。此时若卖给外部购买者,可能形成垄断,对集团不利,故卖方往往趋向于选择MBO,因为管理者寻求与母公司合作的愿望一般强于外部购买者。

3. 公营部门私有化的MBO

公营部门私有化有三种情况:①将国有企业整体分解为多个部分,再分别卖出,原企业成为多个独立的私营企业;②多种经营的庞杂的公众集团公司出售其边缘业务,继续保留其核心业务;③地方政府或准政府部门出售一些地方性服务机构。

以上这些都是MBO的潜在机会。虽然公营部门私有化可以有多种形式,但MBO无疑是最有效、最灵活的一种。它一方面将资本市场的监督机制引入公营部门;另一方面又使管理者成为股东,刺激了他们的经营积极性。20世纪80年代,英国对公营部门实行私有化时,就广泛采用了MBO形式及其派生形式EBO(员工控股收购)。对于以前东欧进行的改革,MBO、EBO也是最可接受的私有化方式。

三、MBO后的整合

(一) MBO后公司经营管理的调整与整合

原先的管理者身居公司要职,他们往往对原公司的经营运作非常了解，并有很强的经营管理能力。在 MBO 之前，目标公司往往在经营方面并不尽如人意，存在诸多问题。但由于种种原因，特别是董事会和高层管理者之间的配合问题，使得这些问题得不到有效解决，致使公司经营状况低迷，资本回报率很低。但公司实体却基本保存完好，没有太大问题。

这种公司往往具有较大的潜在管理效率提升的空间。管理层利用融资，结合投资者对目标公司股权结构和控制权进行整合后，以高超的管理技巧改善经营管理，节约成本、增加业务收入，获得稳定的现金流入，最终给投资者超过原先正常收益的回报。其主要手段包括：减少公司生产成本，提高产品边际收益率；提高管理效率，减少管理费用；整合人力资源，调整激励方式，节约工资支出；增强员工工作责任感和凝聚力，发挥其主观能动性和创新精神，通过提高工作效率，改善公司生产经营状况；采取有效措施，稳定、改善与客户的关系，使客户即使在公司发生重大变动的时刻，也能享受到完善、优质的服务，增强客户对公司的信心，赢得良好的口碑；利用公司经营管理上的重大变革的机会，调整公司原有信息传递渠道，提高市场反应速度，做到内部高效畅通，外部及时准确；针对原公司存在的管理问题，改变管理风格，建立适应公司特点的积极、高效的企业文化，保证公司稳定经营。

对于刚刚完成 MBO 的公司来说，既面临着变数与危机，同时又有一次千载难逢的机遇。通过管理者收购这一模式，可以有效激发一系列强有力的管理动力，改变管理者的行为方式及企业文化，提高公司经营效率。

（二）MBO 后公司内部财务结构的调整

经过管理层收购之后，由于涉及股权的重大变更，与原公司相比，新公司在资产结构上会发生很大变化。MBO 主要是通过借贷融资和杠杆收购来完成的，MBO 的财务结构由先偿债务、后偿债务与股权三者构成，这些决定了 MBO 后新公司的财务结构。杠杆融资带来的高负债率，是摆在刚刚掌握自己命运的 MBO 管理者面前的首要问题。

这种财务状况要求原公司的管理者具有较强的组织运作资本的能力，在 MBO 之后，要保证原先融资方案的顺利实施，满足出资方的要求，增加出资方的信心。同时必须使所有者权益持有人看到融资初期确定的资本回报预期的可实现性。如果这方面没有做好，很有可能使公司陷入财务危机之中，让处在并不稳定的转型期的公司雪上加霜。这也正是利用高比例杠杆融资完成 MBO 的风险所在。因此，保证 MBO 之后，稳定公司的财务状况是管理层面临的重要任务。

四、我国早期上市公司管理层收购

(一) 资产收购：北京四通公司 MBO

作为中国最早的民营科技企业之一，北京四通公司一直在努力探索 MBO 改革之路。

1984 年 5 月，中国科学院 7 名科技人员借款 2 万元创立四通新技术开发有限公司（简称老四通），注册性质为集体所有制企业。

1992 年，老四通成为北京市股份制改革第一家试点单位，原先拟将资产量化到员工个人，后公开发行股票，但受当时各种政策限制未能实现。

1993 年 7 月，老四通将下属的优质资产注入子公司——香港四通四子公司（0409.HK）在香港上市（简称香港四通）。当时，2000 多名员工获得发行公众股股数的 10%，即 1500 万股。但当时段永基及部分董事没有持股。

1998 年年初，老四通根据企业骨干外流和发展的需要，以及其他方面的条件，决定再次探讨管理者及员工持股事宜。此时老四通资产 42 亿元，净资产已达 15 亿元，利润 1 亿元。此外，老四通还持有香港四通 4.45 亿股股份，占这家上市公司股权的 50.56%。

1998 年年底，老四通职工发起成立职工持股会。职工持股会共 5100 万元资本，段永基认购约 7%，包括总裁在内的 14 个新老核心管理者共认购 43%。其他员工一般 3 万~5 万元，认购其余股权。

1999年7月，老四通投资4900万元，与职工持股会合资设立北京四通投资有限公司（简称新四通）。职工持股会在新四通中占51%的股份，在老四通中占49%的股份。至此，新四通成为管理者控股的新的法人实体。

随后，新四通按照市价收购老四通持有的香港四通全部股权，实现管理者对香港四通的收购（见图4-2）。

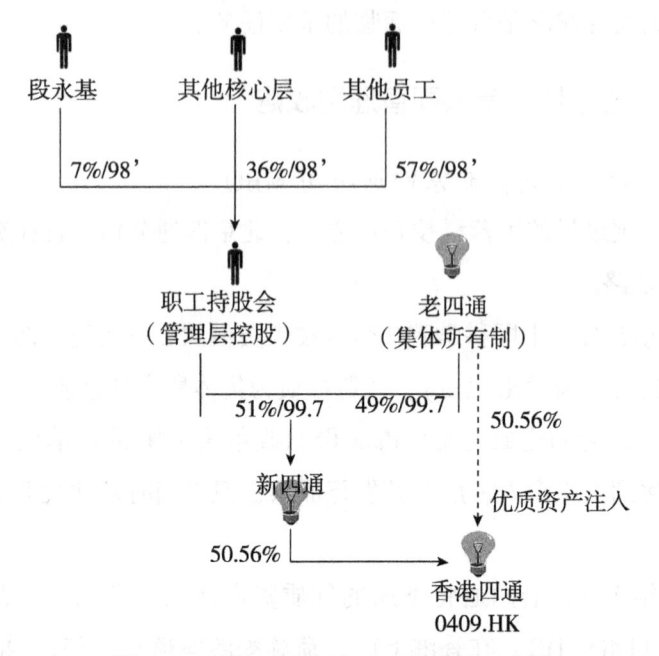

图 4-2 管理层收购"老四通"过程

数据来源：作者根据四通公开的相关年报、半年报和季报数据整理而来。

（二）股权收购：粤美的 MBO

粤美的起源于1968年，属乡镇集体所有制企业。1992年，改组为股份公司，并更名为广东美的集团股份有限公司（现有的公司），随后作为我国乡镇企业第一家上市公司发行上市。

20世纪90年代初，美的年销售收入才2亿元，到2000年年底，已经超过105亿元。发展如此迅速，以美的人自己的看法，关键在于先进的管理体制改革，尤其是当时的 MBO。

美的现任董事局主席、总裁何享健，是公司创始人，一直在美的及前身企业担任最高领导职务。在他任职期间，美的保持一定的发展，并从1997年下半年开始探索MBO改革之路。

美的经营者持股改革起步于1999年，开始的做法是在量化净资产的基础上，拿出一定比例折成股份，分给经营者。从2000年起，美的集团抓住公司所在地北滘镇进行产权改革试点的机遇，又通过从镇政府手里买股本的途径在集团经营层实行个人持股（北滘镇政府到2000年持有美的股份已经达1.2亿股，占美的当时总股本的22%左右）。

从2000年起，美的集团和镇政府都有意将美的股份逐步转给美的管理层，在获得双方支持和达成共识的情况下改革进展顺利。与此同时，美的还通过管理层控股粤美的大股东公司而进一步推进MBO进程。

2000年12月，顺德市（今顺德区）美的控股有限公司（简称美的控股）与顺德市（今顺德区）美托投资有限公司（简称美托投资）签订协议，美的控股将所持粤美的7243.0331万股法人股（占公司总股本的14.96%）以3.00元/股转让给美托投资。转让后，美的控股仍持有粤美的2000万股法人股。美托投资和顺德开联实业发展有限公司（简称顺德开联）则分别成为粤美的第一、第二大股东，而这两个公司均属粤美的管理层控股的公司。

至此，美的完成了MBO改革。美的的股权结构也随之逐步变化，美托投资和顺德开联从MBO之前的第一大股东美的控股和另一主要股东北滘经济发展总公司逐步受让（见表4-2和图4-3）。

表4-2　粤美的管理层控股公司各阶段受让股权比例

单位：%

股东	2001-06-30	2001-01-19	2000-12-31	2000-05-13	1999-12-31	1999-06-04	1998-12-31
顺德市美托投资有限公司	22.19	22.19	7.26	7.26			
顺德市开联实业发展有限公司	8.49	8.49	8.49	8.49	7.79	7.98	

续表

股东	2001-06-30	2001-01-19	2000-12-31	2000-05-13	1999-12-31	1999-06-04	1998-12-31
顺德市美的控股有限公司		4.12	19.06	19.06	26.32	29.66	29.66
顺德市北滘经济发展总公司							7.98

数据来源：作者根据美的公开的相关年报、半年报和季报数据整理而来。

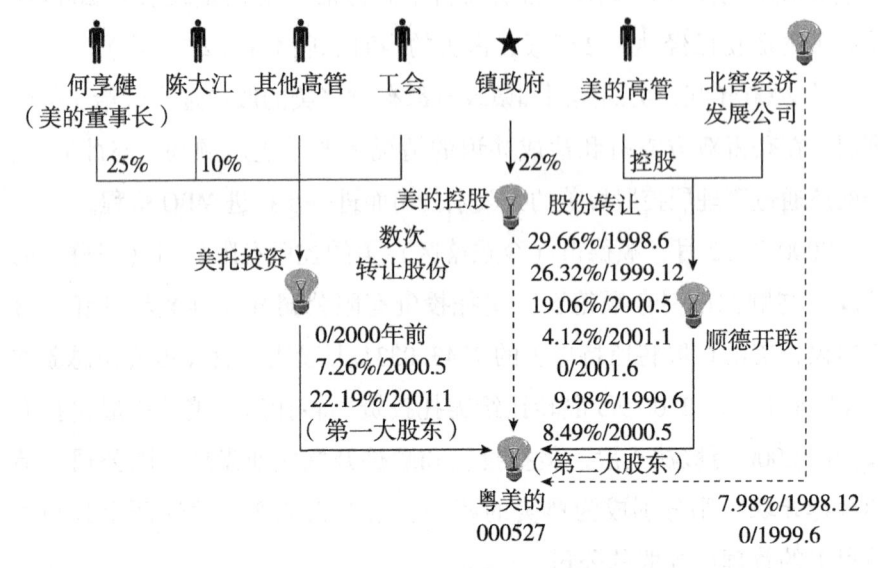

图 4-3 粤美的 MBO 过程

数据来源：作者根据美的公开的相关年报、半年报和季报数据整理而来。

（三）与粤美的相似的深圳方大 MBO

深圳方大经济发展股份有限公司（简称方大经发）于 1991 年年底创办。1994 年 3 月，深圳方大建材有限公司（简称方大建材）以联营企业形式成立。1995 年，方大经发和香港集康国际有限公司等 5 家公司作为方大建材的发起人，将其改组为股份有限公司，B 股于 1995 年 11 月在深交所挂牌上市，1996 年 4 月 A 股也在深交所上市交易。

1995 年 12 月，公司更名为深圳方大实业股份有限公司。1999 年 10 月，公司再次更名为方大集团股份有限公司（简称深圳方大）。

第四章 基于杠杆的管理层收购

2001年6月，深圳方大第一大股东方大经发将其所持4890万股（占总股本的16.498%）法人股转让给深圳市邦林科技发展有限公司（简称深圳邦林）。转让价格为3.28元/股，总金额约为1.6亿元。

2001年6月和9月，方大经发分两次又将1110万股（占总股本的3.745%）、4711.2万股（占总股本的15.895%）深圳方大法人股转让给深圳邦林和深圳市时利和投资有限公司（简称深圳时利和），转让价格分别为3.55元/股、3.08元/股，转让总金额约为1.85亿元。

完成转让后，深圳邦林和深圳时利和分别成为深圳方大第一、二大股东。而深圳时利和是2001年6月12日才注册成立的公司，公司的股东基本都为深圳方大的高管人员、技术骨干人员及管理骨干人员。

几经周折，深圳方大的MBO改革终于面世。熊建明作为深圳方大的法人代表，以技术入股形式早已获得深圳方大8.40%的股份，同时在邦林公司持股85%，其在深圳方大的持股已达25.6%，成为名副其实的第一大股东，如图4-4所示。

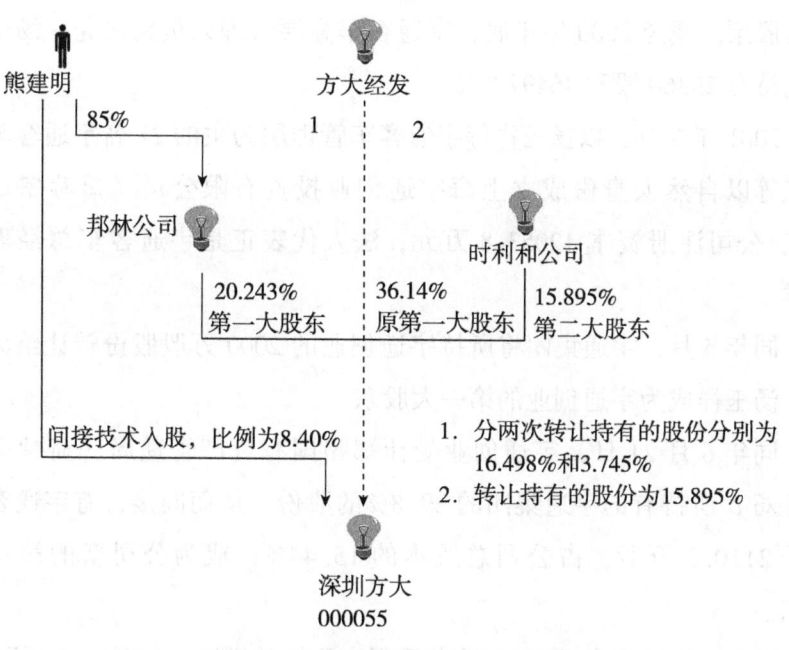

图4-4 深圳方大MBO过程

数据来源：作者根据深圳方大公开的相关年报、半年报和季报数据整理而来。

(四) 产权收购：宇通客车 MBO

宇通客车是在原郑州客车厂的基础上经定向募集设立的股份有限公司。郑州客车厂始建于1963年，几经改革发展，于1993年设立郑州宇通客车股份有限公司（简称宇通客车）。1993年公司改制后，企业规模和效益快速发展，三年中总资产从公司创立时的8000多万元增加到2.4亿多元。目前，其客车产量列全国同行业第二，仅次于扬州客车制造总厂。

时任宇通客车董事长路法尧，原任公司总经理，从1958年开始在原郑州客车厂工作。1993年宇通客车改组为股份公司后，路法尧任公司董事长兼总经理。

时任公司总经理汤玉祥，1981年调入郑州客车厂，1993年在股份公司任董事、副总经理，1996年任总经理、财务负责人。

2000年4月，宇通客车内部职工股上市（占公司总股本的20%），公司也为此专门成立内部持股会，采用委托管理的办法，集中管理职工持有股票。截至2000年年底，宇通客车高层管理人员路法尧、汤玉祥分别持有29360股和46497股。

2001年3月，以汤玉祥等宇通客车管理层为主的21名宇通客车的职工等以自然人身份成立上海宇通创业投资有限公司（简称宇通创业），公司注册资本12053.8万元，法人代表正是宇通客车总经理汤玉祥。

同年5月，宇通集团将所持宇通创业的2000万股股份转让给汤玉祥。汤玉祥成为宇通创业的第一大股东。

同年6月21日，宇通创业受让郑州国有资产管理局（简称郑州国资局）所持有的宇通集团的89.8%的股份，从而间接持有宇通客车股份2110.3万股，占公司总股本的15.44%，成为公司新的第一大股东。

至此，宇通客车的MBO改革取得实质性的进展，如图4-5所示。

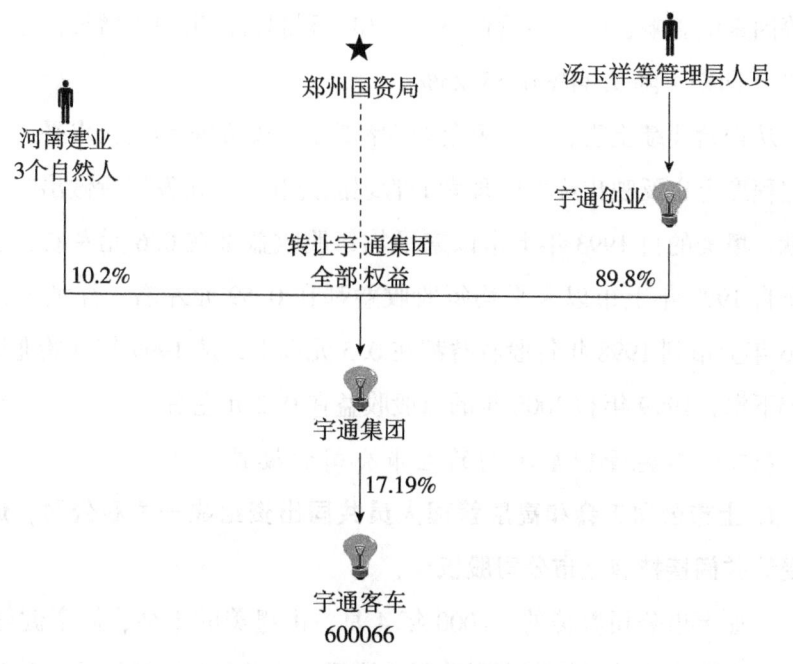

```
         河南建业              郑州国资局           汤玉祥等管理层人员
         3个自然人                                        ↓
                                                      宇通创业
                          转让宇通集团
                           全部权益
              10.2%                          89.8%
                              ↓
                           宇通集团
                           17.19%
                              ↓
                           宇通客车
                           600066
```

图 4-5　宇通客车 MBO 过程

数据来源：作者根据宇通客车公开的相关年报、半年报和季报数据整理而来。

五、实施管理层收购的模式

（一）实施管理层收购的上市公司的特点

从国内实施管理层收购的上市公司的基本情况来看，主要有以下几个特点。

从股本规模来看，几家上市公司的总股本都在 1 亿股以上，并且股份转让以前第一大股东所持有的股权比例不是太高，这在一定程度上使得管理层收购所需的资金成本不会太高。

从所处行业来看，竞争都比较激烈，粤美的属于电器制造业，深圳方大属于金属制品业，宇通客车属于交通运输设备制造业。激烈的行业竞争使得充分调动公司管理层的积极性，加大对管理层的激励，成为必要和可能。从实际情况看，深圳方大 1999 年受市场竞争进一步加剧，公司主要产品的销售价格有所下降、主要原材料的采购价格上涨幅度较大等因素的影响，公司主营业务收入和净利润首次出现负增长，分别比1998年同期下降9.34%和55.25%。

从经营业绩上看，这几家公司大都维持较好的业绩增长水平，这在一定程度上也反映出经营管理者的管理能力和对公司发展所做出的一定贡献。粤美的自1993年上市以来平均每股收益都在0.6元左右，宇通客车自1997年上市以来平均每股收益都在0.59元左右，深圳方大自1996年上市到1998年每股收益都在0.5元以上，从1999年开始业绩有一定下滑，1999年和2000年的每股收益在0.2元左右。

（二）实施管理层收购的上市公司的模式

1. 上市公司工会和高层管理人员共同出资组建一家新公司，通过其受让并间接持有上市公司股权

例如上市公司粤美的。2000年4月，由粤美的工会、何享健等22名股东出资成立美托投资有限公司，注册资本为1036.87万元，法定代表人为何享健，其持有美托投资有限公司25%的股份。2000年5月，美托投资有限公司与美的控股有限公司签订法人股转让协议，受让其所持粤美的法人股3518.4万股，占粤美的总股本的7.26%，受让价格为2.95元/股，成为粤美的第三大法人股东。2000年12月，美托投资有限公司又从美的控股有限公司受让了粤美的法人股7243.0331万股，占粤美的总股本的14.94%，受让价格为3.00元/股。股份受让后，美托投资有限公司共持有粤美的法人股10761.4331万股，占其股本总额的22.19%，成为粤美的第一大法人股东。

这就是典型的由管理层和工会共同组建一家新公司，新公司通过分次受让上市公司的股权，成为上市公司的第一大股东，从而使管理层通过控股这家新公司间接持有上市公司的股权，完成管理层收购。这种形式的管理层收购在调动公司职工积极性的同时，也在一定程度上对管理层收购面临的收购资金不足问题带来一些帮助。

2. 由上市公司高层管理人员组建一家新公司，通过其受让并间接

持有上市公司股权

例如上市公司深圳方大。邦林科技发展有限公司成立于2001年6月7日，上市公司深圳方大的董事长熊建明持有邦林科技发展有限公司85%的股份，为邦林科技发展有限公司的法人代表。2001年6月20日，邦林科技发展有限公司受让方大经济发展有限公司所持有的方大集团法人股中的4890万股，占方大集团总股本的16.498%，每股转让价格为3.28元，转让总金额为16039.2万元。此次股份转让以后，邦林科技发展有限公司成为深圳方大的第二大法人股东。

3. 主要由上市公司的职工发起成立一家新公司，通过其受让上市公司的股权，间接成为上市公司的第一大股东。其中新公司的法人代表也是上市公司的高管人员

例如上市公司宇通客车。2001年3月，由23个自然人出资成立上海宇通创业投资有限公司，其中21个自然人系上市公司宇通客车的职工，法人代表汤玉祥也是上市公司的原总经理（时任董事长）。2001年6月，上海宇通与上市公司宇通客车的第一大股东郑州宇通集团有限责任公司的所有者郑州国资局签订了股权转让协议，郑州国资局协议将所持有的宇通集团89.8%的股份转让给上海宇通。由于宇通集团持有上市公司宇通客车国家股股份2350万股，占宇通客车总股份的17.19%，为此，如果本次股权转让成功，上海宇通将间接持有宇通客车2110.3万股的股份，占宇通客车总股份的15.44%，成为第一大股东。

（三）实施管理层收购的共同点

三类管理层收购的案例，都体现出以下五个特点。

第一，都采用了协议收购的方式，即收购方和被收购方的第一大股东，在证券交易所之外以协商的方式，通过签订股份转让协议来进行股份转让。在我国，上市公司收购可以采用协议收购和要约收购的方式，但由于我国上市公司股权结构的特殊性，目前的上市公司收购主要是采用协议收购的方式进行的。

第二，通过股份的分次转让达到管理层收购的目的。粤美的的第一大股东美的控股有限公司分两次先后向美托投资有限公司转让了3518.4万股和7243.0331万股的法人股，共计10761.4331万股。从而，美托投资有限公司成为粤美的的第一大股东。深圳方大的第一大股东深圳方大经济发展股份有限公司于2001年6月先向深圳邦林科技发展有限公司转让了4890万股法人股，第二次股份转让深圳方大称将另行公告。

第三，受让方受让股份的资金来源都由受让方自筹或自行解决。从几家公司实施MBO的股权交易资金来源看，受让方受让股份的资金来源都由受让方自筹或自行解决，不同于欧美一些国家的MBO交易资金主要来源于资本市场。

第四，受让方一般都承诺股份受让以后的一个时期内（6个月或1年）不转让所持上市公司的股份。按照我国当时《证券法》的规定，在上市公司收购中，收购人对所持有的被收购的上市公司的股票，在收购行为完成后的6个月内不得转让。美托投资有限公司承诺1年内不转让所持粤美的的股份。邦林公司承诺在完成受让股份过户手续后的6个月内不转让所持有的深圳方大法人股。

第五，粤美的和深圳方大的股权受让方都表示目前没有对上市公司进行重组的计划。应该说，尽管目前一些企业（包括一些上市公司）对管理层收购活动进行了一些探索和实践，企业管理人员通过融资，收购所服务企业的股权，完成了管理者向股东的转变，在一定程度上对于企业降低代理成本、理顺产权关系有一定的积极意义。但作为一种企业并购的方式和一种制度的创新，管理层收购在我国还处于起步阶段，其进一步发展还需在制度上进一步规范，出台相关政策和规定，加强监管，防止在此过程中出现国有资产和集体资产的流失等问题。

（四）实施管理层收购的关键步骤

1. 尽职调查，严密论证

首先要对公司进行管理层收购活动的必要性和可行性进行充分的调研和论证，明确公司进行管理层收购的目的。管理层收购活动要能真正有利于公司今后的产业结构调整、企业业务的整合与重组，使企业的经营业绩得到进一步改善。而不是为了单纯的收购而收购，不能不顾企业的实际情况一哄而上。

2. 全面、及时、准确的信息披露

提高上市公司管理层收购活动中信息披露的透明度，包括收购原因、收购价格、收购价格的确定依据及收购资金的来源等问题。从已经发生了 MBO 的上市公司的信息披露情况来看，有的没有披露交易价格，有的在收购原因（意义）方面的阐述过于简单、笼统，没有针对上市公司各自的具体情况说明此次收购活动的原因（意义），有的虽然披露了收购价格，但对收购价格的确定依据未能做进一步说明，投资者无法获知这个收购价格的确定依据是什么。另外，在收购资金的来源披露上，一般都是由受让方自筹或自行解决，但我们知道，管理层收购所需的资金量是比较大的，一般来讲，这个收购活动的完成需要管理层进行融资，这也是管理层收购属于杠杆收购的原因所在。为此，上市公司也应加强这方面的信息披露。

3. 高度重视收购后的协同与整合

应重视管理层收购活动之后企业的发展问题，因为收购只是一种方式、一种手段，并不是最终目的。收购的最终目的是要对企业的后续发展有利，从国外 MBO 的案例可以看出，实施 MBO 之后，企业往往积极致力于内部的改革、业务的重组、降低费用及有关开支，企业的经营绩效往往得到了较大改善。因此，对实施 MBO 的上市公司来说，应高度重视企业实施 MBO 之后的发展问题，真正能够实现 MBO 之后公司经营绩效的提高，从而促进公司的持续、良性发展。

4. 加强监督与治理

应进一步完善 MBO 上市公司的监督和治理机制，防止管理人员利用自身的特殊地位，损害国家、集体和中小股东的利益。上市公司的管理层收购活动完成之后，企业的管理层集所有权与经营权于一身，在某种程度上实现了所有权与经营权的统一。在这种情况下，如何对大股东的行为进行有效的约束和监管，防止管理人员利用自身的特殊地位，损

害国家、集体和中小股东的利益就成为一个不容忽视的问题。因此，主管部门应加强监管，同时还应进一步规范上市公司的法人治理结构，促进上市公司规范运作。按照中国证监会近期发布的《关于在上市公司建立独立董事制度的指导意见》的要求，上市公司应建立起独立董事制度，真正发挥独立董事在上市公司中的作用，制约大股东利用其控股地位做出不利于公司和外部股东的行为，独立监督公司管理阶层，减少内部人控股带来的问题。

第六节 案例一：巧用杠杆 双汇集团成为世界最大的中国肉类品牌

一、双汇集团的"曲线"MBO

（一）双汇集团掌舵人万隆的商海生涯

万隆执掌双汇集团40多年，把资不抵债、巨亏580万元的内陆小城肉联厂做成了享誉全球的猪肉食品企业，做成了中国最大的肉类加工基地，成为名副其实的国际大品牌。双汇集团之所以成功，最主要的原因是巧用杠杆。

1. 在漯河肉联厂一战成名

1940年4月，万隆出生于河南省漯河市。生于乱世之中，家境贫寒，所以父亲给他起名"万隆"，寓意兴旺发达。然而，万隆的到来，并没有给全家带来多少转机，相反，就在万隆2岁那年，父亲丢下孤儿寡母撒手人寰。

万隆感慨自己是个命苦的人，童年就没有一天吃饱过。高中还没毕业，他就入伍成了一名铁道兵，复员后又被分配到双汇集团的前身——漯河肉联厂工作。

当时的漯河肉联厂虽然成立了10多年，但自建厂以来就没有盈利过，"资产不过468万，亏损却有580万"，厂里经常要靠银行贷款发工资。

1983年11月，中央宣布价格改革，物价就此上涨，猪肉一斤涨了5毛。老厂长觉得是个翻身机会，马上储备了1500吨猪肉，准备春节再出手，"卖个高价，好给大伙发点钱过年"。

万隆却不这么想，"你会屯，别人也会屯。如果不及时外销，春节后猪肉价格将大跌"。没有人听他的，他就直接冲进厂长办公室。"这小子吃了豹子胆了吧！"要知道，当时他的职位与厂长还差四五个等级。好在厂长不是小肚鸡肠的人，听万隆言之有理，立马将猪肉抛售，结果4天就赚了50万元。"等到春节再销售，说不定能赚到100万。"很多人对此嗤之以鼻。不过，真到了春节，果然市场上的猪肉集中抛售，半个月价格就跌了20%。万隆就此一战成名。此后，他就从一个办事员开始节节高升，一直到副经理、经理、副厂长。

2. 铁腕治厂，拯救漯河肉联厂

万隆当选厂长后，首先制订了各项规章制度，严格管理，整顿厂纪，将不合格的干部全部免掉，打破了干部和工人的身份界限，不拘一格选择优秀人才担任各级领导职务，进而触及了厂内所有的既得利益阶层，有人往万隆家里扔黑砖，有员工拿着杀猪刀当面恐吓他，但万隆眼都不眨一下，憋的就是一口气。最多的时候，万隆一次性开除了15人。为此，当地公安局局长都来找他："老万，你一次开除这么多人，要和我打个招呼啊！"没几天，万隆连一位重要市领导的侄女也被开除了。

当时万隆行走在剃刀边缘，"说实话，我是把这个企业搞上去了，如果我没有把它搞好，我的下场比谁都惨，你想想我得罪了多少人"。也正是万隆的铁腕政策拯救了肉联厂，才有了现在的双汇集团。他通过"杀猪卖肉"盘活旧厂，靠的就是一股"硬"气，和体制博弈，与资本过招，甚至与自己的年龄抗衡。

3. 集中资源做大事

铁腕之下，不到5年时间，在经营管理、产品开发、市场营销、分配机制、干部制度上不断创新的双汇，已将产品远销苏联、东南亚及中国港澳地区，成为当时中国最大的肉类出口基地。

苏联解体后，双汇集团失去重要出口市场，万隆焦虑不已。有一次他在火车上，看见旅客吃火腿肠，那时火腿肠还是个新鲜玩意儿。回厂后，万隆押上几年来的身家，全力进军火腿市场。当时国内已有春都、双鸽等品牌，万隆从日本、德国等国买来世界一流的自动化设备，并把质检员的权力提高到了厂长之上。万隆说："我从不小打小闹。"几年后，恰逢竞争对手为缩减成本而降低火腿肠中的肉含量，万隆等来了绝地反击的机会。1995年国庆，万隆果断推出"双汇王中王"高档产品，并不失时机地请来葛优、冯巩做代言，此后双汇火腿知名度迅速攀升。仅过了一年，双汇集团就彻底跑赢了春都，成为龙头老大。1998年12月，双汇发展在深交所成功上市，市值20亿元，中国肉类加工第一股就此诞生。到2000年，双汇集团营业收入突破60亿元，2010年达到500亿元，成为世界领先的肉类供应商。

4. 建立内外一致的诚信

2011年3月15日，央视新闻在报道《健美猪真相》时，指出含有瘦肉精的生猪流入了双汇集团的一个分公司。在北京参加两会的万隆闻讯后连夜赶回公司。

央视报道后，各地双汇集团零售店无人光顾，连在漯河的店面也门庭冷落。从此，万隆跳到黄河也洗不清了，双汇集团就成了瘦肉精的代名词。那段时间，政府进驻，经销商倒戈，消费者退货，双汇集团声誉彻底扫地，一天赔掉5000万元，直接损失超过121亿元。这一年，万隆71岁。

这次瘦肉精事件，恰恰刺中了万隆最自信、最敏感的神经。他放出狠话："宁肯检死，不能查死。"他准备将瘦肉精的检验提高到国家标准之上，不再抽检，而是全部检验，为此全年预计增加费用3亿元以上。

万隆告诉人们："双汇不会成为下一个三鹿。"当时瘦肉精事件被媒体炒作得甚嚣尘上，没有多少人把万隆的话当真。

但是，万隆硬是把失掉的口碑一点一点赢了回来，7年后（2013年），双汇集团营业收入恢复到450亿元，这标志着双汇集团彻底走出了低谷。

2013年9月，双汇国际以71亿美元收购了史密斯菲尔德食品，这是美国排名第一的猪肉生产商，万隆以这种方式向昔日的偶像致敬。

2017年，双汇集团营业收入突破504亿元，双汇集团母公司万洲国际营业收入223.79亿美元（约1519亿元人民币），利润达15.83亿美元。万洲国际业务辐射全球40多个国家和地区，年屠宰生猪5000多万头，销售肉类产品800万吨，是全球最大的猪肉食品企业。

美国养猪，中国卖肉，借助美国生猪养殖的低成本，将猪肉低价卖给国民，让全国人民吃好猪肉，这是万洲国际的中国梦。

然而，78岁的万隆，日程中还没出现"退休"两字。

2018年4月10日，《财富》杂志公布2018年中国最具影响力的50位商界领袖，双汇集团董事长万隆入选，这也是他连续5年获得此项殊荣。

《财富》杂志这样评价万隆：杀猪和把猪杀好，是万隆最喜欢做的事情。过去几十年，万隆把双汇集团的猪肉生意做成了中国第一。

如今，万隆正带领双汇集团朝着两个千亿——"销售收入过千亿元、市值过千亿"的目标大踏步前进。不过，他最喜欢的事情还是"杀猪，把猪杀好"。

(二) 万隆巧用资本杠杆

1. 引进香港龚如心资本，与国际对接

1992年，双汇火腿肠订货现场，签了8000吨订货合同，万隆激动得落下了眼泪。看着日渐壮大的企业，他开始意识到，仅靠自己在漯河的力量，无法解决发展所需的资金，于是立马寻找外资。

1994年，双汇集团与香港华懋集团组建了华懋双汇（集团）实业有限公司，这是当时在国家工商行政管理总局注册的全国肉类加工行业最大合资公司。双汇集团与龚如心资本的成功合作，给双汇集团的健康发展奠定了坚实基础。

（1）初进双汇，雪中送炭。"当时正值东南亚金融危机爆发，国内采取了紧缩银根的对策，许多同行因为缺少周转资金死掉了。而龚如心这时拿出1.27亿元与我们合资，无疑是雪中送炭！"谈起双汇集团的"大提速"之始，不少双汇集团的高层人员深有感触。

1994年年初，龚如心来到漯河市与万隆签订协议，双方合资成立了华懋双汇（集团）实业有限公司。很快，华懋集团注入的1.27亿元让双汇"身强力壮"起来：在原料抢购大战中，企业占据了制高点；因有实力实施大规模的技术改造，火腿肠生产线一下子扩充了20条；新建了一座当时国际上最先进的肉制品生产大楼……当年，双汇完成销售收入13亿多元，昂首跻身全国同行业前三强。这次"化蝶"成功之后，双汇业绩一直如日中天，2006年销售收入达到240亿元。

（2）多次注资，回报丰厚。当年投资，当年分红时便捞到了一桶沉甸甸的金子。但龚如心却没有拿走数千万元的分红，而是将其变成了加大投资的股金。第二年，龚如心再来双汇时，时任河南省省长李长春对她说："你选择了一个好产品，选择了一个好企业。"

在当时双汇集团的下属公司中，华懋集团入股或控股的企业已有8家。截至2006年年底，华懋集团除掉分红所得的数亿元外，还留给双汇集团2.3亿多元的合资股金，其回报率早已超过200%。在万隆团队的不懈努力下，双汇集团已成为中国肉类制品当之无愧的行业"盟主"，以高达49.65亿元的品牌价值成为中国食品行业第一品牌。这些足以证明龚如心的投资眼光。

（3）学习华懋集团，双汇进步。与华懋集团合作，是双汇集团第一次创办合资公司。在双汇集团公司旗下，后来有来自8个国家和地区的16家外商与双汇成立了合资公司。从与华懋集团合作的过程中，双汇学到了许多经营经验，学到了先进的管理理念和管理模式。

在与外资持续合作的几十年里，合作并不是一帆风顺的，也存在一些分歧。但总体来说，华懋集团外资企业与双汇集团之间的合作还是成功的，基本都达到了互利共赢。据了解，双汇在与华懋集团第一次合资时，双汇集团曾有意以6000万元，将"双汇"商标入股合资公司，但当时龚如心看不上"双汇"这一品牌，根本不答应。过了几年后，龚如心反悔了，愿出6亿元收购"双汇"品牌，但这次双汇集团坚决不同意。

2. 双汇集团核心业务成功改制上市

1994年组建双汇集团，漯河市国资委持有其100%股权。1996年双汇食品城奠基，当时有6个国家16个公司参与投资，外方投资占69%，看似双汇失去了控股权，实际上，万隆的每一个合资项目都让多家外资参与，每家外资都不是大股东，在组建的7家合资公司中，6家由双汇控股，万隆本人担任董事长。外资愿意接受双汇的条件，原因之一是投资回报率高。正如万隆所说："我年年分红，没有足够回报，人家凭啥来漯河这个小地方？"

1997年爆发的亚洲金融危机，成就了很多颠覆者。面对突然紧缩的市场，火腿肠行业降价声一片，但当时的行业龙头春都没有降。因为当时的产品单一，双汇在与竞品较着劲降价的同时，强力推出高档新产品"王中王"，用"王中王"的利润支持普通肠打价格战。不仅打赢了价格战，还赢得了利润。一年后，双汇便在A股上市。

1998年10月，双汇集团发起成立河南双汇股份公司，并于同年12月在深圳证券交易所上市。后更名为"双汇发展"，交易代码为000895.S2，双汇集团持有双汇发展30.27%的股权，当时市值20亿元，中国肉类加工第一股就此诞生。当时，双汇发展向社会公开发行A股股票5000万股，在1998—2001年，公司利用募集资金3亿元，快速扩张肉制品产能及市场销售网络，初步奠定了在中国肉类加工行业的领先地位。

3. 借助资本市场的力量实现了快速增长

自1998年上市至2013年年底，双汇发展主营业务增长22.3倍，净利润增长68.9倍，总资产也增长17倍，从一个河南的地方企业，成长为世界级的肉类领先企业。

取得辉煌业绩的同时，双汇发展不忘对股东的回报。上市以后，公司连续多年实施高分红政策，到2013年，累计向股东派发现金红利83.44亿元，是其募集资金总额的9.27倍，给广大投资者提供了丰厚的投资回报。投资者如果在上市首日购买双汇发展股票并持有至2013年，则增值54.2倍，当时回报率在深市排名前十。公司2013年度每10股派发现金红利14.5元，是当时公司历史上分红派现额最高的一次。

1999年年底，万隆团队引进了第一条现代化、规模化和标准化的屠宰冷分割生产线，率先把"冷链生产、冷链销售、冷链配送、连锁经营"的冷鲜肉模式引入国内，实施品牌化经营，改变了中国几千年卖肉没有品牌的历史。

通过制定"六大区域发展战略"，双汇品牌得以迅速推向全国，产业集群效应大幅提高，2005年时，双汇营业收入已冲到200多亿元。为了让肉制品产量进入世界前三强，万隆感觉到改制迫在眉睫。当时高管经常问他："老板，你说咱们天天这样是给谁干？""你别管给谁干，好好干就行。"话虽如此，但他也开始思考这个问题了。

"这世界上有两种学习方式：一是读书；二是读人。万隆读书不多，是个读人的人。"这是漯河市领导对万隆的一致评价。万隆是在与"高手过招"中掌握了资本市场的游戏规则，他与金融巨头们一次次演绎着股权辗转腾挪的戏码。

4. 巧用杠杆实现大跨越

借助国际大资本从"中国第一屠夫"升级为"世界第一屠夫"，万隆团队巧用资本杠杆，走好了关键的四步。

第一步，双汇引入国际私募基金。2006年，高盛集团、鼎晖投资以2.5亿美元收购地方政府持有的双汇股份的国有股。它们通过共同控制的罗特克斯公司持有双汇集团100%的股权，并直接或间接地控制了双汇发展超过60%的股份，获得对双汇发展的实际控制权，这些举措让双汇彻底改变体制。

尽管当时"贱卖国有资产"的言论曾一度甚嚣尘上,对于外资控股大型国有企业,从漯河市到商务部均有不同意见,但万隆力排众议:"我们始终控制着这个企业,包括发展定位及战略目标。如果国有资产不退,这些大的资本进不来,双汇早没了。"

第二步,管理层收购。自 2007 年开始,通过一系列的股权变更,以万隆为首的双汇管理层和员工在境外投资设立的兴泰集团成为双汇国际的实际控制人,并最终成为双汇发展的实际控制人。

第三步,重大资产重组。2010 年,双汇发展公布了重组方案,通过定向增发将双汇集团相关肉类资产全部装入了上市公司,该重组事项于 2012 年第三季度完成。

改制之后,双汇集团积蓄的能量爆发。2006—2010 年,双汇集团销售额从 200 亿元跳到了 500 亿元。万隆还特意请来了德勤管理咨询公司,重塑双汇管理架构,由过去副总管分厂调整为 6 大事业部,并引进 ERP 系统,他总结为"用数据说话,看结果评判"。而在此前双汇 30 年的发展过程中,万隆一直被认为很"自我",别人很难改变他。面对各种危机和困境,他敢想敢做,在漯河素有"头发很少、头皮很硬"之名。2012 年春节,万隆在双汇集团总部大楼悬挂出一幅巨型春联:经风雨,见彩虹,我们同舟共济;抓质量,保安全,双汇破浪前行。

第四步,收购国际巨头万洲国际。2013 年 9 月 26 日,双汇集团以 71 亿美元成功并购美国最大的猪肉加工企业——史密斯菲尔德食品公司,成为拥有 100 多家子公司、12 万名员工、生产基地遍布欧美亚三大洲十几个国家的全球最大的猪肉加工企业。双汇国际从"中国第一屠夫"升级为"世界第一屠夫"。

(三)双汇集团 MBO 的曲折历程

随着高盛减持双汇发展股权等消息从 2009 年年底开始见诸报端,双汇发展管理层通过接手高盛所持有的双汇集团股权进行曲线 MBO 的做法才初见端倪。双汇发展在澄清公告中宣称公司没有施行"管理层股权激励"计划,但回顾 2002 年以来双汇发展管理层所做的种种努力,曲线 MBO 的猜测并非空穴来风。2009 年年底,迫于舆论压力,双汇发展发布公告承认其管理层已通过在英属维京群岛(BVI)设立的 Rice Grand(简称兴泰集团)的全资子公司 Heroic Zone(简称雄域公司)间接持股双汇集团。直到 2010 年 11 月 29 日,在停牌 8 个月之后,随着重组预案的公布,双汇发展 MBO 终于明朗化,兴泰集团成为上市公司实际控制人(见表 4-3)。

表 4-3 双汇发展管理层的 8 年 MBO 历程

时间	事件
1998 年 10 月	双汇发展于深圳证券交易所上市
2002 年 6 月	万隆等 12 名双汇管理层及其他自然人出资设立漯河海汇有限责任公司(简称海汇投资)。海汇投资先后参控股 18 家企业。围绕肉制品加工行业生产流通、渠道流通的多个环节,与双汇集团和双汇发展发生关联交易
2003 年 6 月 11 日	双汇发展时任董事长贺圣华等 5 名高管和其他 11 名自然人发起成立漯河海宇投资有限公司(简称海宇投资)
2003 年 6 月 13 日	海宇投资与双汇集团签订《股权转让协议》,以每股 4.14 元的价格受让双汇发展 25%的股份。当日双汇发展收盘价 13.48 元,净资产 4.49 元。因国资部门提出国有股权转让底线不应低于净资产,经过商量将价格提到 4.7 元/股
2005 年年初	因未及时披露关联交易,河南证监局责令整改,海汇投资旗下多家企业股权被迫转让
2005 年 12 月 31 日	证监会正式发布《上市公司股权激励管理办法》(试行稿),其中规定股权激励计划所涉及的标的股票总数不得超过公司股本总额的 10%。而贺圣华等高管实际持有海宇投资 55.6%的股权,间接持有双汇发展 13.9%的股权,遇到政策红线,MBO 努力失败
2006 年 7 月	高盛和鼎晖以 20.1 亿元收购双汇集团,同时以 5.62 亿元收购海宇投资所持 25%的股权
2007 年 6 月 13 日	罗特克斯收购双汇集团和双汇股权的转让手续全部办理完毕
2007 年 10 月(2009 年 12 月才公告披露)	高盛和鼎晖进行了内部重组,通过 Shine B 和 Shine C(双汇国际)间接持有罗特克斯股权;以万隆为首的双汇管理层在 BVI 设立兴泰集团,并通过其全资子公司雄域公司持有 Shine C 股权

续表

时　间	事　件
2009年上半年	双汇发展在公众股东并不知情的情况下，放弃了10家公司少数股权的优先认购权，并将之转让给罗特克斯
2009年12月14日	双汇发展发布澄清公告，就高盛和鼎晖在境外进行内部重组的情况予以披露
2009年12月31日	双汇发展再次发布澄清公告，就管理层间接持股双汇集团的情况予以披露
2010年3月3日	2010年第一次临时股东大会，公众股东以高票否决上述少数股权转让议案
2010年3月23日	深交所下发关注函，要求公司尽快拟定整改方案，公司股票停牌
2010年6月29日	双汇发展2009年度股东大会，《关于日常关联交易的议案》再次被公众股东悉数否决
2010年11月29日	双汇发展历经8个月连续发布32个《重大事项进展暨停牌公告》后，重组方案终于在29日凌晨公告，双汇集团和罗特克斯将主业相关资产注入上市公司，实现肉制品业务整体上市并解决关联交易问题。双汇集团将以50.94元/股的价格向两者定向增发6.32亿股作为对价；通过投票权安排，兴泰集团成为双汇的实际控制人，已触发全面收购要约义务（实际控股超过75%）；公司股票当日复牌

数据来源：作者根据双汇发展公开的相关年报、半年报和季报数据整理而来。

此次双汇发展MBO的平台为管理层设立于BVI的兴泰集团。兴泰集团由双汇集团及其关联企业（包括上市公司）的员工263人（其中上市公司101人）设立，其通过全资子公司雄域公司持有双汇国际，从而持有双汇集团31.82%的股份（见表4-4）。

表4-4　双汇发展高管通过兴泰集团在双汇集团拥有权益

姓名	在双汇发展担任职务	在兴泰集团持股比例（%）	换算为在双汇集团权益比例（%）
张俊杰	董事长	6.18	1.868
龚红培	董事、总经理	0.02	0.006

续表

姓名	在双汇发展担任职务	在兴泰集团持股比例（%）	换算为在双汇集团权益比例（%）
万 隆	董事	14.41	4.356
游 牧	董事	0.20	0.060
王玉芬	董事	2.79	0.843
祁勇耀	董事、董事长秘书	0.67	0.203
李 俊	副总经理	0.28	0.085
朱龙虎	副总经理	0.80	0.242
贺圣华	副总经理	0.51	0.154
胡兆振	财务总监	1.42	0.429
楚玉华	监事会主席	1.46	0.441
乔海莉	监事	3.30	0.998
合 计		32.04	9.685

数据来源：作者根据双汇发展公开的相关年报、半年报和季报数据整理而来。

实际上从2002年起，双汇管理层就未停止过实施管理层激励计划的步伐。海汇投资通过关联交易的方法从上市公司掘金，海宇投资则直接采用资本途径——低价受让上市公司股权。遭遇政策红线而失败后，管理层并没有就此放弃，而是采用借助外资的曲线战略：第一步，引入外资高盛和鼎晖，收购双汇集团全部股权并接手海汇投资所持双汇发展股权；第二步，管理层通过在BVI设立的兴泰集团的全资子公司雄域公司，从高盛一方接手双汇国际股权，从而控制双汇集团31.82%的股权；第三步，借助资产重组的一揽子预案，通过投票权安排[①]，成为双汇集团及双汇发展的实际控制人，将MBO明朗化，预案在2010年第三次临时股东大会上通过。根据2010年11月29日发布的《董事会关于

---

① 双汇国际的股东以投票方式表决普通决议时，雄域公司及运昌公司就所持每股股份投2票，其他股东就其所持每股股份投1票。同时规定运昌公司根据雄域公司的指示投票，因此雄域公司占有双汇国际股东会表决权的53.19%，成为其实际控制人，进而成为罗特克斯、双汇集团、双汇发展的实际控制人。其中运昌公司股权（持有双汇国际6%的股权）为双汇管理团队一项为期3年的员工激励计划的标的股份。

本公司实际控制人变动事宜致全体股东的报告书》和 12 月 28 日发布的《2010 年第三次临时股东大会决议公告》整理的股权结构如图 4-6 所示。

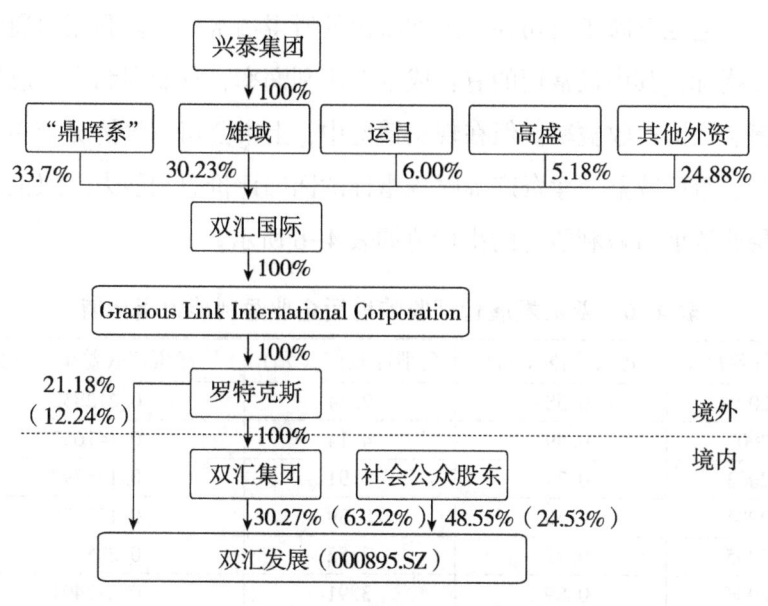

图 4-6 双汇发展股权结构示意图

数据来源：作者根据双汇发展公开的相关年报、半年报和季报数据整理而来。

（四）双汇集团管理层收购前后五年业绩比较

综合我国管理层收购的特点，同时参考已有的法律、法规、法则（《国有资本绩效评价规则》），借鉴国内外成功的管理层收购案例经验，本研究制定出一套适合评价公司的绩效评价指标体系。主要选择的财务指标包括企业的盈利能力指标、偿债能力指标及营运能力指标（见表 4-5），以此来分析评价双汇集团管理层收购前后五年的业绩。

表 4-5 企业经营绩效指标

盈利能力	偿债能力	运营能力
每股收益	资产负债率	存货周转率
每股净资产	负债与权益市价比率	总资产周转率
净资产收益率（ROE）	流动比率	流动资产周转率
		股东权益周转率

1. 盈利能力分析

这里所说的企业盈利能力是指企业的资金或资本的增值能力。通常情况下，它也反映了公司在一定期限内的所得额水平。盈利能力通常涵盖很多指标，其中最常用的有：成本费用利润率、营业利润率、总资产报酬率、净资产收益率。但在现实情况中，上市公司一般情况下用每股净资产、每股收益、净资产等财务指标的回归评价盈利能力。双汇发展管理层收购前后盈利能力的指标值如表4-6所示。

表4-6 双汇发展管理收购前后企业盈利能力指标值

会计年度	每股收益（元）	每股净资产（元）	净资产收益率（%）
2001	0.583	2.74	0.212852
2002	0.59	4.14	0.141652
2003	0.77	4.91	0.156797
2004	0.58	3.39	0.171354
2005	0.72	3.52	0.205423
2006	0.89	3.91	0.227491
2007	0.9272	3.59	0.258022
2008	1.15	3.95	0.29221
2009	1.5027	4.85	0.309723
2010	1.7975	5.65	0.318257
2011	0.9322	6.08	0.153433

数据来源：作者根据双汇发展公开的相关年报、半年报和季报数据整理而来。

净资产收益率，是指企业在一个特定的财政年度内净利润和平均净资产的比例，用来衡量企业资本投资的收入水平。通常情况下，人们普遍认为净资产收益率较高，则企业具有较强的赚取利润的能力，经营效率更好，可以保证较高的企业及投资者和债权人的利益。

每股收益，是用来评价一个企业普通股东持有每只股票可以享受的利润或承担的损失的企业绩效评价指标。每股收益越高，表明公司的获利能力越强。

每股净资产，是企业每年年末净资产与年末普通股总数相除得到的值。其计算公式：

每股净资产=年末股东权益/年末普通股总数

每股净资产越高，表明公司的获利能力越强。从图 4-11 的（a）(b）两个子图可以看出，双汇发展在管理层收购前后的盈利能力总体呈现出一种上升趋势。

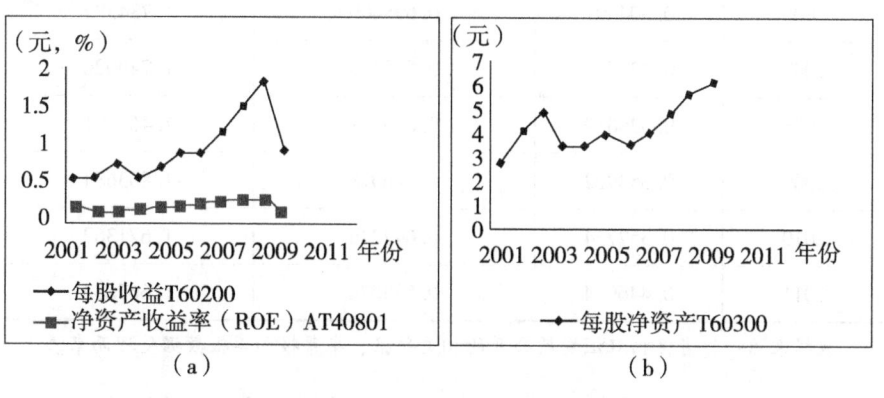

(a)

(b)

图 4-7 双汇发展管理层收购前后企业盈利能力趋势图

数据来源：作者根据双汇发展公开的相关年报、半年报和季报数据整理而来。

2. 偿债能力

偿债能力是指公司偿还长期和短期债务的能力。只有具备偿债能力，才能使企业健康发展并成为重点骨干企业。企业的债务支付能力是反映企业经营能力和财务状况的重要标志，主要有两方面：一是长期债务的支付能力；二是短期债务的支付能力。就眼前的利益来说，是利用公司资产来偿还债务的能力；就长远利益来说，是指公司当前的资产和业务过程中所创造利润的偿付能力。双汇发展管理层收购前后的偿债能力指标值如表 4-7 所示。

表 4-7 双汇发展管理层收购前后企业偿债能力指标值

会计年度	资产负债率（%）	负债与权益市价比率（%）	流动比率（%）
2001	0.361634	0.638366	1.221557
2002	0.352943	0.647057	1.53647
2003	0.295941	0.704059	1.503244

续表

会计年度	资产负债率（%）	负债与权益市价比率（%）	流动比率（%）
2004	0.287031	0.712969	1.457306
2005	0.325858	0.674142	1.362836
2006	0.304591	0.695409	1.734382
2007	0.320541	0.679459	1.748026
2008	0.320619	0.679381	1.464981
2009	0.353922	0.646078	1.863684
2010	0.357754	0.642246	1.671369
2011	0.446924	0.553076	1.665882

数据来源：作者根据双汇发展公开的相关年报、半年报和季报数据整理而来。

资产负债率，也称为债务比率或杠杆比率，即负债总额与总资产的比率，用来衡量企业利用债权人提供资金的能力，反映了债权人的贷款能力。这是一个衡量企业长期偿债能力的指标。

$$资产负债率=负债总额/资产总额\times 100\%$$

通常情况下，企业的总资产是应该大于总负债的，特别是资产负债率低于50%时，表明企业有较好的偿债和经营能力。

$$负债与权益市价比率=负债总额/股东权益$$

这是一个反映企业金融结构强度及债权人资本化程度的指标。负债与权益市价比率高，说明企业保证负债资本薄弱；负债与权益市价比率很低，则表明企业财务实力强，从而保证负债资本更高。

流动比率，是指企业每元流动负债所能够有的保证偿还流动资产，反映了企业流动资产对流动负债的保障。一般情况下，参数值越大，该企业短期债务支付能力越强。实际上，最好的指标值为200%左右。

图4-8反映了双汇发展管理层收购前后资产负债率、负债与权

益市价比率及流动比率的发展态势。从图表分析可得，双汇发展的资产负债率都小于100%，且处于50%以下，这就很好地表明了企业的偿债能力良好。相应的负债与权益市价比率在企业实施管理层收购以后有了显著的降低，则企业对负债资本的保障程度较高。一般情况下，流动比率指标越大，表明公司短期偿债能力强，该指标在200%左右较好。双汇管理层收购以后，流动比率指标值越来越接近200%。总体来说，在偿债能力方面，双汇发展的管理层收购产生了正效益。

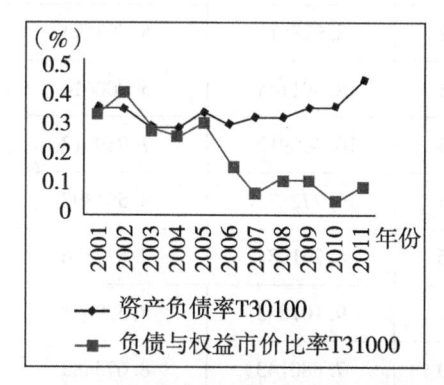

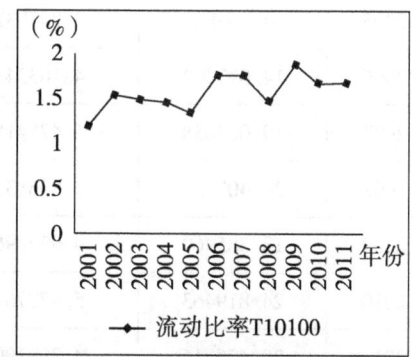

图4-8 双汇发展管理层收购前后企业偿债能力趋势图

数据来源：作者根据双汇发展公开的相关年报、半年报和季报数据整理而来。

3. 运营能力

运营能力是指企业基于外部市场环境的约束，通过内部人力资源和生产资料的配置组合实现财务目标的能力。企业发展潜力是由企业管理战略和规划、决策能力的质量来确定的，企业经营业绩、企业素质可集中反映企业管理和运营能力。企业运营能力是一个系统概念，主要包括企业发展的内外部条件，业务战略规划决策能力，业务开拓与管理能力及企业组织管理能力等。所以，仅使用一种类型的单方面指标无法综合评价企业运营能力水平，必须建立一个全面的评价指标体系来评价企业运营能力。评估企业运营能力的目的是分析管理团队经济效率提升的有效程度，寻找运营能力的短板，并设法改善。双汇发展管理层收购前后运营能力指标值如表4-8所示。

表4-8 双汇发展管理层收购前后企业运营能力指标值

会计年度	存货周转率（%）	总资产周转率（%）	流动资产周转率（%）	股东权益周转率（%）
2001	10.335301	2.08283	4.855577	3.262754
2002	9.543686	1.81558	3.404633	2.805906
2003	11.704159	2.311994	5.277915	3.283805
2004	13.102002	3.075161	7.479058	4.313174
2005	14.06482	3.845032	8.928611	5.703594
2006	14.097902	4.103343	8.501144	5.900614
2007	19.064058	5.428415	10.466912	7.989317
2008	24.402036	5.836835	10.772571	8.591398
2009	18.385969	4.927896	8.261084	7.627396
2010	24.819463	5.47776	9.107843	8.529071
2011	20.475516	4.798199	7.680143	8.675483

数据来源：作者根据双汇发展公开的相关年报、半年报和季报数据整理而来。

存货周转率是一定时期内企业运营成本和平均存货余额的比例，反映企业生产经营的各方面情况和偿债能力及盈利能力。一般情况下，存货周转率高，表明存货变现的速度快；周转额较大，表明资金占用水平较低。

流动资产周转率，一般是指企业一定时期营业收入和流动资产总额的平均比例。通常流动资产周转率越高越好。

股东权益周转率，也称股票周转率，指的是销售收入和平均股东权益的比率。该指标可以衡量公司的资产利用效率。这个比率越高，说明企业资产使用效率越高，经营能力越强。从图4-9我们可以看出双汇集团在管理层收购前后的运营能力总体呈上升趋势。

综上所述，我们利用反映公司业绩的财务指标证实"曲线"管理层收购事件对企业具有一定的积极影响。一般情况下，就管理层收购行为来说，如果正确引导，是能够给企业带来正面影响的。

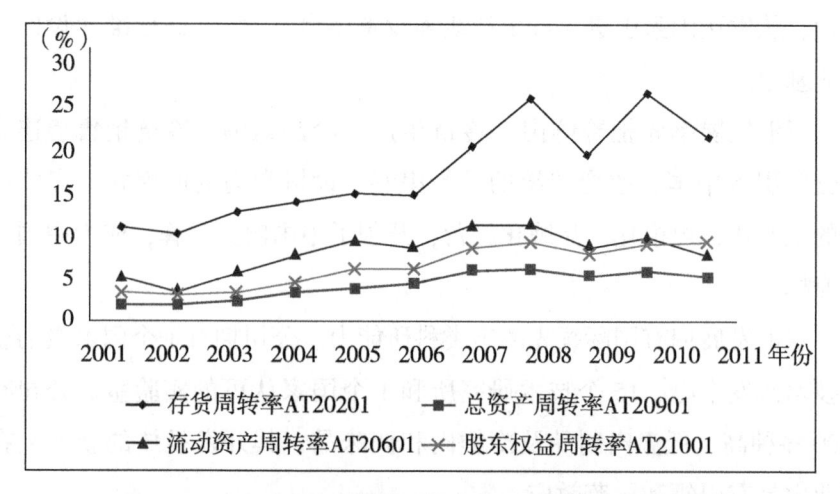

图 4-9 双汇发展管理层收购前后运营能力趋势图

数据来源：作者根据双汇发展公开的相关年报、半年报和季报数据整理而来。

（五）公司最新状况与主要财务指标

早在 1997 年，基于公司长远发展需要，双汇集团以其优良资产作为改制主体进行股份制改造。1998 年，双汇发展向社会公开发行 A 股股票 5000 万股，募集资金 3 亿元。在 1998—2001 年，双汇发展利用募集的资金快速扩张肉制品产能及市场销售网络，初步奠定了其在中国肉类加工行业的领先地位。借助高效的管理和资本市场的力量，公司实现了快速增长，从一个小地方企业成长为世界级的肉类领先企业。

双汇发展主要从事肉类食品加工及配套产业的生产经营，自 1998 年 12 月 10 日在深圳证券交易所挂牌上市以来，公司已建立了以肉类制品为终端产品的纵贯生猪养殖、屠宰、肉制品加工、化工包装、彩色印刷、商业连锁的大农业产业链，成为中国最大的肉类加工基地。

2013 年，双汇发展控股股东双汇国际（已更名为万洲国际）宣布收购美国猪肉制品企业史密斯菲尔德，交易价高达 71.2 亿美元。并购完成后，万洲国际在 12 个国家和地区拥有 152 个子公司，成为全球最大的猪肉加工企业，进入了世界500强企业行列。

双汇发展坚持发展现代肉类工业，不断用世界先进技术和设备武装企业，从发达国家引进先进生产线和设备多台（套），高标准建设肉类工业基地。

双汇发展率先把冷鲜肉"冷链生产、冷链运输、冷链销售、连锁经营"引入中国，改变传统的沿街串巷、设摊卖肉的旧模式，实施肉类的工业化、规模化、品牌化经营，开创了中国肉类品牌，成为中国驰名商标。

双汇发展拥有国际领先的肉类科研能力。公司拥有1个国家级的企业技术研发中心、15个技术研究所和1个国家认可的实验室。公司有1000多种高、低温肉制品及冷鲜肉和调味品，其开发投放的新产品在行业内具有引领和示范效应。

中国是世界上最大的肉类生产国和消费国，目前年肉类总产量近8000万吨。双汇发展早在2013年就生产销售肉类（冷鲜肉及肉制品）302万吨，占比约3.8%；中国生猪屠宰企业前三强占全国比例不足5%，规模以上企业仅占10%，而西方发达国家前三强公司一般控制本国肉类市场50%以上的份额。中国肉类加工行业整合的空间很大，行业集中度的提升空间也很大。双汇发展抓住我国肉类行业整合的历史发展机遇，充分利用资本市场的融资功能，积极参与行业内的横向并购整合，加快产能扩张步伐，加大行业技术投入，积极引进国外先进技术和装备改造传统肉类加工业，加快产业升级和结构优化调整，提升产品质量和食品安全，带动农村、农业、农民共同发展，为支持并促进我国"三农"经济的发展做出贡献。公司将围绕"开发大低温、做好大生鲜、突破大城市、实现大工业"的经营思路，通过大力调整产品结构，充分发挥双汇冷鲜肉品牌和技术优势，深度开发市场和扩建网络等措施，实现公司的快速扩张。同时推动企业由速度效益型向安全规模型转变，由本土大企业向国际化大公司转变，成为在世界肉类行业有影响力的大型食品集团。

2020年，新冠肺炎疫情突袭，对经济产生巨大冲击，中美贸易摩擦依然持续。面对复杂的外部环境，中国政府积极统筹疫情防控与经济社会发展，加大宏观调控，国内经济持续恢复，消费持续改善。双汇发展在董事会的正确领导下，防疫情、保安全、快复产、保供应，调结构、推新品、抓协同、增盈利，抓机遇、化风险，在激烈的市场竞争中实现收入、利润新突破。报告期内，公司肉类产品（含禽产品）总外销量达305万吨，同比下降3.06%；实现营业总收入739亿元，同比上升22.51%；实现归属于母公司股东的净利润63亿元，同比上升15.04%（见表4-9至表4-19）。

表4-9 双汇发展简要财务指标

每股指标	2021-03-31	2020-12-31	2020-09-30	2020-06-30
每股收益（元）	0.4159	1.8642	1.4878	0.9161
每股收益扣除（元）	0.3738	1.7211	1.3780	0.8505
每股净资产（元）	7.2747	6.8587	7.4303	4.7596
调整后每股净资产（元）				
净资产收益率（%）	5.8900	32.9300	28.4700	17.4200
每股资本公积金（元）	2.3299	2.3299	2.3299	0.3767
每股未分配利润（元）	3.3844	2.9685	3.2414	2.8118
营业收入（万元）	1828421.20	7386264.35	5572663.88	3634755.76
营业利润（万元）	187259.00	800357.15	629805.48	388855.45
投资收益（万元）	3924.34	39361.54	32025.37	12371.10
净利润（万元）	144107.44	625551.40	493830.92	304093.32
每股指标	2020-03-31	2019-12-31	2019-09-30	2019-06-30
每股收益（元）	0.4413	1.6382	1.1879	0.7218
每股收益扣除（元）	0.4186	1.5575	1.1293	0.6762
每股净资产（元）	5.4098	4.9672	4.5762	4.1068
调整后每股净资产（元）	—	—	—	—
净资产收益率（%）	8.5000	37.3700	28.1200	17.5500
每股资本公积金（元）	0.3767	0.3766	0.3768	0.5841

续表

每股指标	2020-03-31	2019-12-31	2019-09-30	2019-06-30
每股未分配利润（元）	3.4620	3.0194	2.6346	1.9601
营业收入（万元）	1758163.01	6030973.18	4196847.90	2543359.42
营业利润（万元）	189399.19	685167.59	500158.33	299955.98
投资收益（万元）	2730.42	14274.31	11074.88	2668.43
净利润（万元）	146465.22	543761.26	394310.20	238162.65

数据来源：作者根据双汇发展公开的相关年报、半年报和季报数据整理而来。

表 4-10　双汇发展每股指标

财务指标	2021-03-31	2020-12-31	2019-12-31	2018-12-31
审计意见	—	无保留意见	无保留意见	无保留意见
每股收益（元）	0.4159	1.8642	1.6382	1.4894
每股收益扣除（元）	0.3738	1.7211	1.5575	1.4088
每股净资产（元）	7.2747	6.8587	4.9672	3.9321
每股资本公积金（元）	2.3299	2.3299	0.3766	0.5833
每股未分配利润（元）	3.3844	2.9685	3.0194	1.7862
每股经营活动现金流量（元）	0.4052	2.5463	1.3327	1.5744
每股现金流量（元）	0.4082	1.4385	0.2004	-1.0341

数据来源：作者根据双汇发展公开的相关年报、半年报和季报数据整理而来。

表 4-11　双汇发展利润构成与盈利能力

财务指标	2021-03-31	2020-12-31	2019-12-31	2018-12-31
营业收入（万元）	1828421.20	7386264.35	6030973.18	4876740.34
销售费用（万元）	68482.13	266081.62	270593.04	263224.83
管理费用（万元）	30468.10	139226.35	130800.13	112929.16
财务费用（万元）	639.51	3251.32	9744.72	5532.25
三项费用增长率（%）	11.77	-0.63	4.01	8.21
营业利润（万元）	187259.00	800357.15	685167.59	634711.56
投资收益（万元）	3924.34	39361.54	14274.31	4752.55
补贴收入（万元）	—	—	—	—

续表

财务指标	2021-03-31	2020-12-31	2019-12-31	2018-12-31
营业外收支净额（万元）	459.74	-3061.31	-1318.25	-1547.61
利润总额（万元）	187718.74	797295.85	683849.33	633163.95
所得税（万元）	42531.31	160315.61	117250.44	125523.52
净利润（万元）	144107.44	625551.40	543761.26	491450.12
销售毛利率（%）	16.26	17.26	18.79	21.42
净资产收益率（%）	5.89	32.93	37.37	34.06

数据来源：作者根据双汇发展公开的相关年报、半年报和季报数据整理而来。

表 4-12　双汇发展经营与发展能力

财务指标	2021-03-31	2020-12-31	2019-12-31	2018-12-31
存货周转率（次）	2.52	8.05	7.51	10.71
应收账款周转率（次）	78.71	378.87	474.88	415.55
总资产周转率（次）	0.51	2.33	2.34	2.15
营业收入增长率（%）	4.00	22.47	23.74	-3.32
营业利润增长率（%）	-1.13	16.81	8.83	14.42
税后利润增长率（%）	-1.61	15.04	10.64	13.78
净资产增长率（%）	40.36	44.13	27.08	-11.24
总资产增长率（%）	19.03	21.20	25.23	-3.21

数据来源：作者根据双汇发展公开的相关年报、半年报和季报数据整理而来。

表 4-13　双汇发展资产与负债

每股指标	2021-03-31	2020-12-31	2019-12-31	2018-12-31
资产总额（万元）	3715715.02	3470388.18	2863334.05	2286452.46
负债总额（万元）	1158915.64	1057116.28	1151794.97	915934.14
流动负债（万元）	1080502.23	999494.98	1128357.03	892888.16
长期负债（万元）	—	—	—	—
货币资金（万元）	997912.66	848588.50	345533.14	280071.30
应收账款（万元）	22866.34	23590.92	15399.85	9999.98
其他应收款（万元）	4235.63	5530.57	8565.50	3350.77

续表

每股指标	2021-03-31	2020-12-31	2019-12-31	2018-12-31
坏账准备（万元）	—	—	—	—
股东权益（万元）	2520424.80	2376304.37	1648770.00	1304153.99
资产负债率（%）	31.1896	30.4610	40.2257	40.0592
股东权益比率（%）	67.8315	68.4737	57.5822	57.0383
流动比率（倍）	2.2402	2.2085	1.4449	1.1497
速动比率（倍）	1.7040	1.5704	0.6648	0.6743

数据来源：作者根据双汇发展公开的相关年报、半年报和季报数据整理而来。

表4-14 双汇发展现金流量

财务指标	2021-03-31	2020-12-31	2019-12-31	2018-12-31
销售商品收到的现金（万元）	1966900.98	7962379.05	6570325.31	5330541.35
经营活动现金净流量（万元）	140388.33	882192.68	442361.54	487619.32
现金净流量（万元）	141441.26	498387.33	66511.79	-326808.20
经营活动现金净流量增长率（%）	-21.36	99.43	-9.28	-13.70
销售商品收到现金与营业收入比（%）	107.5737	107.7998	108.9430	109.3696
经营活动现金流量与净利润比（%）	97.4192	141.0264	81.3522	105.7045
现金净流量与净利润比（%）	98.1499	79.6717	12.2318	-69.4312
投资活动的现金净流量（万元）	-127954.24	-365225.81	-137470.86	-221017.03
筹资活动的现金净流量（万元）	128741.30	-18795.02	-238483.13	-593470.44

数据来源：作者根据双汇发展公开的相关年报、半年报和季报数据整理而来。

表4-15 双汇发展财务指标——盈利能力

指标名称	2021-03-31	2020-12-31	2020-09-30	2020-06-30
销售毛利率（%）	16.2595	17.2599	17.5517	16.9626

续表

指标名称	2021-03-31	2020-12-31	2020-09-30	2020-06-30
营业利润率（%）	10.2416	10.8358	11.3017	10.6983
净资产收益率（%）	5.7176	26.3245	20.0228	19.2482
加权净资产收益率（%）	5.8900	32.9300	28.4700	17.4200
总资产收益率（%）	4.0408	20.1139	15.3323	10.6129

指标名称	2020-12-31	2019-12-31	2018-12-31	2017-12-31
销售毛利率（%）	17.2599	18.7912	21.5686	18.9056
营业利润率（%）	10.8358	11.3608	12.9173	10.9966
净资产收益率（%）	26.3245	32.9798	37.8792	29.5497
加权净资产收益率（%）	32.9300	37.3700	34.0600	31.4000
总资产收益率（%）	20.1139	22.0048	21.9132	20.2990

数据来源：作者根据双汇发展公开的相关年报、半年报和季报数据整理而来。

注：净资产收益率高，表明公司盈利能力强。

表 4-16 双汇发展财务指标—环比增长能力

指标名称	2021-03-31	2020-12-31	2020-09-30	2020-06-30
营业收入增长率（%）	-100.0000	-6.4145	3.2674	0.0000
净利润增长率（%）	8.9438	-30.7986	20.5215	5.5810
总资产增长率（%）	7.0691	-6.3894	23.5774	-3.8969

指标名称	2020-12-31	2019-12-31	2018-12-31	2017-12-31
营业收入增长率（%）	-68.8841	-61.4969	-62.7984	-63.7880
净利润增长率（%）	12.4217	12.5333	11.6264	-1.1182
总资产增长率（%）	21.2010	25.2304	-0.9725	8.1358

数据来源：作者根据双汇发展公开的相关年报、半年报和季报数据整理而来。

注：净利润增长率高表明公司增长能力强，前景好。

表 4-17 双汇发展财务指标—营运能力

指标名称	2021-03-31	2020-12-31	2020-09-30	2020-06-30
应收账款周转率（次/年）	78.7141	378.8724	311.4968	197.1214
存货周转率（次/年）	2.5159	8.0524	6.0905	3.3223

续表

指标名称	2021-03-31	2020-12-31	2020-09-30	2020-06-30
固定资产周转率（次/年）	—	—	—	—
总资产周转率（次/年）	0.5089	2.3324	1.6962	1.2398

指标名称	2020-12-31	2019-12-31	2018-12-31	2017-12-31
应收账款周转率（次/年）	378.8724	474.8829	414.7217	427.7095
存货周转率（次/年）	8.0524	7.5082	10.6583	13.3075
固定资产周转率（次/年）	—	—	—	—
总资产周转率（次/年）	2.3324	2.3422	2.1212	2.2702

数据来源：作者根据双汇发展公开的相关年报、半年报和季报数据整理而来。

注：存货周转率高表明公司经营效率高，占用资金少，营运能力强。

表 4-18 财务指标—偿债能力

指标名称	2021-03-31	2020-12-31	2020-09-30	2020-06-30
流动比率（倍）	2.2402	2.2085	2.1524	1.3457
速动比率（倍）	1.7040	1.5704	1.6029	0.6352
超速动比率（倍）	0.9236	0.8490	0.6524	0.3488
资产负债比率（%）	31.1896	30.4610	32.2793	45.9215
产权比率（%）	45.3268	43.8043	47.6654	84.9162

指标名称	2020-12-31	2019-12-31	2018-12-31	2017-12-31
流动比率（倍）	2.2085	1.4449	1.1497	1.3523
速动比率（倍）	1.5704	0.6648	0.6743	0.9570
超速动比率（倍）	0.8490	0.3062	0.3137	0.8320
资产负债比率（%）	30.4610	40.2257	40.0592	33.0102
产权比率（%）	43.8043	67.2959	66.8312	49.2764

数据来源：作者根据双汇发展公开的相关年报、半年报和季报数据整理而来。

注：资产负债比率高表明公司负债多，财务费用高，偿债压力大。

表 4-19 双汇发展财务指标—现金流量分析

指标名称	2021-03-31	2020-12-31	2020-09-30	2020-06-30
销售现金比率（%）	7.6781	11.9437	10.9700	4.8667
营业收入现金含量%	107.5737	107.7998	107.0235	106.7573
净利润现金含量（%）	96.6945	138.4961	121.3638	56.8548

指标名称	2020-12-31	2019-12-31	2018-12-31	2017-12-31
销售现金比率（%）	11.9437	7.3348	10.0048	11.2007
营业收入现金含量（%）	107.7998	108.9430	109.3696	108.2315
净利润现金含量（%）	138.4961	78.0731	96.8470	125.2633

数据来源：作者根据双汇发展公开的相关年报、半年报和季报数据整理而来。
注：净利润现金含量高表明公司收益质量良好，现金流动性强。

从双汇发展 2020 年年报看，公司经营团队将牢牢把握发展机遇，继续围绕"调结构、扩网络、促转型、上规模"的战略方针，坚定信心、斗志昂扬、创新思变、拼搏进取，争取实现主要经营指标的持续增长。

在产业选择上，双汇发展将继续深耕主业，围绕肉类加工，加快完善产业链，上游发展养猪业和鸡产业，继续加强进出口贸易，进一步增强产业间的协同优势，继续在肉类行业做专做精、做大做强；在区域发展上，围绕六大区域发展战略，完善生猪屠宰及肉制品加工基地的全国产业布局，进一步完善就地养殖、就地生产、就地销售及全国大流通销售的格局；在经营战略上，公司将继续坚持"调结构、扩网络、促转型、上规模"的发展战略，抓住行业发展机遇，发挥产业布局和中外协同优势，创新市场营销推新品，渗透网络终端拓新渠，拉动市场上规模，提升经营促转型；在品牌建设上，经过 30 多年的发展，双汇已发展成为中国肉类行业知名品牌，未来公司将适度增加营销投入，持续进行产品创新、营销创新，进一步强化品牌建设和传播，推动品牌的多元化和年轻化，提升品牌形象。

肉制品聚焦主导产品调结构，强化市场管理上规模。按照"精心设计、谨慎推出、聚焦主导、持续推广"的思路，做大做强主导新产品，加快产品结构向肉蛋奶菜粮结合转变，向中式产品工业化转变，向快消品转变，进一步实现进家庭、上餐桌；深耕现有渠道，大力开拓新渠道，扩大市场网络布局，加强市场管理创新，提升市场运作水平，推动规模提升。

生鲜品扩销上规模，中外协同拓市场。抓住行业整合机遇，把握行情走势，充分发挥中外协同优势、工业布局优势、深加工优势、产品优势、品牌优势、网络优势等，扩大市场网络，升级网点管理，促进规模扩张，提升市场占比。

从双汇发展2021年第一季度财报看，2021第一季度公司实现营业总收入183.18亿元（同比增长4.13%），营业收入182.84亿元（同比增长4.00%），归母公司净利润14.41亿元（同比下降1.61%），扣非归母公司净利润12.95亿元（同比下降6.78%）。

——第一季度收入稳中有增，肉制品业务成长稳健

第一，2021年第一季度公司营业总收入同比增长4.13%。2021年第一季度公司肉类产品（生鲜产品、包装肉制品、禽产品）总外销量75万吨，同比增长9.66%。本期营业总收入增速低于销量增速，我们认为主要是因为猪肉价格下行、屠宰端产品吨价下降。公司屠宰业务、肉制品业务、其他业务分别实现营业收入109.41亿元、71.50亿元和16.61亿元，营业利润分别同比下降30.34%、增长6.29%、增长12.24%，屠宰业务盈利承压，肉制品业务成长稳健。

第二，2021年第一季度公司归母公司净利利润同比下降1.61%，业绩增速低于营业总收入增速，主要原因是：①猪价下行背景下，公司整体毛利率下降0.70%（至16.26%，减利约1.24亿元），公司屠宰业务、肉制品业务、其他业务毛利率分别下降0.91%、0.25%、2.19%；②销售费用率增长0.35%（至3.75%，减利约0.62亿元），主要是因为公司加大营销创新投入，进一步增强公司品牌影响力、促进品牌年轻化，为肉制品新品放量、结构升级提供长期支撑。

——肉制品结构持续升级，传统渠道和新兴渠道齐发力

第一，肉制品推新+调结构+提价续航增长。2020年公司肉制品新

品"辣吗""辣香肠""无淀粉王中王""肉块王"等年销量超1万吨，"火炫风刻花香肠""俄式大肉块香肠""斜切特嫩烤火腿"等销量超5000吨，新品成功率和新品竞争力不断提高，2020年新产品销量占肉制品总销量的比例提升1.1%。2021年，公司推出"轻咔能靓香肠""板烧鸡腿王""好劲道香肠""燃浪烤肠"等新产品，同时大力开发中式菜肴、速冻、餐饮食材等新渠道产品。持续优化肉制品结构，量利双升：2020年肉制品特优级结构占比提升2.1%，核心大单品"王中王"销量增长超过10%。公司终端议价能力增强，2019—2020年肉制品吨价同比分别提高8.4%、12.7%，对销量几乎无影响（同比增长0.05%、下降0.92%），猪价下行背景下肉制品提价红利有望持续释放，盈利能力有望提升。

第二，传统渠道持续巩固，新兴渠道专业化运作。公司线下渠道以经销为主，截至2020年年底，共有经销商17355家，较年初净增2587家（增长17.52%），销售网点遍布全国，总数逾百万个；线上渠道持续加大开拓力度，在全平台合作、全品类推广的基础上，逐步打造自有专属平台，推动电商业务快速发展。新兴渠道方面，公司针对餐饮、酱卤熟食、速冻等新赛道产品，组建专门团队，开拓渠道网络，终端建店有序推进；公司已成立餐饮门店投资运营合资公司、中华菜肴类产品合资公司、餐饮事业部，提升餐饮客户服务质量，深度对接餐饮公司及食材加工厂，同时积极开发有竞争力的餐饮产品；2020年公司新型休闲、熟食专柜渠道销量同比大幅增长，未来公司将进一步丰富熟食门店产品，培育主导产品，加快建店。多维度发力下，公司在餐饮、酱卤熟食、速冻等新领域的发展空间可期。

——**全产业链打通+中美布局协同优势凸显，肉制品国民品牌强者恒强**

第一，全产业链打通+中美协同，助力降本增效。公司已形成"饲料加工+养殖+屠宰分割+肉制品加工+物流配送+终端商业连锁"的全产业链格局，赋能核心板块提效增收；公司持续加码养殖端布局，2020

年定增募资70亿元建设生猪、肉鸡、屠宰技改等项目，预计增加饲料产能130万吨、生猪养殖规模110万头、商品鸡年出栏数2亿羽、商品鸡屠宰产能2亿羽，产业链条进一步完善。公司背靠万洲国际，与史密斯菲尔德协同效果良好，2020年进口肉销量、收入、利润创新高，有效对冲猪价上涨的影响。

第二，成为肉制品国民品牌，持续挖潜年轻群体。2020年公司入选BrandZ最具价值中国品牌100强，"双汇"品牌价值达704.32亿元。公司通过邀请一流明星代言、网红直播等方式触达年轻群体，推动品牌年轻化、时尚化，深挖品牌护城河，赋能渠道提效、新品放量。

二、双汇集团MBO的理论与实践启示

（一）双汇案例对MBO理论的验证

1. MBO的实施条件

根据公司及其产业背景，双汇处于肉食品加工行业领先地位，市场份额大，品牌认可度高；以万隆为首的管理层在公司任职时间长，贡献显著，经历了公司的发展壮大历程，在公司内部和当地都很有影响力，因此，MBO获得了地方政府的支持和配合。双汇的条件符合文献中发生MBO公司的典型特征。

2. MBO的实施过程

之前采用设立关联公司和低价收购股权的方法均因遭遇政策红线而失败，后来双汇管理层采取了迂回之道换股实现控股母公司，属于"曲线"或"隐性"MBO。再次验证了在国内的政策环境下，间接MBO依然是管理层收购的首选。收购主体为管理层在BVI成立的收购公司，可免受国内公司证券法限制，收购资金来源为境外银行融资。据双汇公告披露，管理层筹资收购了境外一些公司的股权，进而与外资交换双汇国际的股份，从而实现控股，但交易价格没有披露，因此收购价格无从得知。在信息披露上，如前所述，双汇MBO没有披露收购资金来源和收购价格，透明度较低。不仅如此，从2007年开始，境外股权

就已发生变动，管理层也已经收购了双汇国际的股份，但年报中未有丝毫痕迹，甚至 2008 年的年报依然没有披露，直至被媒体揭露才勉强给予解释，这种遮遮掩掩"挤牙膏"式的信息披露违反了《上市公司收购管理办法》和相关信息披露准则的要求。

地方政府在双汇 MBO 案例中扮演了重要的角色。根据河南省漯河市税务局资料，2006 年双汇集团上缴税金 11.59 亿元，占该年漯河市税收收入的 30%。对于地方政府来说，企业的控制权在谁手里并不那么重要，其往往更加看重企业对地方经济、市政建设、就业和税收的贡献（朱红军等，2006）。引入国际知名外资，对于当地政府来说亦是一项顺水推舟的政绩。阻碍管理层前两次 MBO 努力的，是中央对于国有股权 MBO 政策的收紧，地方国资部门不仅将双汇集团全部国有股权转让给罗特克斯，为管理层持股铺平道路，而且对海宇投资的成立、海宇投资低价受让股权都采取支持的态度。作为国有资产的经营者，地方政府确实"很愿意出让上市公司国有股权并让外商控股，以使归属权本不明晰的国有产权变为事实上的地方政府收益的产权"（陈文瀚，2007）。本案例进一步证明了朱红军等（2006）及曾庆生（2004）的研究结论，反映了中央和地方政府利益目标不一致引起的监管失效。

双汇发展停牌之前，基金、保险、社保等 117 个机构投资者共计持有双汇发展 67.33% 的流通股。对于双汇管理层来说，同样一笔收益，若是放在上市公司，由于公众股东的稀释，兴泰集团可以分享到 16.37%，若是放在双汇集团，则可以分享到 31.82%。因此，管理层有动机并有能力利用对公司经营的实际控制权，通过大规模关联交易、将优质资产的优先认购权让与罗特克斯等方式转移上市公司收益，增加集团利润。但是随着管理层持股的曝光和整体上市预期的逐渐明朗，以基金为主的机构投资者决定不再忍受"掏空"行为，上演了两次集体投出反对票的"投票门"事件，引发了深交所的关注，也在客观上推动了资产重组的进程。对于管理层和外资来说，让罗特克斯或双汇集团在 H 股上市是更好的选择，但是，机构投资者们的抗争迫使他们选择了将集团资产注入上市公司，从而实现整体上市，切断关联交易通道，这在一定程度上维护了投资者的利益。同时，在为进行资产重组而停牌的长达8个月的时间中，机构投资者们得以就重组方案、资产定价和增发价格等关键问题表达反对意见，起到了制约管理层肆意侵占利益的作用。可见，国内机构投资者可以在MBO收购过程和利益转移中扮演监督和制衡的角色，这为MBO的外围监管提供了启示。

"外资过桥"是此次双汇MBO的路径选择。双汇引入高盛和鼎晖等外资并非为了筹资，也未在改善公司治理和促进公司市场化、国际化等方面有所动作，排除了这些常见动因后，其真正的目的在于"借道"。毛道维等（2003）的研究发现，国有股权越小，MBO成功实施的可能性就越大。既然从政府手中直接获得国有股权受到制度限制，只能借外资这道桥梁曲线获得。高盛和鼎晖与管理层的此项合作可谓各取所需的典范。一个值得注意的细节是，在早期的公告中，双汇从未称高盛和鼎晖为"财务投资者"，防止引发"贱卖国有资产"的责问；但在2010年11月29日《本公司实际控制人变动事宜致全体股东的报告书》中反复称两者为"财务投资者"，以强调管理层持股对维持公司股权稳定的合理性和必要性。对于财务投资者来说，低买高卖是永恒的法则。2007年6月，收购双汇集团和双汇发展股权的转让手续才刚刚办理完毕，高盛9月就开始"重组计划"（此举即可排除其战略持股的可能性），从公开资料看，高盛一直在减持。虽然无从得知几番交易的成交价格，但依照其对资本市场规则的熟稔和交易能力，同时还有助力MBO的功劳，高盛所得必然极其丰厚。鼎晖在高盛减持时充当了接盘者，按照重组预案，增发完成后鼎晖共间接持有双汇发展25.43%的份额，虽然存在36个月禁售期的限制，但可以预期到重组完成后上市公司市值将大幅增加，鼎晖通过持有最大比例的股份充分享有资本收益，而双汇管理层则通过投票权掌握对经营的剩余控制权，此种收益权与控制权分开的安排堪称各取所需的经典设计。

(二) 双汇 MBO 的实践启示

从实践的角度看,平衡各方利益是双汇 MBO 得以成功实施的基础。

1. 选择正确的合作伙伴很重要

双汇集团引入国际知名的外资投行高盛和鼎晖,让管理层和当地政府可以理直气壮地宣布引入外资和先进管理经验,既能在资本市场换取"声誉溢价",又可为股权的置换和管理层的接手扫清障碍,再通过投票权安排与外资达成收益权与控制权分开的协议,最终达到双赢目的。

2. 地方政府的配合是基础

双汇作为当地最大的企业,是当地政府财政收入的重要源头,凭借对地方就业、税收等方面的影响力,地方政府很容易选择放弃所持股份的分红权,而愿意配合管理层的激励措施。

3. 管理层的妥协使 MBO 最终得以实现

双汇集团通过放弃关联公司的优先受让权及关联交易等手段侵占上市公司利益,利益输送愈演愈烈,最终导致境内机构投资者的集体反抗。他们在股东大会上两次否决议案引发关注,迫使管理层最终选择将关联资产注入上市公司,以切断利益输送的渠道。这在一定程度上维护了上市公司股东的利益,使资产重组和 MBO 最终得以实现。

双汇 MBO 的成功实施从另一个角度也折射出监管制度的缺失。

第一,虽然国家明令禁止国有大型企业的 MBO,却没能防范住"曲线"和"隐形"MBO 的实施。各类"隐形"MBO 的公开化本身就意味着现有简单直接"叫停""堵截"的 MBO 制度亟须在"道高一尺魔高一丈"的博弈中修订完善。

第二,大举引进外资,尤其是财务投资的心态必须调整。缺乏对外资在 MBO 等类似国有股权流动和改制中的监管和风险防控,是制度建设的又一缺失。

第三,中央政府和地方政府对待国有资产、股权运作的态度差异和利益分歧有待新的制度来协调。低价出售国有资产和"协同"地方国有企业"曲线"MBO 的地方政府是否应被监管,如何监管亦是制度难题。

第四，如何提高国有股权流动的透明度、提高国企产权交易的公信力、防范新的内部人控制、惩戒公司信息披露违规行为的力度都是本案例引发的制度建设思考。

双汇MBO案例是一个具有普遍意义的典型案例。在对以往理论的验证，尤其是MBO的实施过程方面，成立壳公司作为收购平台实现"曲线"MBO、收购资金来源和收购价格不予说明，以及"挤牙膏"式的信息披露、获得地方政府的支持和配合、高分红与关联交易等现象和行为确实存在。在新的环境下，MBO的各种问题依然未有改变，现有的理论研究结论得到进一步论证。境外财务投资者作为桥梁参与到国有企业MBO中，这对现有资本监管理念提出挑战：依靠引入境外财务投资者能否改善国有股权结构、完善国有企业治理？低风险与谋求短期丰厚的财务收益始终是这些境外机构投资者的不变取向。相反，境内以基金为主的机构投资者联合起来能够成为完善国有股权流动、防范管理层利益输送、抑制地方政府"失范"行为的强大群体。可以肯定，境内机构投资者在我国上市公司治理中应该也必须发挥更大作用。

从实践操作的角度来看，双汇发展成功实施MBO的经验是各方利益的平衡：选择正确的"合作伙伴"，地方政府（国有股东）的配合，各取所需的投票权安排，皆为MBO的顺利实施奠定了基础，而满足境内机构投资者的权益诉求则为管理层扫清了最后的阻力，使MBO走向台前。虽然事件研究表明资本市场给了MBO信息积极的回应，可能是MBO向投资者传达了管理层对公司未来的信心，但是在关联交易、增发定价等关键问题的博弈中，境内机构投资者通过"手脚并用"抵制管理层利益输送行为，这是一股外部社会和公司内部都不应小觑的制衡力量。

双汇MBO的成功实施既是一种资本运营创新，同时也反映出监管制度的缺失。虽然政策的愿望是禁止国有大型企业MBO的实施，但"曲线"和"隐性"MBO的存在让政策可能成为一纸空文。制度上必须再度思考、设计：①如果寄希望于MBO解决中国上市公司的代理问题，就必须进行制度创新，制定相关的政策措施，为MBO创造良好的环境。②鉴于地方政府在各 MBO 案例中的表现，强化对地方政府在国有股权转让、国有企业改制中的行为监管成为制度建设中的重点。严格透明程序，强制导入公开竞标，挂牌交易已经成为这一制度建设的基本选择。③我国先后出台的一系列鼓励境外机构投资者参与国有企业上市、国有企业改制、股权转让的优惠条件和特殊待遇的政策制度是必要的。今后要提高境外财务投资者参与国有企业股权的政策门槛，合理定价和严格禁售条件等制度建设是必须和迫切的。④多方着手，内外结合，加大境内机构投资者参与上市企业治理的力度是今后一段时间制度建设的方向之一。⑤不断改进上市公司的信息披露制度，防范内部人控制，严查关联交易，提高资产定价的公正性，引导符合全体股东长期价值的财务行为始终是我国企业治理与市场监管的长期任务，在 MBO 方案中尤为重要。⑥规范资本市场，完善资本市场体系，尤其要创新投资银行业务和发展债券市场，为 MBO 健康发展提供强有力的支撑。

第七节 案例二：杠杆失控致使德隆神话破灭

"德隆事件"：2004 年 4 月，中国最大的民营企业德隆集团（以下简称德隆）由于资本杠杆管理失控导致旗下公司股票崩盘，德隆轰然倒塌。德隆是当初被人们称作"股市第一强庄"，旗下拥有 177 家子孙公司和 19 家金融机构的巨型企业集团。

一、德隆集团资本杠杆事件背景

德隆创建于 1986 年改革开放初期的新疆乌鲁木齐。2000 年年初，德隆在上海注册了德隆国际战略投资有限公司，注册资金 5 亿元。经过 10 多年的快速扩张，德隆逐渐形成了以"战略投资做行业"，以传统产业的区域市场、全球市场为目标的重组和整合能力。在 10 多年间，德隆涉足的领域涵盖制造业、流通业、服务业、金融业和旅游业等 10 多个行业。公司拥有新疆屯河集团有限责任公司、湘火炬投资股份有限公司、沈阳合金投资股份有限公司3个全资控股公司，并参股了20余家公司。2002年，这些公司取得了销售收入40亿元、净利润4.5亿元的辉煌战绩，德隆的总资产超过200亿元。

然而，德隆在运用资本杠杆大量实施并购的过程中，由于规模扩张过快，高杠杆最终导致了资金链断裂，并陷入了财务危机。在鼎盛时期，德隆旗下公司股价居高不下，股权结构盘根错节，资产状况隐秘。德隆运用高资本杠杆不断参股和扩张，导致在危机前已控股或参股达200余家公司。德隆属下这些公司的资产状况良莠不齐，有的运行良好，有的勉强维持，有的资不抵债。德隆的目标是实现产业整合，创造"战略投资做行业"的"德隆模式"，但是，这种模式却是建立在利用资本高杠杆不断扩张和资金充裕的基础上的，其远没有实现产业深度整合的目标。

就当时的融资规模而言，德隆在中国的企业界独一无二，而它正是凭借这些合法与不合法的融资方式成为当时规模庞大的企业集团。2004年4月13日，由于高资本杠杆引起的财务危机，德隆系"老三股"之一合金投资（000633）高台跳水，德隆开始步入危机。次日，新疆屯河和湘火炬也相继跌停。在短短一周时间内，德隆股票彻底崩盘，流通市值缩水高达60亿元以上。在随后的4个月内，3只股票就将过去5年的涨幅化为乌有，流通市值从最高峰的206.8亿元跌到2004年5月25日的不足50亿元，蒸发了156亿元之多，超过沪深股市总市值的1%。事实上，2004年年初，德隆资金链就非常吃紧，已经无力为旗下股票重金护盘，反而开始放盘出逃。在各界的质疑下，相关银行开始注意到风险，切断了对德隆的资金供应，"德隆系"随即全线崩溃。

以德隆入主3家上市公司的前一年（入主新疆屯河为1995年，入主湘火炬、沈阳合金为1996年）为起点，以2003年为终点来统计这3家公司的主营业务收入的增长速度可以看到，新疆屯河在7年间业务扩大到原来的20倍，年均增加近3倍；沈阳合金在6年间业务规模扩大到原来的22倍，年均增加4倍；而表现最为抢眼的湘火炬，同样在6年间主营业务收入竟增长140倍，年均增加23倍。这种发展速度的背后却是净利润率的下降，新疆屯河净利润率 6 年中由 27% 下降到 5.5%，沈阳合金则从 23% 下降到 6%，湘火炬由 18% 下降到 2.15%。这种没有效率的激进式扩张无疑极大地占用了宝贵的资源，对资金的需求成倍扩大。

当时的"老三股"8 年间共实施 3 次配股，募集股份 8.7 亿元。而上市公司则成了其向银行贷款和股权质押担保贷款的平台。德隆控股的上市公司共有 6 家，除了老三股外，还有北京中燕、重庆实业和天山股份，当时"德隆系"上市公司的资金黑洞超过 50 亿元。

德隆通过下属公司组建了庞大的金融资产平台。通过新疆屯河控制了金信信托、新疆金融租赁公司、伊斯兰信托和德恒证券、中富证券等，德隆利用这些金融企业大量开展委托理财、挪用信托资金和抽取资本等，从而获得资金，涉及资金高达 217 亿元之多。即使这样仍无法解决德隆的资金饥渴症。先是参股深发展，接着德隆借助增资扩股的机会，进入了昆明、南昌、株洲等地的城市商业银行。现在看来，德隆进入城市商业银行的目的并不是为了做大金融产业，而是想借助下属迷宫般的关联公司之名，从城市商业银行套取资金。而这些资金中绝大多数都是短期贷款，被德隆用在了实业的对外扩张上。众所周知，德隆的实业以传统产业为主，回报缓慢。这样的短贷长投，无异于玩火。德隆盘根错节的持股方式、分散的股权、各级公司之间交叉持股的特点为其融资提供了便利，但也正是这些问题才导致德隆陷入危机。借助上市公司，德隆大量从银行贷款；借助金融机构，德隆挪用保证金、信托资金和民间非法融资。这样，德隆就陷入了一个恶性循环的怪圈，年年的利润都被用来偿付高息，而所借的资金越来越多，只要其中一环稍微出点问题，就有全面崩溃的危险。

二、德隆集团高杠杆带来的危机

（一）危机爆发

德隆危机源于 2000 年 12 月"中科事件"和 2001 年 4 月"郎咸平炮轰德隆"后发生的金信信托挤兑风波，随后这种风波又发生了 3 起，最终导致 2004 年 4 月 13 日"德隆系"股票崩盘,巨人倒下。

对于要不要救金信信托,德隆团队内部曾经发生过激烈的争论。按照当时实际的情况,屯河投资、重庆实业持有的金信信托股权不足 20%,金信信托挤兑风波蔓延与否,对德隆几乎没有太大的影响。但是,在德隆国际 15 人的董事会上,德隆团队核心人物唐万新却提议挽救金信信托。唐万新认为,通过金信信托委托理财受损的客户主要是新疆企业,而这些企业对新疆的开发和建设举足轻重,从情感上讲,对不起家乡父老;另外,德隆的产业布局和财务结构及盈利状况足以拯救金信信托;还可以此为契机,扩大融资渠道,全面进入金融行业,打造中国本土第一金融品牌,改变德隆在中国股市上"庄家"的形象。董事会最终通过了唐万新的议案。虽然挤兑风波得以平息,金信信托得救了,但由于"豪情、仗义"之举和过高估计了自己的实力等缘故,德隆从此走向了资金链紧张和全面危机的不归之路。此后,德隆全面挺进金融业。从某种意义上说,拯救金信信托是德隆历史上最大的战略决策失误之一,更是德隆走向危机的开始。

金信信托的第一个挤兑风波成为德隆发展的分水岭。之前"德隆系"还算企业经营规范、运转良好,之后就开始扭曲和不正常了。之前除了重庆实业、ST 中燕主业未完全确定外,其他 4 家上市公司主业突出、负债率低、利润丰厚,非上市的实业企业现金流充足,经营稳健。之后德隆大举进入金融领域,并购金融机构,由 2 家发展到 14 家,把其实业 44 亿元资本(其中包括股权投资 7.8 亿元,上市公司 20 亿元和其他实业投资 16.2 亿元)通过国债回购的方式委托理财进入金融产业,致使德隆实业实力大伤,不堪重负。之前"德隆系"企业正朝着规范化、精细化方向发展,而之后则管理粗放,员工人心涣散,自信心减弱,效率低下,员工绩效主要以融资量考核评价为核心。到 2001 年年底,通过长期的运作,"老三股"的股价上涨幅度全部超过 1000%,其中沈阳合金涨幅更是超过了 1500%。绳索在德隆的脖子上越套越紧,股票一旦崩盘,德隆将遇灭顶之灾。这种接近于自残的非常规之举,使德隆赢得了"中国第一庄"的资本神话之名。

(二) 危机继续

2002年1月至2003年3月是德隆历史上最为繁忙的阶段：友联管理的组建和运营、揭开德隆金融混业经营战略序幕、金融领域的全面进入、畜牧产业的大举投入、农资超市大规模布网和旅游产业整合计划等，这5件大事同时进行，消耗了大量的人力、财力和物力，使德隆出现的危机进一步恶化，处于悬崖边上。2002年元旦，在上海浦东信息大厦金信信托的驻所，德隆国际执委召开会议，议题是商讨成立一家金融混业经营战略管理机构，这就是后来的友联管理研究中心有限公司。友联管理下辖6个部门，探索中国金融混业经营模式，提供综合金融产品业务之可能性。2002年5月，德隆在国家工商行政管理总局注册成立了德农超市有限公司，专注于农业生产资料分配领域的投资和经营，以新型的农资连锁超市和连锁便利店为零售业务，致力于在中国广大农村建立一个庞大的、现代化的、高效运营的农资分销网络。公司致力于成为中国最大的农资连锁零售企业，成为中国农村的"沃尔玛"。同时，选择农业大省山东省开始规划建设农资超市。

2002年6月，德隆通过其关联公司上海创基、上海华岳、上海新启业、北京润智、北京中级等6家公司控股云南英贸集团，间接成为昆明市商业银行总计持股近30%的大股东。同年9月，德隆通过湘火炬旗下的火炬汽配进出口有限公司出资2000万元，占到株洲市商业银行增资扩股后总股本的11.73%。与此同时，德隆染指长沙市商业银行，却最终未能如愿。随后，德隆旗下南昌市商业银行增资入股，德隆以德隆国际的名义出资4000万元拿到该行12.12%的股份，成为排名第3位的股东。同年9月，成立德隆畜牧业投资有限公司，拟投资25亿元，致力于开发新疆辽阔的天然牧场资源。经过前期的调研分析和规划后，2003年3月中旬，德隆国际成立了德隆旅游集团筹备组，同时明确由深圳明斯克总经理刘晓疆出任该集团董事长一职。一方面整合德隆旗下的旅游资源；另一方面由投资管理部开始在国内进行旅游企业的并购，德隆为此与江西井冈山、龙虎山、贵州黄果树景点进行过并购洽谈。在进行旅游资源并购的同时，也开始对这些资源销售的平台进行整合。旅游产业整合的完成需要投资30亿元。

2003年6月，德隆自称为历史上经营最好的时刻，没有逾期欠账款，银行账户可支配现金约11亿元。危机常常开始于无理性，而德隆一直以来偏好高风险的筹资模式。2003年9月29日，在全国工商联成立50周年论坛上德隆表示："再有3~5年，德隆将进入世界500强"，"德隆是做产业的，而不是做企业的"。德隆的理念是借助中国资本市场的力量，对没有形成垄断的，尤其是在全球市场没有形成高度垄断的产业，进行市场重组。从2003年7月起，德隆的核心企业——德隆国际、中企东方、友联管理开始裁员，并发生拖欠工资现象，这是德隆危机的先兆。2004年春节之后，越来越多的德隆精英雇员开始被迫离职，在5月底达到高潮。2003年10月之前，德隆中层管理人士还可以从德隆获得45万元的无息贷款，其中30万元用于个人买房，10万元用于购车。但是10月之后，这项政策突然取消。2003年10月27日，啤酒花董事长外逃，导致啤酒花股票崩盘。与之有担保关系的公司，包括友好集团、天山股份、汇通水利、屯河投资、新疆众和、天利高新和广汇股份等的股票价格均出现了大幅下跌，甚至整个新疆板块都惨遭跌停的厄运。11月18—19日，德隆董事局和3个执委在上海召开扩大会议，紧急磋商应对即将爆发的危机。

2003年10月5日至2004年1月15日，德隆各金融机构均发生挤兑现象，资金头寸全面告急。虽然花旗环球金融有限公司在2003年12月16日买入了新疆屯河30万股，并表示继续买入，但是12月31日，"老三股"中的湘火炬、新疆屯河拉出最后一根无力的阳线后，便与大盘反向而行，开始了漫漫阴跌之路。2003年合金投资总资产为20亿元，净资产5.4亿元。根据合金投资2004年3月19日发布的公告，合金投资的担保累积总额为63805万元，占公司2002年年底净资产的135.15%。根据湘火炬2003年年度报告统计，湘火炬总资产为101.57

亿元，净资产 13.04 亿元，2003 年年底累计担保超过 18 亿元，占公司净资产的 140%。2004 年 1 月 4 日，德隆董事局在海口召开扩大会议，一是研究德隆引入海外战略投资机构的有关事宜，美国最大的机电基金拟入股 10 亿美元，占德隆在金融和实业领域持有企业股权的 44%；二是做出纵有损失也要将"老三股"股票抛出二级市场的秘密决定。1 月 15 日，德隆与美国机电基金草签合作协议书。2 月上旬，美国机电基金开始尽职调查。

2004 年 4 月 13 日，前身为陕西信托投资公司的健桥证券，首先抛售合金投资股票，当日合金投资股票跌停。第二天，"老三股"全线下挫跌停，德隆危机全面爆发。

（三）全力自救

2004 年 4 月 19—24 日，由德隆金融负责人李强牵头，发动所有的德隆机构和员工加入买盘行列，开展自救活动，购买"老三股"股票。部门经理 10000 股，普通员工 1000 股，计入年终考核的任务指标。自 2004 年 4 月 15 日后，德隆债权人蜂拥至上海德隆大厦。从 2003 年 10 月的"啤酒花"事件和随之而来的宏观调控目标到 2004 年 4 月 30 日止，"德隆系"公司再未获得银行的贷款支持，而且期间向银行还款 17.3 亿元，这对具有一定规模的金融集团公司，不管是民营企业还是国有企业均是灾难性的，发生资金链紧张甚至断裂是必然的。

2004 年 5 月 1—15 日，是一段难熬的"真空期"。5 月 15 日之后，风云突变。上海、云南、湖南、辽宁沈阳、新疆等地的公检法分别在上海、新疆等地查封德隆资产并准备对团队核心人员进行逮捕。

2004 年 5 月 16—28 日，德隆开始进行积极自救：所有下属金融、实业机构的负责人，查实德隆的资产负债状况并进行资产重组，寻找战略投资人；收缩战线，调整机构。5 月 28 日，新德隆成立，搭建了以唐万里为董事局主席的新领导班子。

2004 年 7 月 26 日，德隆新团队提出的《市场化解决德隆问题的整体方案》建议稿连同厚达一尺左右的相关附件，被递交到中国人民银行和银监会。至8月13日，三易其稿。《市场化解决德隆问题的整体方案》中指出："截至2003年年底，德隆年销售收入超过400亿元，年纳税额近20亿元，现有员工5.7万余人，为社会提供了27万个就业岗位，解决了包括新疆农牧民在内的100多万人的生计。"德隆提出：希望"通过国家支持，按照市场化原则，在监管机构和债权人委员会的严格监督下，集中管理、统一调用德隆资源，通过引进战略投资人恢复市场信用，盘活资产，在运营中清偿债务"。

德隆将重组策略切分为实业和金融。其中，实业中剔除了上市公司的生产性贷款，德隆"生产型企业的银行负债总额约为35.7亿元，资产净值49.2亿元"。德隆认为，其控股的上市公司的资产质量完全可以支持自身生产性贷款的偿还。各上市公司和德隆关联的12.7亿元的债权，已由德隆用5.5亿元的资产偿还，其余7.2亿元继续以资抵债或以相机出售的资产给予弥补，或以德隆非上市公司的优良资产置换到上市公司，切实改善上市公司资产负债结构；德隆金融债务高达300亿元，可通过关联交易和债转股等方式处理，当时已经完成了238亿元债务的意向性处置。

2004年8月26日，德隆国际、新疆德隆、新疆屯河及华融分别作为合同的甲、乙、丙、丁方签订了一份资产托管协议。根据协议规定，德隆将其2004年8月31日合法拥有的全部资产不可撤回地全部托管给华融，由华融全权行使德隆全部资产的管理和处置权力。但该协议所涵盖的主要是德隆的实业资产，没有涉及金融资产。2004年9月17日，唐万新主笔拟就了又一份方案，题为《用创新的市场化手段彻底解决德隆危机的整体方案》，方案中抛出了8条偿还德隆300亿元债务的解决途径：先将德隆的实业与金融分开，将德隆实业承担银行债务（约37亿元）后的余额质押给资产管理公司，通过资产管理公司提供30亿元过桥贷款，用于解决金融个人债务。然后利用金融资产余额解决25亿元，市场消化（机构客户债转股）100亿元，重组方消化剩余55亿元，股票出售变现50亿元。最后由德隆通过处置资产偿还过桥贷款。

2004年9月18日，合同中的甲、乙、丙方分别在三地向作为丁方的华融进行了公章、财务资料的交割。根据合同，德隆作为被托管方，仍享有资产所有权和收益权。在资产和负债处置权上，华融全权代理，而对它的回报是：按照托管资产处置回收金额和抵债或债务减免金额的1%收取报酬。德隆仍是资产和负债的主体，只是把资产债务有偿托管给愿意提供增量资金的第三方，而在没有找到第三方前，可由央行以过桥贷款的方式垫付。日后，当第三方把资产负债最大化并出售后，按照个人债务、机构债务、银行债务的顺序还款，最后如果有剩余资产，仍归属德隆，如还有未能填平的窟窿，也需要德隆继续偿付，或是追究刑事责任。

2004年12月14日，武汉市检察院以"涉嫌非法吸收公众存款"为由，签发了对德隆核心人物唐万新的逮捕令。12月16日，在4名武汉公安的看押下，唐万新离开被监视居住了近5个月的北京中苑宾馆，乘火车南下汉江，受羁于武汉市第二看守所。德隆旗下的德恒证券、金信信托和伊斯兰信托等金融机构的约10名高管也被处以刑责。

三、德隆神话破灭的原因

（一）没有依托主业的盲目高杠杆扩展

高速发展缺乏业绩支撑。德隆没有依托主业，也没有培育主业的核心竞争优势，盲目进行扩张。在资本市场筹集资金方面，德隆谋求通过"坐庄"在资本市场赚取价差。德隆的产业政策模糊，公司在进行产业整合的过程中，在多数领域并不具有优势，分散的产业领域加大了整体经营的难度。

（二）资金链条面广、隐蔽

德隆旋风般控制金山水泥、合金投资和湘火炬3家上市公司，反映了民营企业对于资本市场的敏感性。德隆的手法看似技高一筹，其实蕴含巨大风险。其典型手法是：通过二级市场收集"老三股"，拉高股价，然后利用高股价进行抵押贷款，贷款后再进行实业收购。但是风险已经在这个过程中积累起来，因为抵押贷款及"坐庄"的成本已远远高于实业的盈利。

（三）缺乏有效的金融支持

我国民营企业的融资渠道一直不畅，在间接融资上，民营企业要得到银行信贷的支持相对来说难度较大。在直接融资方面，主板市场主要向国有大中型企业倾斜，中小企业板在2004年才设立。融资渠道的短缺也是德隆失败的重要原因。

四、德隆集团高杠杆失控事件的启示

（一）产业整合模式本身并不是一个不可以探索的模式

"德隆模式"最核心的思想是"产业整合"，德隆董事局主席唐万里曾经将这一思路概括为：首先对行业进行研究，确定目标企业；然后通过兼并收购或结成战略联盟的方式形成产业的经营平台，在这个平台上进行产业整合，拓宽业务规模和范围，取得行业领先地位；最后获取国际终端市场，提升企业整体价值。

早期的德隆的确也是这样做的：先控股一家上市公司，通过这个窗口融资，投入产业发展，提高公司业绩，然后再融资进入下一个循环。可以说这是一种资金利用率非常高的运营手法，可通过杠杆作用充分利用资本市场的融资功能来壮大自己。只是由于民营企业的天然局限性，使其对宏观政策面的把握存在天生的不足。同时，由于其在产业整合上步子迈得太快，战线拖得太长，一些做法太理想化，才导致了德隆的失败。如果企业在产业整合中能够较好地把握宏观政策面，且更理性一些，未必不能成功。所以，不能因德隆失败，我们就全盘否定产业整合这一模式。

（二）产业整合模式背后隐藏着较大的风险

实业与金融毕竟性质不同，产业整合效益的速度，总体上无法跟得上金融扩张的速度，因此就产生了结构性的差异。为了达到平衡，不仅需要横向的、内容方面的互补性的投资，如金融和产业、产业链之间的互补，而且需要注意投资节奏方面的结构安排，即长、中、短期投资的比例结构合理。否则，如果长期投资的比重过大，就会影响资产的流动性，虽抓住了富有诱惑力的投资机会和产业整合机遇，但可能忽视公司高速成长带来的潜在风险。

（三）产业整合模式的风险被德隆放大到了极致

德隆的产业整合是以资本运作为基础的，少量的初始资本几经变化控制了巨量的产业资本，而新整合的产业大多数不能实现现金流的正常运转，尽管德隆高举产业整合大旗，但产业整合并没有给德隆带来现金流。例如新疆屯河产业整合虽然在公司规模扩张方面看似成功，但一直未能实现现金流的正常运转，2001—2003年，新疆屯河在投资方面每年都出现5亿元的现金缺口，而经营活动贡献的现金流只是杯水车薪。无奈之下，这个越来越大的缺口只能通过两种方法来弥补：

一是银行贷款。德隆通过将持有的法人股抵押贷款，或者通过所属公司互相担保贷款来解决资金问题。例如湘火炬、合金投资、新疆屯河3家公司的债务规模在德隆入主后均大幅度攀升，多家公司对外担保额超过了净资产的100%。此外，德隆先后介入金新信托、厦门联合信托、北方证券、泰阳证券、德恒证券、恒信证券、新疆金融租赁、新世纪金融租赁等多家非银行金融机构，以及长沙、南昌等地的商业银行，希望把风险都控制在内部。德隆以各种项目及关联公司之名，从这些金融机构中取得资金。据监管部门的调查，2002—2004年德隆在整个银行体系的贷款额高达200亿~300亿元。在贷款类别中，短期贷款占绝大部分，短期偿债风险极大。一旦银行对其紧缩贷款，新疆屯河精心打造的资本和产业链条就有断裂的可能。

二是理财资金。德隆产业整合的巨额资金（大多属于长期投资）有相当一部分来自长投短融的理财资金。也就是说，德隆以一年还本付息20%以上的高回报，向银行及其他企业机构短期融资，用于自身的长期项目，而每年年底客户大笔抽走资金，德隆的资金都十分紧张，但第二年年初，客户的钱一般又会投回来。德隆正是依靠着这种"危险的游戏"发展着自己。而当围绕着德隆的质疑和央行银根收紧终于动摇客户的信心时，流走的钱再也没有回来，德隆的长投短融游戏就此破局。

在资本运作过程中，德隆一直宣称自己是一家"战略投资公司"。但市场则一直把它视为"庄家"的代表。为打破这一形象，2003年下半年，一向深居简出的唐万里开始频频在公众面前亮相，透露其关于产业战略、企业管理等方面的信息。然而，种种行动似乎难以改变德隆在投资者心中根深蒂固的印象。"德隆系"股票早已成为大家心目中的"观赏性植物"。同时，随着证券市场的进一步规范，德隆控制的上市公司已经不再能很方便地融资，增发和配股等手段不再是任意而为的游戏。而对于德隆这样的资本运作高手来说，如果失去强大的资金支持，其一切运作都会失去根本。据估算，近年来"德隆系"在股市中蒸发的市值超过200亿元之巨。而兑付委托理财，3年下来累计也达百亿元以上，就此支付的利息和营销费用至少是80亿元。况且，德隆还不断斥重金用于收购金融机构的股权，这部分资金至少也有50多亿元。仅3年，以上几大资金黑洞合计高达400多亿元，德隆何堪如此重负？

（四）华融托管德隆是切实和可行的选择

在当时的情况下，及时有效地控制和降低"德隆系"加诸商业银行系统的金融风险显得十分必要和紧迫。在分崩离析、群龙无首的德隆回天无力之时，由政府出面，委托华融公司整体托管德隆，解开"德隆系"复杂的连环债务链，整合德隆旗下的优质资产，无疑是比较合理的制度安排。而对以降低金融系统风险、防范新增金融风险为主要工作目标的金融监管机构来说，华融托管德隆也是现实和可行的选择。

（五）绝不可忽视资本杠杆的负乘数效应

德隆的问题，特别是资金黑洞问题，暴露了企业集团的产业扩张和资本运作、金融系统的风险防范、金融监管机构的监管制度等方面都存在不少弊端和缺陷。为此，应当以德隆问题的处理为难得的契机，对民营企业集团的多角化经营策略进行深刻的反思和总结，改革民营企业集团的资本运作机制和管理模式，进一步健全金融系统的风险管理和控制体系，完善金融监管制度（包括监管理念、监管法规政策、监管手段和监管模式等），加强金融市场监管，有效防范和化解金融风险。通过不断的、有益的探索和尝试，促进金融资本与产业资本的融合和渗透，进而为建立强大的金融控股集团打下坚实的基础。从这个意义上讲，华融托管并参与德隆重组为相关监管机构积累了必要的监管经验，为今后处理类似的民营企业集团危机提供了一种可资借鉴的模式。

参考文献

[1] McKinnon R I. Money and Capital in Economic Development [M] // Shaw E S. Financial Deepening In Economic Development. New York: Oxford University Press, 1973: 169-175.

[2] Fischer S, Frenkel J A. Investment, the Two-Sector Model and Trade in Debt and Capital Goods [J]. Journal of International Economics, 1927 (3): 211-233.

[3] Ang J B. A Survey of Recent Developments in the Literature of Finance and Growth [J]. Journal of Economic Surveys, 2008 (3): 536-576.

[4] Mendoza E, Terrones M. An Anatomy of Credit Booms: Evidence from Marco Aggregates and Micro Data [R]. NBER Working Paper, 2008.

[5] Rousseau P L, Wachtel P. What is Happening to the Impact of Financial Deepening on Economic Growth? [J]. Economic Inquiry, 2011 (1): 276-288.

[6] Fisher I. The Debt-Deflation Theory of Great Depressions [J]. Econometric, 1988 (4): 337-357.

[7] Thorbecke W. On Stock Market Returns and Monetary Policy [J]. The Journal of Finance, 1997 (2): 635-654.

[8] Chang Y Y, Faff R, Hwang C Y. Liquidity and Stock Returns in Japan: New Evidence [J]. Pacific-Basin Finance Journal, 2010 (1): 90-115.

[9] Minsky H P. Stabilizing an Unstable Economy [M]. New York: McGraw-Hill Education, 1994: 201-205.

[10] Bernanke B S, Gertler M, Gilchrist S. The Financial Accelerator

in a Quantitative Business Cycle Framework［R］.NBER Working Paper, 1999.

［11］Reinhart C M, Rogoff K S.Growth in a Time of Debt［J］.American Economic Review, 2010（2）：573-578.

［12］Modigliani F, Miller M H.Corporate Income Taxes and the Cost of Capital：A Correction［J］.American Economic Review, 1963（3）：432-443.

［13］纪敏, 严宝玉, 李宏瑾.杠杆率结构、水平和金融稳定——理论分析框架和中国经验［J］.金融研究, 2017（2）11-25.

［14］刘晓光, 刘元春, 王健.杠杆率、经济增长与衰退［J］.中国社会科学, 2018（6）50-70.

［15］刘东辉, 黄晨.资本结构与企业价值关系的实证研究［J］.南方经济, 2004（2）：47-49.

［16］李蕾.中国上市公司财务杠杆总体水平实证研究［J］.当代经济, 2009（4）：132-134.

［17］董小君.我国杠杆率水平、系统性风险与政策体系设计［J］.理论探索, 2017（2）：5-15.

［18］马红, 王元月.去杠杆是否能提高企业的投资效率？——基于中国上市公司经验数据的实证分析［J］.证券市场导报, 2017（5）：13-20.

［19］王斌, 蔡安辉, 冯洋.大股东股权质押、控制权转移风险与公司业绩［J］.系统工程理论与实践, 2013（3）：1762-1773.

［20］林艳, 魏连宾, 李炜.控股股东股权质押、股权性质与公司绩效研究［J］.商业研究, 2018（2）：50-56.

［21］郝项超, 梁琪.最终控制人股权质押损害公司价值么？［J］.会计研究, 2009（7）：57-63.

［22］谢德仁, 郑登津, 崔宸瑜.控股股东股权质押是潜在的"地雷"吗？——基于股价崩盘风险视角的研究［J］.管理世界, 2016（5）：128-140.

[23] 滕晓梅, 祝婧然, 周倩倩. 房地产企业最终控制人股权质押对上市公司价值的侵占效应 [J]. 财会月刊, 2016 (32): 21-23.

[24] 黄宏斌, 肖志超, 刘晓丽. 股权质押的时机选择及市场反应——基于投资者情绪视角的研究 [J]. 金融论坛, 2018 (2): 65-80.

[25] 王雪, 李向东, 王桂新. 企业盈利能力与杠杆率之间关系的实证分析——基于生命周期动态视角 [J]. 商业经济研究, 2020 (11): 143-146.

[26] 蔡祖顺, 王双微, 刘浩思. 股权质押与股价崩盘风险 [J]. 浙江金融, 2020 (4): 53-63.

[27] 张晓晶. 从去杠杆到稳杠杆 [N]. 21世纪经济报道, 2018-11-19.

[28] 林毅夫, 蔡昉, 李周. 充分信息与国有企业改革 [M]. 上海: 上海人民出版社, 2014: 37-41.

[29] 宋方敏. 论对社会主义国有经济理论的坚守和创新 [J]. 马克思主义研究, 2016 (6): 5-9.

[30] 肖琬君, 冼国明, 杨芸. 外资进入与产业结构升级: 来自中国城市层面的经验证据 [J]. 世界经济研究, 2020 (3): 33-45.

[31] 刘泉红. 国有企业改革 [M]. 北京: 社会科学文献出版社, 2012: 42-48.

[32] 黄群慧, 余菁. 新时期的新思路: 国有企业分类改革与治理 [J]. 中国工业经济, 2013 (11): 5-17.

[33] 杨瑞龙. 国有企业分类改革的逻辑, 路径与实施 [M]. 北京: 中国社会科学出版社, 2017: 55-58.

[34] 高文燕, 杜国功. 国有企业分类改革研究 [J]. 发展研究, 2013 (10): 32-38.

[35] 蓝定香. 建立现代产权制度与国有企业分类改革 [J]. 经济社会体制比较, 2006 (1): 48-52.

[36] 邵宁. 关于国有企业改革发展方向的思考 [J]. 上海国资,

2011（1）：20-23.

　　[37] 高明华, 杨丹, 杜雯翠, 等. 国有企业分类改革与分类治理——基于七家国有企业的调研 [J]. 经济社会体制比较, 2014（2）：19-34.

　　[38] 张晓磊, 谢建国, 张二震. 外资进入强度与本土企业竞争力——基于企业单位劳动成本视角的检验 [J]. 国际贸易问题, 2020（2）：1-15.

　　[39] 盛毅. 新一轮国有企业分类改革思路发凡 [J]. 改革, 2014（12）：44-51.

　　[40] 徐丹丹, 董莹, 孔晓旭, 等. 国有企业分类改革的操作性困境能破解吗？——基于功能变动视角的衡量分析 [J]. 经济社会体制比较, 2018（4）：9-15+23.

　　[41] 郝云宏, 马帅. 分类改革背景下国有企业党组织治理效果研究——兼论国有企业党组织嵌入公司治理模式选择 [J]. 当代财经, 2018（6）：72-80.

　　[42] 贾俐贞, 黄苏萍. "新时代+新常态"：国有企业创新动力机制的研究——基于国有企业分类的视角 [J]. 北京工商大学学报（社会科学版）, 2018（1）：105-113.

　　[43] 苏振东, 刘淼, 赵文涛. 微观金融健康可以提高企业的生存率吗？——"新常态"背景下经济持续健康发展的微观视角解读 [J]. 数量经济技术经济研究, 2016（4）：3-20.

　　[44] 孙黎娟. 上市公司财务健康状况实证研究——基于机械制造业的分析 [J]. 山东轻工业学院学报（自然科学版）, 2008（4）：55-58.

　　[45] 张斌, 何晓贝, 邓欢. 不一样的杠杆——从国际比较看杠杆上升的现象、原因与影响 [J]. 金融研究, 2018（2）：15-29.

　　[46] 王宇伟, 盛天翔, 周耿. 宏观政策、金融资源配置与企业部门高杠杆率 [J]. 金融研究, 2018（1）：36-52.

　　[47] 王擎, 孟世超. 中国企业杠杆率周期演变机制探析 [J]. 中

国工业经济, 2020 (1): 62-80.

[48] 舒长江, 洪攀, 张良成. 融资约束异质性对企业杠杆率的影响 [J]. 江西社会科学, 2020 (1): 107-119.

[49] 宫汝凯, 徐悦星, 王大中. 经济政策不确定性与企业杠杆率 [J]. 金融研究, 2019 (10): 59-78.

[50] 毛锐, 刘楠楠, 刘蓉. 地方政府债务扩张与系统性金融风险的触发机制 [J]. 中国工业经济, 2018 (4): 19-38.

[51] 任泽平, 冯赟. 供给侧改革去杠杆的现状、应对、风险与投资机会 [J]. 发展研究, 2016 (3): 8-13.

[52] 于博. 技术创新推动企业去杠杆了吗?——影响机理与加速机制 [J]. 财经研究, 2017 (11): 113-127.

[53] 车树林. 政府债务对企业杠杆的影响存在挤出效应吗?——来自中国的经验证据 [J]. 国际金融研究, 2019 (1): 86-96.

[54] 金鹏辉, 王营, 张立光. 稳增长条件下的金融摩擦与杠杆治理 [J]. 金融研究, 2017 (4): 78-94.

[55] 蒋灵多, 陆毅, 纪珽. 贸易自由化是否助力国有企业去杠杆 [J]. 世界经济, 2019 (9): 101-125.

[56] 汪勇, 马新彬, 周俊仰. 货币政策与异质性企业杠杆率——基于纵向产业结构的视角 [J]. 金融研究, 2018 (5): 47-64.

[57] 王怀明, 吴一兵. 产品市场竞争对我国上市公司资本结构的影响研究 [J]. 江西农业大学学报 (社会科学版), 2004 (4): 12-15.

[58] 卜华, 范璞. 机构投资者持股与盈余管理——基于产品市场竞争视角 [J/OL]. 会计之友, 2020 (4): 87-92.

[59] 朱武祥, 郭洋. 行业竞争结构、收益风险特征与资本结构——兼论股票市场资本风险配置效率及融资监管条件的调整 [J]. 改革, 2003 (2): 57-67.

[60] 陈小悦, 徐晓东. 股权结构、企业绩效与投资者利益保护 [J]. 经济研究, 2001 (11): 3-11+94.

[61] 张功富. 基于因子分析法设计产品市场竞争程度的衡量方法 [J]. 财会月刊, 2009 (33): 30-31.

[62] 赵宸宇. 进口竞争能否提高企业创新效率?——基于中国企业层面的分析 [J]. 世界经济研究, 2020 (1): 121-134+137.

[63] 蒋灵多, 陆毅. 市场竞争加剧是否助推国有企业加杠杆 [J]. 中国工业经济, 2018 (11): 155-173.

[64] 施本植, 汤海滨. 什么样的杠杆率有利于企业高质量发展 [J]. 财经科学, 2019 (7): 80-94.

[65] 于博, 夏青华. 去杠杆对国有企业融资约束的异质性冲击研究 [J]. 江西社会科学, 2019 (4): 38-52+254.

[66] 倪志良, 高正斌, 张开志. 政策性负担与国有企业杠杆率: 预算软约束的中介效应 [J]. 产经评论, 2019 (3): 102-114.

[67] 谢瑶. 去杠杆与国有企业债务结构优化 [J]. 现代国企研究, 2017 (24): 105-106.

[68] 魏杰. 2019年走出去杠杆误区 [J]. 经济, 2019 (2): 10.

[69] 郑艳娜. 以国有企业为重点推进山东省结构性去杠杆的几点建议 [J]. 山东干部函授大学学报（理论学习）, 2018 (10): 22-23.

[70] 陈志强, 程卫红, 苏昱冰. 结构性去杠杆的影响因素与路径研究 [J]. 金融监管研究, 2019 (11): 19-35.

[71] 王秀丽, 齐荻. 资本市场开放提高企业投资效率了吗——基于"陆港通"的多期双重差分法实验证据 [J]. 国际商务（对外经济贸易大学学报）, 2019 (6): 92-106.

[72] 卞泽阳, 强永昌, 李志远. 开发区政策有利于促进当地企业出口参与吗——基于双重差分方法的验证 [J]. 国际贸易问题, 2019 (11): 116-132.

[73] 杨志强, 石水平, 石本仁, 等. 混合所有制、股权激励与融资决策中的防御行为——基于动态权衡理论的证据 [J]. 财经研究, 2016 (8): 108-120.

［74］程六兵，叶凡，刘峰．资本市场管制与企业资本结构［J］．中国工业经济，2017（11）：155-173．

［75］胡元木，纪端．创业板上市公司"融资偏好实现度"研究——基于融资优序理论对融资行为解析的新视角［J］．山东社会科学，2014（6）：120-125．

［76］岳怡廷，张西征．异质性企业创新投入资金来源差异及其变迁研究［J］．科学学研究，2017（1）：125-138+160．

［77］贾小玫，段雯瑾，夏冷．权衡理论和优序融资理论模型与实证［J］．统计与决策，2017（11）：173-176．

［78］姜付秀，黄继承．市场化进程与资本结构动态调整［J］．管理世界，2011（3）：124-134．

［79］胡援成．企业资本结构与效益及效率关系的实证研究［J］．管理世界，2009（10）：146-147+152．

［80］姜付秀，屈耀辉，陆正飞．产品市场竞争与资本结构动态调整［J］．经济研究，2008（4）：99-116．

［81］王志强，洪艺珣．中国上市公司资本结构的长期动态调整［J］．会计研究，2009（6）：50-57．

［82］叶凡，刘峰．方法·人·制度——资本结构理论发展与演变［J］．会计与经济研究，2015（1）：90-102．

［83］陶启智，朱翔龙，李亮．资本结构研究之动态权衡理论新证据［J］．财经科学，2015（8）：56-66．

［84］张翼祥，高敬海，蔡尤礼．社会主义市场竞争学［M］．成都：西南财经大学出版社，1988：88-91．

［85］Christiano L J, Roberto M, Massimo R. Risk Shocks［J］. American Economic Review, 2014（1）: 27-65.

［86］Liang J, Li L F, Song H S. An Explanation of Capital Structure of China's Listed Property Firms［J］. Property Management, 2014（1）: 4-15.

[87] Huang B Y, Lin C M, Huang C M. The Influences of Ownership Structure: Evidence from China [J]. Journal of Developing Areas, 2011 (1): 209-227.

[88] Chivakul M, Lam W. Assessing China's Corporate Sector Vulnerabilities [R]. IMF Working Paper, 2015.

[89] Chen J, Jiang C, Lin Y. What Determine Firms'Capital Structure in China? [J]. Managerial Finance, 2014 (10): 1024-1039.

[90] 中国金融论坛课题组. 杠杆率结构、水平和金融稳定: 理论与经验 [EB/OL]. 2017-02-17.

[91] 巴曙松, 白海峰. 金融科技的发展历程与核心技术应用场景探索 [J]. 清华金融评论, 2016 (11): 99-103.

[92] 皮天雷, 刘垚森, 吴鸿燕. 金融科技: 内涵、逻辑与风险监管 [J]. 财经科学, 2018 (9): 16-25.

[93] 刘园, 郑忱阳, 江萍, 等. 金融科技有助于提高实体经济的投资效率吗? [J]. 首都经济贸易大学学报, 2018 (6): 22-33.

[94] 谢姗珊. 我国金融科技的就业效应研究 [D]. 长沙: 湖南大学, 2018.

[95] 乔海曙, 黄荐. 金融科技发展动力指数研究 [J]. 金融论坛, 2019 (3): 64-80.

[96] Ma Y, Liu D. Introduction to the Special Isue on Crowdfunding and Fintech [J]. Financial Innovation, 2017 (1): 8.

[97] 粟勤, 魏星. 金融科技的金融包容效应与创新驱动路径 [J]. 理论探索, 2017 (5): 91-97+103.

[98] 李杨, 程斌琪. "一带一路" 倡议下的金融科技合作体系构建与金融外交升级 [J]. 清华大学学报 (哲学社会科学版), 2018 (5): 113-125.

[99] 谢治春, 赵兴庐, 刘媛. 金融科技发展与商业银行的数字化战略转型 [J]. 中国软科学, 2018 (8): 184-192.

[100] 邱晗，黄益平，纪洋. 金融科技对传统银行行为的影响——基于互联网理财的视角 [J]. 金融研究，2018（11）：17-30.

[101] 庄雷. 金融科技创新下数字信用共治模式研究 [J]. 社会科学，2019（2）：48-57.

[102] 王栋，赵志宏. 金融科技发展对区域创新绩效的作用研究 [J]. 科学学研究，2019（1）：45-46.

[103] 唐松，赖晓冰，黄锐. 金融科技创新如何影响全要素生产率：促进还是抑制？——理论分析框架与区域实践 [J]. 中国软科学，2019（7）：134-144.

[104] 姜增明，陈剑锋，张超. 金融科技赋能商业银行风险管理转型 [J]. 当代经济管理，2019（1）：85-90.

[105] 赵成国，沈黎怡，马树建，等. 金融科技视角下供应链金融共生系统演化趋势研究 [J]. 财会月刊，2019（21）：147-151.

[106] 汪可. 金融科技对商业银行经营影响的理论与实证分析 [D]. 北京：对外经济贸易大学，2019.

[107] 刘孟飞，蒋维. 金融科技促进还是阻碍了商业银行效率？——基于中国银行业的实证研究 [J]. 当代经济科学，2020（3）：56-68.

[108] 张斌彬，何德旭，张晓燕. 金融科技发展能否驱动企业去杠杆？[J]. 经济问题，2020（1）：1-10+69.

[109] 金洪飞，李弘基，刘音露. 金融科技、银行风险与市场挤出效应 [J]. 财经研究，2020（5）：52-65.

[120] 保建云. 主权数字货币、金融科技创新与国际货币体系改革——兼论数字人民币发行、流通及国际化 [J]. 人民论坛·学术前沿，2020（2）：24-35.

[121] Morshadul Md H, Yajuan L, Mahmud A. Regional Development of China′s Inclusive Finance Through Financial Technology [J]. SAGE Open, 2020（1）：2158-2440.

[122] 李文红, 蒋则沈. 金融科技（FinTech）发展与监管：一个监管者的视角 [J]. 金融监管研究, 2017 (3): 1-13.

[123] 孙国峰. 从 FinTech 到 RegTech [J]. 清华金融评论, 2017 (5): 93-96.

[124] Demertzis M, Merler S, Wolff G B. Capital Markets Union and the Fintech Opportunity [J]. Journal of Financial Regulation, 2018 (1): 157-165.

[125] Tomic K. Legal Position of FinTech Companies in the Capital Market in the Republic of Croatia [J]. Croatian Academy of Legal Sciences, 2019 (1): 389-407.

[126] 方意, 王羚睿, 王炜, 等. 金融科技领域的系统性风险：内生风险视角 [J]. 中央财经大学学报, 2020 (2): 29-37.

[127] 谷政, 石肖然. 金融科技助力防控金融风险研究 [J]. 审计与经济研究, 2020, 35 (1): 16-17+11.

[128] Treleaven P. Financial regulation of Fintech [J]. Journal of Financial Perspectives, 2015 (3): 114-121.

[129] 罗福周, 陆邦柱, 方永恒. 我国金融科技发展面临的现实问题与对策研究 [J]. 科学管理研究, 2018 (3): 98-101.

[130] 杨东. 监管科技：金融科技的监管挑战与维度建构 [J]. 中国社会科学, 2018 (5): 69-91.

[131] 刘继兵, 李舒谭. 中国金融科技发展路径优化研究 [J]. 西南金融, 2018 (3): 48-52.

[132] 李有星, 王琳. 金融科技监管的合作治理路径 [J]. 浙江大学学报（人文社会科学版）, 2019 (1): 214-226.

[133] 徐晓莉, 杜青雨. 我国金融科技监管体系研究：来自国外的启示 [J]. 新金融, 2019 (6): 42-46.

[134] 唐潜宁. 社会可接受视域下金融科技（Fintech）功能定位与策略重构研究 [J]. 科学管理研究, 2019 (1): 94-97.

[135] Dong H, Ross L, Haksar V, et al. Fintech and Financial Services: Initial Considerations [R]. IMF Staff Discussion Notes, 2017.

[136] Arner D W, Buckley R P, Zetzsche D A, et al. Sustainability, FinTech and Financial Inclusion [J]. European Business Organization Law Review, 2020 (21): 7-35.

[137] 吴俊霖. 互联网金融发展与中小企业融资约束 [J]. 金融监管研究, 2017 (2): 51-64.

[138] 魏成龙, 郭琲楠. 基于区块链技术的金融服务创新 [J]. 金融科技时代, 2019 (4): 13-19.

[139] 陈文琪. 金融科技对小微企业融资的影响研究 [D]. 长沙: 湖南大学, 2018.

[140] 李春涛, 闫续文, 宋敏, 等. 金融科技与企业创新——新三板上市公司的证据 [J]. 中国工业经济, 2020 (1): 81-98.

[141] Rishab Kankariya Pallavi R Gedamkar. A Study of Fintech in Investment Management-Guided Mutual Fund Portfolios [J]. South Asia Management Association, 2019 (6): 266-279.

[142] Palladino L. Democratizing Investment [J]. Politics & Society, 2019 (4): 573-591.

[143] 庄雷, 王烨. 金融科技创新对实体经济发展的影响机制研究 [J]. 软科学, 2019 (2): 43-46.

[144] Jaffee D M, Russell T. Imperfect Information, Uncertainty, and Credit Rationing [J]. Quarterly Journal of Economics, 1976 (90): 651-660.

[145] Stiglitz J E, Weiss A. Credit Rationing in Markets with Imperfect Information [J]. Social Science Electronic Publishing, 1981 (3): 393-410.

[146] Fazzari S, Hubbard G, Peterson B. Financing Constraints and Corporate Investment [J]. Brookings Papers on EconomicActivity, 1988 (1): 141-206.

[147] 连玉君，程建. 投资—现金流敏感性：融资约束还是代理成本？[J]. 财经研究，2007（2）：37-46.

[148] 李红，谢娟娟. 金融发展、企业融资约束与投资效率——基于2002—2013年上市企业面板数据的经验研究[J]. 南开经济研究，2018（4）：36-52.

[149] Jensen M C. Agency Costs of Free Cash Flow：Corporate Finance and Takeover[J]. American Economic Review，1986（3）：305-360.

[150] 童盼，陆正飞. 负债融资对企业投资行为影响研究：述评与展望[J]. 会计研究，2005（12）：71-76+96.

[151] Holmsterom B，Weiss L. Managerial Incentives，Investment and Aggregate Implications：Scale Effects[J]. Review of Economic Studies，1985（5）：403-425.

[152] Aggarwal R，Samwick A. Empire-Builders and Shirkers：Investment，Firm Performance and Managerial Incentives[J] Journal of Corporate Finance，2006（12）：489-515.

[153] John K，Nachman D. Risky Debt，Investment Incentives，and Reputation in a Sequential Equilibrium[J]. Journal of Finance，1985（40）：863-878.

[154] 罗琦，王寅. 投资者保护与控股股东资产偏好[J]. 会计研究，2010（12）：57-64+93.

[155] 周春梅. 国有上市公司投资行为异化：投资过度抑或投资不足——基于政府干预角度的实证研究[J]. 宏观经济研究，2011（11）：57-62+104.

[156] 窦炜，刘星，安灵. 股权集中、控制权配置与公司非效率投资行为[J]. 管理科学学报，2011（11）：81-96.

[157] Vogt S C. The Cash Flow/investment Relationship：Evidence from U. S. Manufacturing Firms[J]. Financial Management，1994（2）：3-20.

[158] 张功富, 宋献中. 我国上市公司投资: 过度还是不足?——基于沪深工业类上市公司非效率投资的实证度量 [J]. 会计研究, 2009 (5): 69-77+97.

[159] 兰强. 金融发展、融资约束与能源产业投资效率研究 [D]. 北京: 中国地质大学 (北京), 2015.

[160] 陈学胜, 张建波, 董文龙. 资本市场开放降低了企业融资约束吗?——基于中国上市公司的实证研究 [J]. 证券市场导报, 2012 (11): 32-38.

[161] Merton R C. A Functional Perspective of Financial Intermedidation [J]. Journal of the Financial Management Association, 1995 (2): 23-41.

[162] Fuster A, Plosser M, Schnabl P, et al. The Role of Technology in Mortgage Lending [J]. Review of Financial Studies, 2019 (5): 1854-1899.

[163] 魏成龙, 郭琲楠. 金融科技创新与缓解企业融资约束问题研究——基于金融科技指数测算与实证分析 [J]. 价格理论与实践, 2020 (1): 163-166.

[164] 郭品, 沈悦. 互联网金融加重了商业银行的风险承担吗?——来自中国银行业的经验证据 [J]. 南开经济研究, 2015 (4): 80-97.

[165] Almeida H, Campello M. Financial Constrans, Asset Tangibility and Corporate Investment [J]. Review of Financial Studies, 2004 (20): 1429-1460.

[166] Richardson S. Over-Investment of Free Cash Flow [J]. Review of Accounting Studies, 2006 (11): 159-189.

[167] Hadlock C J, Pierce J R. New Evidence on Measuring Financial Constraints: Moving Beyond the KZ Index [J]. Review of Financial Studies, 2010 (5): 1909-1940.

[168] 王欢, 汤谷良. "借道" MBO: 路径创新还是制度缺失? ——基于双汇 MBO 的探索性案例研究 [J]. 管理世界, 2012 (4): 125-137.

[169] 耿辉霞, 毕茜. 国有企业 MBO 中的会计监管缺失——以双汇 MBO 为例 [J]. 财会月刊, 2011 (1): 67-68.

[170] 何光辉, 杨咸月. 管理层收购的四大问题 [J]. 经济理论与经济管理, 2003 (4): 48-52.

[171] 何光辉, 杨咸月. 上市公司隐性 MBO 的四大类型 [J]. 当代经济科学, 2004 (6): 46-52.

[172] 魏成龙. 上市公司管理层收购分析 [J]. 经济学家, 2003 (3): 111-116.

[173] 黄荣冬. 实施 MBO 的中国上市公司行为变化与公司绩效研究 [D]. 成都: 四川大学, 2007.

[174] 郎成平. 中国式 MBO: 布满鲜花的陷阱 [M]. 北京: 东方出版社, 2006: 12.

[175] 李智娟, 干胜道. "粤美的" MBO 前后管理层对财务指标的调控 [J]. 审计与经济研究, 2006 (5): 73-76.

[176] 刘燕. 中国上市公司的管理层收购: 理论和实证研究 [D]. 成都: 西南财经大学, 2008.

[177] 毛道维, 蔡雷, 任佩瑜. 1999—2002 年中国上市公司 MBO 实证研究——兼论 EMBO 对国有企业改革的意义 [J]. 中国工业经济, 2003 (10): 74-81.

[178] 毛基业, 李晓燕. 理论在案例研究中的作用——中国企业管理案例论坛 (2009) 综述与范文分析 [J]. 管理世界, 2010 (2): 106-114.

[179] 王勇, 李姗姗. 双汇 MBO 的意外 [J]. 中国经济周刊, 2010 (2) 106-113+140.

[13] 王红领, 李稻葵, 雷鼎鸣. 政府为什么会放弃国有企业的产

权［J］. 经济研究, 2001 (8): 61-70+85.

［180］杨咸月, 何光辉. 从"中关村"论我国管理层收购"做亏模式"的控制［J］. 中国工业经济, 2006 (7): 28-35.

［181］益智. 中国上市公司 MBO 的实证研究［J］. 财经研究, 2003 (5): 45-51.

［182］曾庆生. 政府治理与公司治理: 基于洞庭水殖捆绑上市与 MBO 的案例研究［J］. 管理世界, 2004 (3): 124-130.

［183］朱红军, 陈继云, 喻立勇. 中央政府、地方政府和国有企业利益分歧下的多重博弈与管制失效——宇通客车管理层收购案例研究［J］. 管理世界, 2006 (4): 115-129.

［184］陈文瀚. 外资战略持股能否创造价值——中国上市公司的实证［D］. 上海: 上海交通大学, 2007.

［185］高伟凯, 王荣. 简析我国证券法对管理层收购规制［J］. 管理世界, 2005 (10): 149-150+154.

［186］DeAngelo H, DeAngelo L, Rice E M. Going Private: Minority Freezeouts and Stockholder Wealth［J］. Journal of Law and Economics, 1984 (2): 367-401.

［187］Jensen M. Agency Costs of Free Cash Flow, Corporate Finance and Takeovers［J］. American Economic Review, 1986 (2): 323-329.

［188］Kaplan S. Management Buyouts: Evidence on Taxes as a Source of Value［J］. Journal of Financce, 1989a (3): 611-632.

［189］Kaplan S. The Effects of Management Buyout on Operating Performance and Value［J］. Journal of Financial Economics, 1989b (2): 217-254.

［190］Lowenstein L. Management Buyouts［J］. Columbia Law Review, 1985 (85): 730-784.